学 科 德 育 系 列 丛 书

上海市语文学科德育协同研究中心

德润课堂

——语文学科德育课堂教学实录

郑 巍 曹怿岚/主编

上海教育出版社
SHANGHAI EDUCATIONAL
PUBLISHING HOUSE

序言

收到郑巍老师请我为本书作序的邀约时，实在惴惴不安。松江，文脉昌盛，底蕴深厚，被誉为“上海之根”，再生动的语言也难以反映松江区学科德育的智慧与境界。而我，只是因为机缘巧合正在从事学科德育研究工作，对语文学科德育发表意见，必然会不着边际。

踌躇之际，不由回想起与松江教育的深厚渊源。编制“学科德育教学指导意见”系列丛书、组织“深化学科德育实践现场会”以及其他诸多工作，均得到了松江教育界的鼎力支持。在此过程中，我们紧密协作，建立了深厚的情谊。为本书作序，恰是一个致以敬意、表达谢意的机会。想到此处，我方才放下忐忑之心，以学习者的心态仔细研究各篇教学案例，并就相关问题开展深度研习，顿感获益匪浅。

育人为本，以德为先，德育的重要性毋庸置疑。对于落细落小落实党和国家德育整体要求的任务，教育界也不存在什么争议。但在开展学科教学时，就会面临诸多难点，往往会因教师基本看法的不同带来操作方式的差异。有教师喜好暴风骤雨，通过设置专门环节，引导学生就德育问题进行专题讨论、表达与提炼，追求认识的瞬间升华。也有教师喜好春风化雨，力图以润物无声的方式，对学生进行情感熏陶，期待以感受的量变引发认识的质变。

就语文教学所追求的“文道统一”境界而言，这些处理方式并无天然的优劣之分，判断其有效性的关键是契合内容主题与文本性质。综观本书各教学案例，均体现出认识深化、操作显化、过程优化的特征，力求以最佳处理方式达成最优教育效果。

参编者在案例选编过程中，达成了“一节好的语文课必定是一堂好的德育课”的共识，体现出理念的前瞻性；在教学设计与实施中，并没有把学科德育概念化、机械化、套路化，而是通过对学科内容德育价值的深层分析，找准落实德育要求的切入点，将整体性的德育要求转化为语文学科的内生要素，与其他学科要求融为一体，体现出无缝衔接、无痕融入的特点。

当然，无痕融入并不意味着无为而治。教学案例中普遍反映出为了更好地落实德育要求而采取的针对性措施：或植根于语文学科的本质特征，强化涵泳、诵读等学习方式的应用，还原中华优秀传统文化，激发学生的文化亲切感；或引导学生抽丝剥茧地品味文本内容，开展细致入微的分析，进行基于证据的推理，得出合乎逻辑的结论，促使学生在内化德育要求的同时提升思维品质；或精巧创设教学情境，精心选择关联内容，精细设计学习活动，促使学生身临其境，感同身受，领会表层内容背后的深层价值。

此外，本书也体现了小学、初中、高中学科德育纵向贯通的思想，值得不同学段的语文教师参考。小学案例充满童真童趣，注重对阅读习惯的培养，课堂教学生动活泼。初中案例针对学生从感性向理性过渡的现状，从学生的生活出发，从学生的经验出发，使得学科德育接地气、有人气。高中案例顺应学生敢于质疑、勇于挑战、善于思考的特点，以学生的思维发展为主线，体现出在思辨、思维和思想中融合的特点。

阅读书稿，一个个鲜活的文学形象扑面而来，一簇簇酣畅淋漓的课堂火花不断闪现。很高兴上海市语文学科德育协同研究中心的同仁能够静下心来，在万千课堂教学中撷取诸种精华，让语文学科德育芬芳飘香。也期待广大教师借鉴教学案例中落实学科德育的思路、方法与技术，形成富有自身特色的实践方式，协力将学科德育推向新的高度。

上海市教育委员会教学研究室
张新宇
2021 年 6 月

目 录
CONTENTS

·小 学·

·初　中·

·高　中·

小 学

工匠精神，铸梦中国
——《詹天佑》课堂教学实录

上海市嘉定区普通小学白银路分校　韩乘乘

（本课入选 2018 年上海市中小学学科德育精品课程）

教师简介：韩乘乘，中共党员，中学高级教师，上海市嘉定区普通小学白银路分校语文教师，嘉定区小学语文学科带头人，嘉定区小学语文学科兼职教研员。曾荣获首届全国小学语文教学观摩活动上海选拔赛特等奖、首届上海基础教育青年教师爱岗敬业教学技能竞赛二等奖。

【德育理念】

工匠精神筑新征程，砥砺奋进圆中国梦——语文教材中不乏《詹天佑》这类优秀的爱国主义学习材料。学科德育就是要借助文本，引导学生了解人物的爱国品质，从中感受中国人民的智慧和力量，产生对民族的认同感和自豪感。

【设计说明】

《詹天佑》一课以中华民族谋求繁荣发展的“中国梦”为主题，重点描写了詹天佑一生中较为重要的事迹——主持修筑第一条完全由我国的工程技术人员设计并施工的铁路，表现了詹天佑的爱国主义精神和卓越才能，反映了中国人民的智慧和力量。

文章层次清晰，内容生动，字里行间流露出对中国人民智慧和力量的赞颂，是进行爱国主义教育的优秀文本。本课例围绕詹天佑的爱国品质展开教学，关注学情与教材特点，以教材为例进行了有效的语言素养训练。学生在教师的引导下由浅入深、由细返整地进行了以下探索：探寻写人类文章的共性；概括人物主要事件；体会作者选材组材的特点，并体会詹天佑的爱国情怀，产生同为中国人的自豪感。

【教学实录】

一、揭示课题，了解人物

师：今天我们要学习第37课《詹天佑》。预习课文后，你一定对詹天佑有所了解，请用简单的一句话说说你对他的认识。

生1：詹天佑是我国杰出的爱国工程师。

师：杰出、爱国，这两个词语说明詹天佑有着不一般的成就。

生2：詹天佑是中国铁路之父。

师：这是史无前例的成就，詹天佑主持修筑了中国第一条铁路。

板书：

37 詹天佑

杰出　　爱国

主持修筑铁路

师：课文以《詹天佑》为题，这样的写人类文章，一般都会说清楚两个问题：（1）这个人是谁；（2）这个人做了什么事，这些事体现出他怎样的精神或品质。课文的第1自然段，把这两个问题概括地回答了，请你们读一下。

（学生朗读）

师：在读文章的时候，要特别关注文章的开头部分。

［意图说明］

通过课前预习，对中国铁路工程发展作简单了解，知道中国铁路能有今日的成就，离不开一百多年前的一位砥砺奋进的圆梦者——詹天佑的努力。课文以《詹天佑》为题，读题后顺势揭示写人类文章的共性。

二、梳理脉络，概括内容

师：在修筑铁路的过程中，詹天佑做的哪些事能体现出他的杰出和爱国主义精神呢？请轻声朗读全文，一边朗读，一边思考，以“詹天佑”作为开头，概括地写一写。

（学生朗读全文，圈画詹天佑做的事情，概括书写）

生1：詹天佑勘测线路。

生2：詹天佑亲自带着学生和工人，在峭壁上定点、测绘。

生3：詹天佑始终坚持在野外工作。

生4：詹天佑经常勉励工作人员。

生5：詹天佑常常请教当地的农民。

生 6：詹天佑进行了周密的计算。

生 7：詹天佑带头挑着水桶去排水。

生 8：詹天佑白天攀山越岭，勘测线路，晚上就在油灯下绘图，计算。

生 9：詹天佑跟工人们同吃同住，不离开工地。

生 10：詹天佑跟老工人一起商量。

（学生发言的同时，教师把内容呈现在课件上）

师：同学们找到的这些句子，有些是在说詹天佑做了什么事，有些是在说他怎样把这些事做好的。请思考哪些句子说的是同一件事。

生 1：第 1 句和第 2 句好像都是在说詹天佑勘测线路。

（学生继续思考、发言、概括事件）

师：整个第 4 自然段说的就是詹天佑在勘测线路，而同学们说的其他内容，写的是他怎样把“勘测线路”这件事做好的。第 4 自然段开头已经给了我们提示，在读文章的时候，同学们要特别关注开头部分。请同学们用上这个方法，再读一读第 5 至 6 自然段，想一想这两段在说詹天佑做了什么事。

（学生阅读，关注开头部分，尝试概括）

生 1：詹天佑开凿隧道。

生 2：詹天佑设计线路。

板书：

37　詹天佑

杰出　　爱国

接受任务

主持修筑铁路{勘测线路；开凿隧道；设计线路}

［意图说明］

在细节处指导学生“学法”。初次概括事件时，给予学生充足的思考时间，对学生进行了有层级的指导，引导学生成功概括出“勘测线路”这一事件后，由扶到放，使学生能自主根据所学内容，关注自然段的总起句并概括之后的主要事件。

三、深入学习，体会爱国精神

师：詹天佑是杰出的爱国工程师，他接受了任务，主持修筑铁路。在这个过程中，他勘测线路、开凿隧道、设计线路。借助板书，我们把他做的事概括地说清楚了。可是，如果仅仅是这几件事，似乎只能让人感受到詹天佑是个杰出的工程师，那他爱国的品质体现在哪里呢？我们要联系前后文，去读一读第 2 至 3 自然段，看一看他是在怎样的情况下接受任务的。

（师生合作读）

师：什么是“轰动”？

生 1：非常震惊。

师：“轰动”的意思是同时惊动很多人。我们不妨想象一下当时的情况，消息一出来，马上传遍了大街小巷，报纸的头条写着——

生 1：我们中国要修建铁路了！

师：报童拿着报纸在大街小巷拼命地叫喊着——

生 2：我们中国马上就要修建铁路了！

师：是我们中国自己的——

生 2：自己的铁路！

师：为什么詹天佑修筑铁路，我们每一个中国人都觉得这次是“争了一口气”？

生 3：因为这条铁路是完全由我国的工程技术人员设计并施工的铁路。

师：这是第一条完全由我国的工程技术人员设计并施工的铁路。当时是怎样一种情况？请在第 2 自然段中找一找事件发生的背景。

生 1：别的国家藐视中国，在这之前，中国的铁路全是他们造的。

师：他们为什么要帮我们造铁路呢？

生 2：他们想控制我们中国。

师：怎么样控制啊？

生 3：争夺铁路的修筑权，这样就能控制我国的铁路。

师：这一次，我们中国人有了自己的工程师，就是说，铁路的修筑权——

生 4：是我们的了！

师：别的国家就——

生 4：不能要挟我们了！

师：难怪大家都说——

生 5：这一回，咱们可争了一口气！

师：别的国家却认为——

生 6：这是个笑话。

师：“笑话”是供人当作笑料的事情。中国人造自己的铁路，为什么在别的国家看来却是一桩笑料？

生 6：因为在这之前，没有中国人能修筑一条铁路。

师：修筑这条铁路为什么这么难？请在课文中找线索。

生 1：从居庸关到八达岭，一路都是高山深涧、悬崖峭壁。

师：地势险要使得修筑这条铁路困难重重。

生 2：原来从南口往北过居庸关到八达岭，一路都是高山深涧、悬崖峭壁。

师：他们认为这样艰巨的工程——

生 3：各国著名的工程师也不敢轻易尝试，至于中国人，是无论如何也完成不了的。

师：他们是怎样在报纸上公开轻蔑地嘲笑我们的？

生 1：能在南口以北修筑铁路的中国工程师还没有出世呢。

师：多么轻蔑！多么傲慢！请齐读。

（学生齐读“能在南口以北修筑铁路的中国工程师还没有出世呢”）

师：听到这样的侮辱，如果你是詹天佑，你会怎么想？

生 2：我一定要把这条铁路修好，不能让外国人看扁了我们。

师：詹天佑也是这样想的。于是——

生 2：詹天佑不怕困难，也不怕嘲笑，毅然接受了任务。

师：哪一个词能让我们感受到詹天佑坚决的、毫不犹豫的形象？

生 2：毅然。

板书：

37　詹天佑

杰出　爱国
轰动　笑话

毅然接受任务

主持修筑铁路：
- 勘测线路
- 开凿隧道
- 设计线路

师：课文没有直接写詹天佑爱国，但通过联系上下文朗读，我们就能感受到詹天佑的决心——绝不让国人失望，也绝不让别的国家看笑话。

［意图说明］

先设疑，再释疑，从教材细处考虑作者如何组材，联系前文的背景描写，明确詹天佑接受任务时的毅然。通过创设情境，师生频繁互动并深切感受到主人公的爱国品质。

四、回顾总结，引发思考

师：通过这节课的学习，我们学会了关注每一自然段的开头部分，学会了概括主要事件。通过联系上下文朗读，我们知道了詹天佑毅然接受任务的时代背景，他的爱国品质和杰出成就变得更鲜明了。

【专家点评】

纲举目张，切中写人类文章的文体特征。不少教师在教授写人类文章时，喜欢给人物贴标签，教学仅仅停留在教“概念”上。韩老师善于引导学生学习最有价值的东西，有一双沙里淘金的慧眼，依据写人类文章的文体特征，确定了布点少而开掘深的教学内容。从第一板块便可见一斑：先读课题，请学生谈谈整体印象，引导学生在自主阅读中发现、梳理写人类文章的一般阅读路径，顺势揭示写人类文章的共性，切中了学生的学习起点与文体特征。导入部分干脆利落，可谓“提领而顿，百毛皆顺”。

关注学法，引导层层深入的思维训练。有心理学家指出，技能学习要经历从无意识到有意识再到无意识的阶段，任何技能都可以经过充分练习达到自动化。语文学习也不例外。教师在指导学生“概括内容”时适时点拨，借助“同学们找到的这些句子，有些是在说詹天佑做了什么事，有些是在说他怎样把这些事做好的。请思考哪些句子说的是同一件事”，引发学生思考，帮助学生梳理学习方法，完成知识建构过程。这种主动的知识建构比单纯的信息接收更能促进学习。教师又引导学生尝试运用学法，不断强化练习。

前后联系，助力学生实现意义建构。阅读教学的终极目标是实现阅读者的意义建构。本课教学板块清晰，共分四个板块，包括“揭示课题，了解人物”“梳理脉络，概括内容”“深入学习，体会爱国精神”“回顾总结，引发思考”。板块之间有联系，有逻辑。在第三板块，通过对“轰动”“笑话”等词语的想象补白和朗读品味，教师帮助学生对文本语言和表达手法进行一次次分化与重新组织，促使学生将之转化为自己的认知图式，最终形成自己心中的詹天佑形象。

（上海市闵行区教育学院　景洪春）

巧设情境，勾勒生命之源
——《跳长绳》课堂教学实录

上海市嘉定区马陆小学　孙爱华

（本课入选 2018 年上海市中小学学科德育精品课程）

教师简介：孙爱华，中共党员，中学高级教师，上海市嘉定区马陆小学语文教师。领衔上海市“3—5 年青年班主任专业成长路径和方式研究”，课例“伟大的友谊”在全国中小学学科德育精品课程征集展示活动中被评为部级学科德育精品课程。多次被评为优秀德育工作管理者。

【德育理念】

语文学科是母语的学习。为了让学生在字词句篇的学习中了解中华文化，懂得做人的道理，形成良好的个性和健全的人格，教师应始终坚持“知行统一、因人因境施教”，不仅重视语文方法的教授和语文兴趣的激发，更重视学生品德修养与审美情趣的培养。

【设计说明】

《跳长绳》是一节习作指导课，旨在通过习作指导，引导学生观察与积累，明白要把一项运动写具体，就得认真观察运动前后、运动中的动作和神态，并能设身处地地进入角色，体会主人公的思想情绪，从而把文章写得“有血有肉”。同时，在学生观察、讨论和自主学习的过程中渗透生命教育，让学生认识到“生命在于运动”，懂得运动使生活更加精彩，使身体更加健康。

【教学实录】

一、复习导入，梳理方法

师：同学们，这是我们以前学过的内容，请大家品读一番，说说自己喜欢哪一个片段的描写，并说明原因。

片段1：

小敏斜着眼，伸出胖乎乎的手说："来吧，最多数到三，你准输！"他摆出一副胜券在握的架势。小容微笑着看着小敏，扭了扭手腕，伸出右手，胸有成竹地说："开始吧！"两只手握在了一起。裁判小华一声令下，整个教室沸腾起来。"加油！""加油！""使劲！""使劲哪！"只见小敏瞪着眼，涨红了脸，脖子似乎比平时粗了一圈，他正拼命地把小容的手往桌子上按。小容额上青筋暴起，身体颤抖着，眼看他就要支撑不住了……忽然，小容大吼一声，猛地发力，把小敏的手扳倒在桌子上。"小容赢喽！小容赢喽！"教室里欢声雷动。

片段2：

小敏伸出胖乎乎的手，小容伸出右手，两只手握在了一起，裁判小华一声令下，整个教室沸腾起来。只见小敏正拼命地把小容的手往桌子上按，眼看小容就要支撑不住了……忽然，小容猛地发力，把小敏的手按倒在桌子上。最后，小容赢了。

生1：我喜欢第一个片段的描写，因为他的描写更生动。

师：为了让习作更加生动，作者是怎么描述的呢？让我们读一读片段1。

生2：作者在描述的过程中仔细观察，加上了人物的动作、神态和语言，写得很生动。

师：是呀，作者通过"动作、神态和语言"的描写（边说边板书），让游戏现场跃然纸上。今天，我们就要模仿作者来写一项体育活动。

（板书：动作、神态和语言）

［意图说明］

唤醒学生对本课学习任务的先前经验，并能有效关注学生的学习品质养成，让孩子在旧知识的回顾中进入新知识的学习。

二、引入新课，渗透方法

师：生命在于运动，从我们呱呱坠地到会走、会跑、会跳，运动让我们的身体越来越强健。同学们，你们都参加过哪些运动项目？

生（七嘴八舌）：踢毽子、跳皮筋、打羽毛球、踩高跷……

师：同学们，请试着让我们的语言像体育活动一样，丰富起来。请你们用"体育活动真丰富，有（　），有（　），还有（　）"这个句式来介绍一下。

生 1：体育活动真丰富，有踢毽子，有跳皮筋，还有踩高跷。

生 2：体育活动真丰富，有打羽毛球，有跳远，还有玩双杠。

［意图说明］

通过句式训练，让学生学会清楚表述活动；通过对“先概括后具体”句式的加强训练，让学生知道在习作学习过程中可以用“有……有……还有……”句式把需要强调的内容写具体。同时，让学生回顾了体育活动课中出现的运动项目，知晓自己所参加的体育活动，为习作学习打下基础。

师：在同学们介绍的运动项目中，大部分都是我们自己可以独立完成的，但有的是需要我们一起参与的。这节课我们就来一起写写这项体育活动——跳长绳。

板书：

跳长绳
- 动作
- 神态
- 语言

（教师播放视频）

师：刚才视频中的小朋友们都在干什么呢？

生 3：他们有的在跳绳，有的在摇绳，还有的在边上喊加油。

［意图说明］

通过播放跳长绳的视频，让学生学会仔细观察，在观察的过程中用刚才训练的“有……有……还有……”句式介绍自己所看到的视频内容。这样既可训练句式，又能知晓班中学生句式训练达成度与认真观察的情况。认真观察、认真倾听是学生必须具备的学习品质，只有具备了这些学习品质，学生才能更好地学会学习。

师：大家看得真仔细，这些人物都参与了跳长绳活动，只是角色不同，我们可以把他们作为自己观察与写作的对象。

板书：

锁定人物　小芳

跳长绳
- 动作
- 神态
- 语言

师：同学们，如果让你来选择一个对象描述，你会把谁作为你的写作对象呢？

生 4：我会选择摇绳的，因为没有他们，这项活动就无法开展。

生 5：我会选择旁观者，我想通过对旁观者的描写来说明这项活动的吸引力。

生 6：我会选择跳绳的，因为他们是这项活动的主角，他们连贯跳绳才使得这项活动具有吸引力。

师：是呀，画面上的每个人都可以成为我们的写作对象，正是因为他们的倾情参与，才让我们知道这项集体活动既锻炼我们的胆量，又让我们更加团结。为了写好这篇习作，课前我们一起在操场上练习了跳长绳。在练习过程中，我们知道了跳长绳这项集体活动需要大家心齐力坚，边上啦啦队的加油助威也可以增强我们的信心。所以，写《跳长绳》这篇习作时，他们都可以成为我们笔下的主角。今天，孙老师想让大家与我一起观察与描述主角——跳绳的小运动员。

［意图说明］

依据新课程标准，坚持“素材来自生活”的指导思想，以提高学生身体素质和跳绳技能为主要目的，并将我校体育活动内容和小学三年级学生的身心特点融入习作指导设计。

通过让学生“实验→观察→习作”的过程训练，培养学生互相帮助的合作精神和积极参加锻炼的良好习惯。在习作课上课前，教师带着学生模拟运动，让学生知道了跳长绳的相关事项。通过在课堂上分析讲解跳长绳的动作，让学生体验体育健身带来的快乐，提高学生跳长绳的质量，为课堂习作打下基础。

师：请大家再次观看跳长绳视频，在观看的过程中，思考小运动员是怎么跳长绳的。

生 7：第一个同学一下子冲进去，他跳出去后，第二个同学再冲进去。

师：根据你的回答，我们是不是可以先理一理顺序，每一个要跳长绳的同学都要经过“起跳前、起跳时、落地后”这三个环节。

生（异口同声）：对。

师：那我们在写作时是不是可以按照这三个环节理清自己的写作顺序呢？

板书：

锁定人物 小芳

跳长绳
- 抓住细节：动作　神态　语言
- 理清顺序
  - 起跳前
  - 起跳时
  - 落地后

师：接着，让我们一起来仔细观察视频中跳绳的小运动员的慢镜头，看看他的动作与神态。

（教师再次播放视频）

板书：

习作：跳长绳

锁定人物 小芳

跳长绳	抓住细节		动作	神态	语言
	理清顺序	起跳前	盯、摇晃	目不转睛	小心翼翼
		起跳时	冲、跳跃	全神贯注	胸有成竹
		落地后	笑、跑着	如释重负	—

师：观看视频，思考人物的动作与神态。

生 1：我看到视频中第一个跳进绳里的小朋友，她的神情很专注，目不转睛地盯着绳子，头随着绳子的甩动而晃动。

生 2：我看到第一个跳进绳里的小朋友，她看到绳子落地的时候，毫不犹豫地冲进绳子里。当绳子再次落地时，她腾空而起，跳得比绳子还高。

生 3：我看到第一个跳进绳里的小朋友，她在绳子还没有落地的时候，迅速从容地跳出了长绳的范围，快速走到队伍的最后面，准备新一轮的起跳。

师：你看得真仔细，请大家继续补充，自主交流（随机板书）。

生 4：在看视频时，我想到我们去操场上跳长绳。因为我早已经掌握了跳长绳的本领，所以在跳绳的时候，我胸有成竹。我看到视频中第一个跳进绳里的女同学跟我一样，一点儿都不紧张，除了全神贯注之外，我觉得她对自己能够跳过去这件事是胸有成竹的。

师：老师要给你们点赞，通过自己实践，你们不仅能感受运动的乐趣，还能在写作的时候用文字把自己带到自己运动的场景，把自己的真实感受用文字告诉大家。

［意图说明］

这部分的教学是本课教学的重点。学生要将自己的观察所得与自己原有的语言素养进行组合，完整表达自己的所见与所想，尤其是观察中还要加上自己实践模拟所知，掌握多人跳长绳时多人上绳的时机和跳跃节奏，明白如何做到动作熟练和出入自如。这不仅能培养学生的互助协作精神，同时也能培养学生的学习能力，激发学生参与运动的兴趣，促进学生全面发展。根据学生喜欢上体育课的心理，我在教学中充分发挥学生的主体作用，培养学生的互助协作精神，提高学生的合作意识。

三、习作指导，总结评价

师：请大家根据任务单，完成课堂习作。

任务单

起跳时	落地后
________	________
________	________
________	________
________	________

（学生完成后交流总结）

［意图说明］

培养学生的自主学习能力是一个长期的过程，需要教师不断给学生提供实践的机会，更需要教师的指导与帮助，这样，学生就容易体会到成功的乐趣和学习的快乐。习作任务单旨在让学生将课内与课外的知识相融合。在课堂教学中，教师要关注语文核心素养，培养学生对祖国语言的热爱，注重学生的知识积累与实践能力培养，在增强学生听说读写能力的同时更要关注学生的学习品质和习得过程。

【专家点评】

我做了十几年的上海市语文教研员，听过的作文课不超过 40 节，对嘉定的这位教师选择执教作文课的实践表示敬意。

这节课中，教学语言比较规范，思维训练比较到位。一堂好的语文课不仅要做到语言规范，还要在课堂中关注审美。除了这些方面，我们要关注现在课堂关注的核心话题。我们现在关注的是 21 世纪学科核心素养，也就是学生适应终身教育与社会发展的必备品格和关键能力。

就语文学科而言，上海在之前已经对核心素养进行了比较深入的研究，核心素养的研究既应立足当下，又要看到未来。立足当下，我们对核心素养的理解非常清晰。步根海老师特别阐释了在当下教育过程中我们要体现的核心素养到底是什么。他说："我们认为，语文学科的核心素养叫语言素养——充分关注表达，提升语言素养。这包含四方面内容：（1）对祖国语言文字的感情；（2）语言积累，包括语言材料的积累、语感的积累等；（3）语言能力，外显方式称为听说读写能力，核心是思维；（4）文化修养及与之相匹配的审美能力、审美意识和审美情趣。”

孙爱华老师在课堂上也在讲关系，讲的是作文教学中的承接关系，而承接关系是成人对这个关系给出的概念。在教学中，教师要让学生有实际的获得，让学生在写作的过程中知道先写什么，再写什么。如果不教会这些关系，学生在写作的过程中所写的内容是跳跃的。学生在课堂中能一步步写下来，说明他们已经能明白写作对象直接的内在关系了。这就是让学生在学习过程中有了实际的获得，而不是概念的获得。

今天的这节语文课中，有概念的内容，如“动作、神态和语言”。这节课出彩的地方正是用内容去支撑概念，真正做到了“抽象不离具体”！

（上海市教委教研室　薛峰）

惜时如金，不负韶华
——《不知疲倦的人》课堂教学实录

上海工程技术大学附属松江泗泾实验学校　夏茂进
（本课荣获上海市教育学会小学语文教学专业委员会比赛二等奖）

教师简介：夏茂进，中学高级教师，现就职于上海工程技术大学附属松江泗泾实验学校。其课堂教学简约、实效，曾多次执教区级示范课、研讨课，多次荣获市、区级教学评比等第奖。

【德育理念】

“千教万教教人求真，千学万学学做真人。”为人师者，应以生为本，育德为先，带着学生一起向真、向善、向美。

【设计说明】

《不知疲倦的人》记叙了陈景润不知疲倦地学习和工作的故事。文章按“总—分—总”的结构记叙，先总写陈景润是一个不知疲倦的人，再通过几组镜头分别展现陈景润珍惜时间、孜孜不倦地学习和工作，最后通过“紧追着时间的分分秒秒，一步一个脚印，向着科学高峰攀登”深化主题。“惜时如金”是贯穿全文的主线。文章极具说服力和感染力，能够促进学生形成珍惜时间、勤奋学习、自强不息等道德品质。

本课教学宜抓重点词句品读感悟，引导学生采用质疑、朗读等方法，自主深入感知陈景润的品质，使学生在学习语文知识的同时，接受品德的熏陶与感染，进一步培养学生自强自立的品质。

【教学实录】

一、揭示课题，初识人物

师：这是我们要学习的课题，谁来读？

（学生读课题）

师：这里的“人”就是他——

（教师出示人物照片）

生（齐答）：陈景润。

（教师把“陈景润”三个字工工整整地写在黑板上）

师：课题点明了人物的特点，谁能读好它？

（学生个别读、齐读课题）

［意图说明］

通过指导读题，引导学生抓住“题眼”，初步感知陈景润不知疲倦的品质。

二、补充介绍，了解人物

师：课题中的“不知疲倦”在课文中出现了两次，分别在哪两个自然段？

生 1：分别出现在第 1 和第 6 自然段。

师：请你把第 1 自然段读给大家听。

（生 1 读第 1 自然段）

师：你不仅找得快，读得也很流利。这里有一个词语“孜孜不倦”，谁知道它的意思？

生 2：不知疲倦。

师：这是一对好朋友，请你把“不知疲倦”放进第 1 自然段读一读。

（生 2 读）

师：请大家带着对“孜孜不倦”的理解，一起读这段内容。

（学生齐读第 1 自然段）

师：第 6 自然段，谁来读一读？

（生 3 读）

师：一听就知道你课前的预习做得特别好，连这样一个难读的词也读准了（示红：哥德巴赫猜想）。大家一起试着读一读。

师：什么是“哥德巴赫猜想”？

生 4：“哥德巴赫猜想”就是一个人去世后留下来的一个问题，好像是“1+1 ≠ 2”。

师：说实话，老师还真的不了解“哥德巴赫猜想”。其他人知道吗？（学生摇头）课前碰到这样不懂的内容可以怎么做？

生（齐答）：查资料。

师：其实，只需要读第 6 自然段，就可以对它有所了解。谁有这个本事？

生 1：这里的最后一句话说“向着科学高峰攀登”，“哥德巴赫猜想”就是一座科学高峰。

生 2：“哥德巴赫猜想”是数学皇冠上的宝石。

师：“数学皇冠上的宝石”意味着什么？

生 2：意味着它是数学中最难的题目。

师：“哥德巴赫猜想”在数学王国的地位可真高啊！你看，通过课文我们就能大致理解这样一个特别难懂的词。

（学生齐读“哥德巴赫猜想”）

师：这里有个字，我们一起来写一写。

生 3：攀。

师：你怎么知道我要写“攀”字？

生 3：这个字难写。

师：难，我们更要写，还要边说边写——茂密的丛林中藤蔓交织，一只大手紧紧地抓住藤蔓，一步一步向上爬。这个字想写得好看，要注意什么？

生 4：“大”要写得舒展。

师：对啊！请在书的空白处写一写。

（学生写“攀”字）

师：字词的问题解决了，现在我们一起读一读这一自然段。

（学生齐读）

师：根据第 1 和第 6 自然段，你知道为什么作者称陈景润为“不知疲倦的人”吗？

生 1：在第 1 和第 6 自然段中都写到了陈景润，从“绝不轻易放过一分一秒的时间”和“他紧追着时间的分分秒秒，一步一个脚印，向着科学高峰攀登”中，可以看出陈景润很珍惜时间。（板书：一分一秒　分分秒秒）

生 2：还有“日复一日，年复一年”，代表他坚持不懈。

师：课文的这两个自然段都写到陈景润珍惜时间，写到他不知疲倦地学习和工作，与课题相呼应。

（学生齐读第 1 和第 6 自然段）

［意图说明］

让学生借助文本理解“哥德巴赫猜想”的大意，增强联系上下文理解词语的意识；让学生在学写生字“攀”的过程中，结合字形了解字义，感受汉字形体美，产生对祖国文化的热爱之情；通过归类学习，让学生初步感知作者称陈景润为“不知疲倦的人”的原因是他珍惜分分秒秒的时间学习和工作。

三、质疑问难，深化认识

师：围绕课题，课文写了关于陈景润的哪些事？请自读课文第2至5自然段，说一说。

（学生交流读外语、演算、等开门、被反锁、学外语五件事情）

师：这五件事情中，前三件是略写，出现在课文第2自然段。

（指名读这三件事情的内容）

师：这三件事情有什么共同之处？

生1：这三件事情都写了时间。

生2：这些时间都很早。

生3：三件事情都是先写一个很早的时间，再写陈景润做了什么。

生4：三件事情都写出了陈景润非常勤奋。

师：既有形式上的共同之处，也有内容上的共同之处。

生5：三段内容都有一个“已”字。

师：火眼金睛！你发现了用字的共同之处。这个“已”字有什么作用呢？

生5：这个字表示事情已经过去了。那么早，他已经做完了事情，的的确确是在珍惜分分秒秒的时间啊！

师：没错，紧追着时间的分分秒秒，绝不轻易放过一分一秒的时间，陈景润就是这样一个不知疲倦的人。

（学生自由读第2自然段）

师：在日常生活中，陈景润就是这样绝不轻易放过一分一秒的时间，他紧追着时间的分分秒秒，孜孜不倦地学习和工作。面对无数的数学难关，他是怎么做的呢？

（指名读第3自然段）

师：正确、流利。这个字（示红：弋）她读准了，大家一起读。

（学生齐读“弋”）

（教师指导书写“弋”）

师：（示红：游弋）一起读这个词。

（学生齐读“游弋”）

师：仔细地读一读这段话，你们有什么问题吗？

生1：他要攻克什么数学难关？

生2：“游弋”是什么意思？

生3：他怎么会忘掉了自己，忘掉了周围的一切呢？

生4：为什么说陈景润是“游弋”在无数的数学符号之中？

师：学问学问，多学多问，有人对内容提出问题，有人对词语的意思以及用法提出疑问，有人针对写法提出问题。这一系列的问题，都可以在第 4 自然段得到解答。默读这一自然段，把能够用来解答你心中疑问的或者是能够帮助同学解答疑问的语句画出来。

（学生默读第 4 自然段）

师：下面我们该干什么？

生 5：解答问题。

师：不是。我要请两位同学，一位做陈景润，一位做图书管理员，来演一演第 4 自然段中的情节。（选择两个学生）他们两位需要稍作准备，你们也要准备，认认真真默读第 4 自然段，把其中关于人物表现的句子找出来，根据他们的表现向他们提问。

（学生演绎）

师：他们把大致情节演出来了，有演员的潜质。该你们提问了。

生 1：陈景润，你为什么在发现门锁住的时候毫不在意地笑了笑？

生（陈景润扮演者）：因为这样，我正好可以继续看书了。

师：正好给了他这样的机会，所以他开心了。这个答案你满意吗？

生 1：满意。

生 2：陈景润，图书管理员那么大声叫你，你怎么都没有听见？

生（陈景润扮演者）：我被书里面的内容吸引了，完全忘记了周围的一切。

生 3：图书管理员，你在锁门前为什么要大声问？

生（图书管理员扮演者）：因为我要提醒还在图书馆里面的人赶紧出来。

师：可能你之前还有过把陈景润锁在里面的经历吧？同学们，现在你们能回答第 3 自然段中提出的问题了吧？让我们一起朗读第 3 自然段。

［意图说明］

带领学生梳理文中事件，在增强学生提炼概括意识的同时，使学生能够具体认识陈景润是如何不知疲倦地学习和工作的；通过引导学生抓关键词语，帮助学生习得提问的方法，再指导学生联系上下文，结合演一演的形式释疑，使学生初步形成质疑、释疑的能力，在这些过程中进一步深入感知陈景润对待学习和工作孜孜不倦的精神品质；通过找规律，借助关键字词的提示尝试背诵，提高学生的学习能力，提升学生对语言的感受力和审美能力。

四、感受成功，再读课题

师：陈景润始终没有忘记的是绝不轻易放过一分一秒，始终没有忘记的是紧追着时间的分分秒秒。在日常生活中，谁都可能经历过这样的情况（出示第 5 自然段）。

（学生齐读第 5 自然段第一句话）

师：面对这无数个平常的几分钟，陈景润是怎么做的呢？

（学生齐读第 5 自然段第二句话）

师：看，他就是这样绝不轻易放过一分一秒的时间，不知疲倦地学习和工作。

（学生再读第 5 自然段第二句话）

师：当时，许多顶尖的数学研究成果都是用外文编写的，陈景润要想攻克哥德巴赫猜想，就必须学会外语，一步一个脚印向着科学高峰攀登——

（学生齐读）

师：在这样平常的几分钟和陈景润的行为之间，作者用了这样一个词来连接——

生 1：然而。

师：请试着把这两部分内容连起来轻声读一读。

（学生自读）

师：同学们，陈景润就是这样一个不知疲倦的人，这样的人值得我们永远记在心里，所以编者对我们提出了背诵的要求。内容比较多，你们有没有什么好办法来帮助背诵？

（学生交流背诵的方法）

师：选用适合你的方法，去试着背一背吧。

（学生尝试背诵）

师：谁来试着根据提示背一背。

…………

师：掌握规律，借助一定的方法，无论背诵什么内容都会事半功倍。相信此时，一个不知疲倦地学习和工作的陈景润的形象已留在了你们的心里。你们想知道陈景润后来取得的成就吗？

生（全体）：想。

（教师出示，学生自读："1965 年，他在哥德巴赫猜想的研究中取得了重大突破，他的研究成果被国际数学界称为'陈氏定理'。"）

师：让我们带着对陈景润的了解，一起再来读一读课题。

生（齐读）：不知疲倦的人！

［意图说明］

借助对人物的补充介绍，提升人物形象，激发学生对人物的敬佩之情。

【专家点评】

夏茂进老师执教的《不知疲倦的人》，以巧妙的教学引导、梯度性和结构化的提问，带领学生进行了一次深度学习。

教师先引导学生聚焦“不知疲倦”，联系课文第1、6自然段，让学生初步感受人物特点。接着，教师引导学生梳理事件，理清写法上的共同之处，感受陈景润孜孜不倦、夜以继日地工作着。然后，学生在质疑问难、情境表演、拓展资料的学习中，升华人物品质，再次感受“不知疲倦”。围绕这一线索，学生经历了一个从阅读感受到理性分析，再到经验整合与外化的过程。

从教师的教学预设和执教情况来看，一个比较突出的特点是——课堂提问的梯度性和结构化。如在质疑问难环节，教师提出的一组问题，顺着学生的学习反应，形成了一条关联紧密的“问题链”。从“这三件事情有什么共同之处”，到“仔细地读一读这段话，你们有什么问题吗”“下面我们该干什么”“面对这无数个平常的几分钟，陈景润是怎么做的呢”，从理解异同到引发质疑，这是一条纵向深入的“问题链”。在理性分析后，教师又通过情境表演，引导学生把阅读感受表现出来。这一学习活动，起到了整合学习经验——将阅读感受与理性分析整合起来、外化出来的效果。

虽是小学四年级的课，教师仍重视生字教学，无论是从“陈景润”的示范板书，还是“攀”“弋”关键笔画的点拨指导，都能看出来。可以想见，教师在备课时，站在学生的角度认真揣摩过“阅读这篇文章学生可能得到什么”“哪些内容可能是学生学习的起点”“哪些内容可能是学生学习的障碍点”“哪些内容可能是学生学习的增长点”等问题，既彰显学理高度，也体现学情地气。

（上海市闵行区教育学院　景洪春）

让历史人物“站”起来

——《将相和》课堂教学实录

上海市松江区教育学院　谈永康

（本课入选2018年上海市中小学学科德育精品课程）

教师简介：谈永康，中学高级教师，上海市语文特级教师，上海市松江区教育学院语文研训员。师从于漪先生、贾志敏先生、李永元先生。第四期“上海市普教系统名校长名师培养工程”攻关计划主持人。曾获“上海市园丁奖”“全国小学语文十大青年名师”等荣誉。出版语文教育专著《每月与语文教师书》等七部，其中《时间里的中国智慧——我们的二十四节气语文课》获华东六省一市优秀图书奖。

【德育理念】

德智融合，培育有中国心的现代文明人。

【设计说明】

《将相和》是一篇传统课文，讲述了蔺相如、廉颇与赵王同心协力保卫赵国的历史故事。春秋战国时期，战乱频仍，生灵涂炭。渑池之会，廉颇带兵守在边界；蔺相如唇枪舌剑斗秦王，为赵王挽回尊严。负荆请罪，廉颇处处要让蔺相如下不来台，蔺相如一再忍让；廉颇最终幡然悔悟，上门请罪。复杂的社会环境中，人物个性得以剥笋般展示，读后给人以深刻印象。

这样的课文，需要学生入情入境，即如见其人，如闻其声，故引学生朗读以进入情境；再讨论辨析，以揣摩人物内心，读懂其人其情。课文蕴含的育人要素便如水润泽人心。

【教学实录】

一、导入：初步感知“和”意

师：小朋友都喜欢听故事，今天我们一起了解一个历史故事。谁会读课题？

生1：将相和。

师：《将相和》这个历史故事发生在战国时期，当时中原大地上有很多诸侯国，最主要的是齐、楚、燕、赵、韩、魏、秦。这些诸侯国之间战争不断，其中有个秦国，依仗自己力量最强大，常常寻找借口进攻别的国家。《将相和》讲述的就是发生在秦国和赵国之间的一个故事。大家预习了课文，“将相和”是什么意思？请你来说说。

生2：蔺相如、廉颇和好了。

师：课文中有一句话说的就是“将相和”这一层意思。谁找到了这句话？

生3：从此以后，两人结为知己，同心协力保卫赵国。

师：这里有一个词语（投影出示：同心协力），请大家一起读。

生齐读：同心协力。

师：这个词语是什么意思？

生4：统一认识，共同努力。

师：谈老师小时候学这个成语，就把“协”的偏旁写错了。大家有没有办法记住“协”是十字旁的？古人是这样写“协”字的（投影出示），这个字从十从办。

生5：“十”说明人多，“协力”是合力，很多人一起做。

师：她的理解很好，掌声送给这位女生，把字形跟字义联系起来识记是非常好的方法。我们学过的哪个字也有十字旁？

生6：博。

师：对。一个人知识多，我们怎样夸他？

生6：博学。

师：知识最多的学生，我们怎么称呼他？

生7：博士。

师：汉字真有意思！

［意图说明］

抓住课题，初步了解“和”的意思。补充历史背景，引导学生进入课文情境。字词教学精练、有趣、到位，学生学、悟“协”字背后的文化内涵。

二、学渑池之会：读读、品品、议议、悟悟

（一）读中入境，讲述故事

师：同学们，课文中讲将相和同心协力保卫赵国，讲到了哪两个故事？

生1：渑池之会、负荆请罪。

师：对。渑池之会是课文第1至8自然段的内容，秦王约赵王在秦国渑池会见。在这样的外交场合，对话非常重要。请大家看看故事中的哪些人讲话了，讲了什么。请找出来读给大家听。

生2：秦王饮了几杯酒，忽然说："久闻大王精通音律，请鼓瑟一曲。"

生3：蔺相如也说话了。他说："听说大王善为秦声，请为赵王击缶。"还有一句话："你我现在相距只有五步。再不答应，我就跟你拼了！"

师：这位同学一下子找了两处，这些都是以第一人称直接叙述的。故事中还有一些人物语言，你们能发现吗？

生4：秦王就叫人记录下来，说在渑池会上，赵王为秦王鼓瑟。

师：是的，请你直接用秦王的口吻说说。

生4：帮我记下来，就说在渑池会上，赵王为我鼓瑟。

师：说得对。请你放下书，假设自己就是秦王，听完赵王为自己鼓瑟，你会说——

生4（放下书并流利地说）：帮我记下来，就说在渑池会上，赵王为我鼓瑟。

师：不错！我给你一个更能反映秦王当时心情和神态的短句——来人啊，请你放在句子开头说一说。

生4：来人啊，给我记下来，就说在渑池会上，赵王为我鼓瑟。

师：说得太好了！此处应该有掌声（学生热烈鼓掌）。哪位同学还想补充？

生5：蔺相如也叫人记下来，说在渑池会上，秦王为赵王击缶。

师：请你把自己当作蔺相如，试着说一说。

生5：来人，把秦王为赵王击缶的事记下来。

师：好，请你再自信地说一下。

生5（自信、声音洪亮）：来人，把秦王为赵王击缶的事记下来。

师：你就像蔺相如！你还有什么发现？

生5：赵王和大臣们商议，去，怕有危险；不去，显得胆怯，让人瞧不起。商量了半天，一时决定不下。蔺相如认为不能示弱，还是去的好。

师：是啊，有这么多人物语言呢。让我们进入历史故事，借助填空题的线索，同桌合作一起来讲讲这个故事。

（二）品一品"声色俱厉"

师：渑池之会中，蔺相如说话最多。我们一起再来读一下。

生齐读：你我现在相距只有五步。再不答应，我就跟你拼了！

师：根据你们的朗读，我觉得你们读懂了“声色俱厉”这个词语。这个词语是什么意思？

生1：声音和脸色都很严厉。

师：对，蔺相如说的短短两句话中，哪一个字特别能跟他当时声色俱厉的神态相呼应？

生1：拼。

师：拼是什么意思？

生1：拼命。

生2：杀了秦王。

师：你们通过这个“拼”字（板书：拼）看出了蔺相如怎样的性格特点？

生3：勇敢。

师：就像完璧归赵中一样勇敢，蔺相如还有什么特点？请联系上下文想一想。

生4：蔺相如很聪明。

师：你为什么这么说呢？

生4：蔺相如让秦王击缶，秦王不答应。看秦王跟自己比较近，蔺相如就跟他拼命。

师：同学们，这位男生很会思考：第一，联系了前文，蔺相如先请秦王击缶，他是很有礼貌的。第二，蔺相如又发现秦王跟自己很近，所以他才用了“拼”这个办法。谁还有补充？

生5：蔺相如第一次是请求的感觉，第二次是逼着秦王去击缶。

师：是啊，他逼出了什么效果？

生5：秦王只好拿起棒子胡乱敲了几下。

师：同学们，我们从蔺相如的语言中，读到了他的勇敢，也读到了他的智慧。

（三）议一议两国输赢

师：这一次，秦王没有得到便宜，只能放赵王回去了。你们觉得赵国和秦国是打成了平手，还是决出了胜负？

生1：我觉得赵国赢了。

生2：我觉得打成了平手。

生3：我觉得赵国赢了。

师：大多数人的观点是赵国赢了。我们再读读书，想想理由，给大家二十秒的时间。

（有学生举手，老师说：不急，再读书思考一下）

师：时间到了，我们来听听这位同学的想法。

生4：我觉得赵国赢了，秦王输在了面子上，如果传到了百姓那里，秦王会感觉很没面子。

师：你为什么说秦国输在了面子上？

生 4：秦王丢的脸更大，秦王为赵王击缶，而赵王为秦王鼓瑟。

师：你因为两个人用的乐器不同而认为赵国赢了，让我们来认识一下瑟与缶。

生 5：赵王为秦王弹琴，而秦王拿瓦器为赵王击缶。

师：赵王鼓瑟，这是雅乐。秦王拿起棒子胡乱敲了几下，这件事传到秦国老百姓那里，他们会——

生 6：哈哈大笑。

师：还有其他理由吗？来，请这位女生回答。

生 7：因为秦国势力比赵国大，赵国势力比秦国小。赵王给秦王鼓瑟，面子丢得就小一点。秦国那么大，秦王还给赵王击缶，面子就会丢得大一点。

师：她联系了三年级学的一篇课文，其中讲到“战国时期，秦国最强”。这个时候，秦王就想占赵国的便宜，占不到就是输了。

生 8：秦王是一国之君，请赵王鼓瑟。而秦王击缶，是赵国的一个臣子让他击的，秦王丢的面子要比赵王大。

师：掌声送给你。刚才有一位同学认为两国打成了平手，你现在是怎么想的？

生 2：秦国输了。蔺相如让秦王为赵王击缶，赵王则为秦王鼓瑟，而且是秦王请的，赵王更有面子。

师：这位同学观点的转变是有理由的，他是听了大家的意见啊！

（四）悟一悟“和”意

师：渑池之会，将相二人是和还是不和？

生齐答：和。

师：同学们，在《说文解字》中，“和”的意思为“相应也”（板书：相应）。那么，廉颇和蔺相如是怎样相应的呢？

生 1：蔺相如在渑池之会上跟秦王斗智斗勇，为赵王赢得了尊严。

生 2：大将军廉颇带着军队把他们送到边界，做好了抵御秦兵的准备。如果没有廉颇，秦王即使在渑池之会上输了，也可以把赵王扣下来，这样他还可以赢。

生 3：蔺相如在渑池之会上跟秦王斗争，为赵王赢得了面子；廉颇则带领军队，做好了打仗的准备。两个人就是这样配合的。

师：你们理解得太棒了！廉颇和蔺相如就是这样行为相应，才让赵王在渑池之会中有了面子，也为赵国赢得了尊严。

［意图说明］

反复朗读，学生读出趣味，如见其人。在此基础上，引导学生抓住人物话语，进一步品悟人物精神品质。语言学习、课文理解、思维训练紧密结合，尤其是引导学生结合课文，联系“和”字新意，深入读书、思考、交流，体现了学生是学习的主体，也体现了学习是学生自主建构知识的过程。

三、学负荆请罪：读读、比比、说说

（一）合作学习，在比较中发现

师：因为蔺相如在渑池之会上立了功，所以赵王封他做了上大夫，接下去又有故事发生了。请大家自己读书并回答，如果能够完成这道填空题，就说明你读懂了这个故事。

蔺相如在渑池之会上又立了功，做了上卿。廉颇（　　），蔺相如就（　　）。有一天，见廉颇骑马过来，蔺相如（　　）。后来蔺相如说自己不是（　　），而是（　　），廉颇听闻后就（　　）。

生1：蔺相如在渑池之会上又立了功，做了上卿。廉颇（很不服气），蔺相如就（故意不上朝，避开廉颇）。有一天，见廉颇骑马过来，蔺相如（立刻叫车夫往回赶）。后来蔺相如说自己不是（怕廉将军），而是（怕两人闹不和，别人就有机可乘），廉颇听闻后就（负荆请罪）。

师：此处应该有掌声啊！（学生鼓掌）同学们，一开始廉颇不服气，这样做，两个人就不和了。后来他认识到了错误就负荆请罪，于是两人又和好了。怎么会从不和到和呢？这次，我们还是抓住两个人的语言来读这个故事。

师：请大家前后四个人一起来品味将相说的话，找一找二人和好背后的秘密。

（出示合作学习要求：1. 分角色朗读将相二人的语言；2. 讨论“将相二人的话有什么不同”；3. 推荐一位同学发言，其他人可以补充）

师：大家讨论得很激烈。哪一组同学愿意展示你们的学习成果？

（学生分工读将相二人的话，一生发言：廉颇的语气很强烈，只想到了自己，没有想到国家。蔺相如想到了国家，认为只有跟廉颇和好，才能保卫好国家）

师：请把掌声送给这个组。（学生鼓掌）他们组发现了两个人说话内容的不同，在处理个人与国家的关系时，廉颇想到的是个人，而蔺相如想到的是国家，用蔺相如的话来说就是——

生2：我们。

师：你们发现了（板书：我们）。其他组有补充吗？

生3：廉颇说话的时候很骄傲，他是从个人角度出发的。

师：大家注意，这个组注意到了廉颇说话的语气。

生4：蔺相如很谦虚，从国家角度出发，没有贬低廉颇，而是变相夸了廉颇。

师：不错，请坐，我们一起来读读，体会廉颇骄傲，只想到自己，体会蔺相如谦虚，时时想到国家。

（二）情境对话

师：廉颇听到了别人转述的蔺相如的话，于是他就上门请罪。这时他一定会对蔺相如说点什么，他会怎么说呢？请你来做廉颇。

生1：对不起，蔺相如。

师（急忙上前，伸手搀起“廉颇”）：廉将军，快快请起。

生1：我为了个人名利，不顾国家利益，误会了你，对不起，请你原谅！

师：大将军，你说什么呢？我们外面有个秦国，正虎视眈眈呢！

生1：那我们一起去将它击败吧！

师：大家注意到了吗？这位同学的话里出现了非常重要的词——

生齐答：我们、一起。

师：你也想来做廉颇，请。

生2：对不起，蔺上卿，我为了个人名利，不顾国家利益。

师：大将军，快快请起。

生2：我不应该贬低你。

师：没关系。你看，我们国家边上都是强大的国家，廉将军，以后我们该怎么办呢？

生2：以后我们应该同心协力，保卫赵国。

师（与“廉颇”握手）：谢谢你，你是我的知己。

生2：谢谢。

师：我们重归于好吧。

师：同学们，将相二人之所以能和好，是因为两个人都想到了什么？

生2：国家。

生3：一起保卫赵国。

师：对，同学们，这就是同心。在渑池之会上，两个人共同出力，保卫赵国，这就是协力。所以，我们现在看，“和”是指和好，和好的秘密其实是同心协力。

［意图说明］

在语境中比较将相二人的语气、想法等，领会“我”与“我们”背后的价值观差异。进一步结合上下文，组织学生阅读理解，进行情境对话，既提升语言能力，又着眼育人，发展思维。

四、尾声：带着问题，走出课堂

师：同学们，蔺相如和廉颇的故事已经成为历史佳话。以史为镜，可以知兴替，可以为今天的人们提供很多启迪和帮助。大家都知道，中国现在是一个泱泱大国，已经崛起在世界的东方，我们一起走在实现中华民族伟大复兴的道路上。回头看历史故事《将相和》，它会给我们怎样的启迪呀？

生1：我们要同心协力。

生2：我们要以大局为重。

生3：我们要团结。

师：是的，就像故事中一样，我们每个人都要做最出色的自己，同时也要像你们说的那样，同心协力，做最出色的我们。课后，请大家评价一下廉颇或者蔺相如，力求有观点、有理由。

［意图说明］

以古鉴今，读出新意，这是语文教育的需要。联系时代，读活故事，带着问题，走出教室，鼓励学生独立思考，培养批判性思维。

【专家点评】

1. 这是一堂说文解字的好课

蔺相如和廉颇的故事发生在战国时期，"和"是他们结为知己的秘密，也是他们同心协力保卫赵国的路径。谈老师紧扣"和"，将对"和"字的理解与对人物形象的把握合二为一，他从"和"在《说文解字》中的意义出发，梳理文脉，让学生深入理解人物。

学完渑池之会，学生讨论后明白"赵国赢了"，他们开始了对"和"的再次体悟。谈老师问学生："渑池之会，将相二人是和还是不和？""廉颇和蔺相如是怎样相应的呢？"有学生说："大将军廉颇带着军队把他们送到边界，做好了抵御秦兵的准备。如果没有廉颇，秦王即使在渑池之会上输了，也可以把赵王扣下来，这样他还可以赢。"有学生说："蔺相如在渑池之会上跟秦王斗争，为赵王赢得了面子；廉颇则带领军队，做好了打仗的准备。两个人就是这样配合的。"学生领悟了"和"在这里还有行为配合的新意。

谈老师巧妙地利用汉字的"意美"，推动学生准确认知，打动学生心灵。文字之神奇，为文之巧妙，尽在一个"和"字。

2. 这是一堂价值辨析的好课

谈老师充分考虑儿童的认知特点，儿童是用色彩、声音和形象来思考的，本课重点探索价值取向辨析与课文结合的点。这节课抓住了"我们"这个词，体现了谈老师确定教学内容的智慧与对文本解读的深刻。

谈老师抓住将相二人的语言，引导学生品读。学生读出了二人智勇背后是"我们"，读懂了顾全大局；明白有错就改背后也是"我们"，即考虑赵国的利益，这才是将相和的根本原因。一个"我们"，让国家观念在学生心里扎了根。这就是汉语的魅力。

3. 这是一堂体现思维训练的好课

学生容易理解语言的表层意义，但不易发现语言背后的意蕴，谈老师通过讲解、引导、点拨，巧点穴位。如渑池之会，两国是打成了平手还是有输赢？问题看似不难，但仍有学生答错了。这点值得思考。当然，这也是小学生思维的一个特点，出答案快，但不够全面、深刻。因此，这个看似语言表达对错的问题，本质上能培养学生的批判性思维。因此，谈老师引导学生再读、再思。果不其然，学生纠正了原先的想法，说得有理有据。

的确，渑池之会，两国相争，乍看赵王、秦王打成了平手，谁也不吃亏。有的学生一开始也是这样认为的。在谈老师的引导下，他们深入读书、热烈讨论，把前后情况联系起来思考，就读得到位了：秦王输了！这是读懂文本，更是用联系的观点来真正读懂语言。语文育人、语言的内化与迁移融为一体。

（上海市闵行区教育学院　景洪春）

高山流水觅知音，传统文化育情操

——《高山流水》课堂教学实录

上海市奉贤区实验小学　何超英

（本课入选 2018 年上海市中小学学科德育精品课程）

教师简介：何超英，上海市奉贤区实验小学语文教师，奉贤区名师，“何超英名师工作室”主持人。获首届上海基础教育青年教师爱岗敬业教学技能竞赛、2016 年度上海市中小学中青年教师教学评选活动二等奖。获“上海市优秀班主任”“奉贤区十佳青年教师”称号。参与执笔两项市级课题，主持三项区级课题。

【德育理念】

深入了解学生，善于把握教育时机，随时用能启迪心灵的语言去拨动学生的心弦，虽绕梁三日，却不留痕迹。大德无痕，至爱无言，好的德育能够在不知不觉中让学生轻松愉快地成为有道德的人。

【设计说明】

《高山流水》讲述了一个千古流传的高山流水遇知音的故事。全文语言凝练典雅，抑扬顿挫，其人物对话给人以想象的空间，深刻而强烈地表达了知音难觅的真挚情感，让人回味无穷。高山流水已然成为中华文化中对于知音最为生动的注解之一。伯牙和钟子期的相交是如此自然恬淡，顺理成章。它所折射的艺术美感——那种含蓄深沉、清雅自然的风骨，满足了我们对于这一千古绝唱在感官和心理上的所有期待。

因此，应引导学生依托语言层层深入地理解知音的真正内涵，体会课文表达的情感，借助联想和想象，实现文化意象的传承，接受传统文化的熏陶，体会这些朴素自然的情感，滋养培育情操。

【教学实录】

一、纵情吟诵识知音

（一）音乐欣赏，导入课题

师：我们来欣赏一段音乐。（播放音乐）你们觉得怎么样？

生 1：我觉得它非常优美、委婉动听。

师：这是一首古筝曲，名叫《高山流水》。（板书：高山流水）这首曲子中还蕴含着一个动人的故事！谁来读一下课题？

生 2：高山流水。

（二）通过注释，初通文意

师：学习文言文，最重要的一件事就是朗读，所谓“读书百遍，其义自见”。请大家自由大声地朗读课文，读不懂的地方可以借助注释和译文。

（学生朗读课文）

师：课文中讲述的是谁？

生 1：钟子期和伯牙。

师：他们共同演绎了《高山流水》这个经典故事。抓住了这两个主要人物，我们也就把握了文章的大意。你们觉得哪些句子最难读？

生 2：钟子期死，伯牙破琴绝弦，终身不复鼓琴，以为世无足复为鼓琴者。

师：第一个“为”是“以为”的“为”，第二个“为”是“为了谁”的“为”，含义不同，读音也不同。

生 1：以为世无足复为鼓琴者。

师：我们还要读好句子的节奏。

（教师出示：“钟子期 / 死，伯牙 / 破琴绝弦，终身 / 不复 / 鼓琴，以为 / 世 / 无足 / 复为鼓琴者”）

生 1：钟子期死，伯牙破琴绝弦，终身不复鼓琴，以为世无足复为鼓琴者。

师：通过注释，我们理解了“破琴绝弦”的意思。那么，“足”的意思是什么呢？

（教师出示：1. 充足、足够；2. 够得上某种数量或程度；3. 足以，多用于否定句式）

生 1：应该是足以。

师：理解了“足”的意思，我们连起来说一说这句话的意思。

生 2：钟子期死后，伯牙把琴砸烂并剪断弦，再也不练琴了，认为世界上没有人足以让他演奏。

师：你觉得还有哪些话也比较难读？

生 3：善哉乎鼓琴！巍巍乎若泰山。

师："乎"相当于我们现在的"啊"，是一个语气词。"善哉乎"的意思是什么？

生1：真好啊！

师：难读的句子我们都会读了，请大家完整地朗读这篇古文。

[意图说明]

设置了不同层次、逐步推进的朗读，从读通到读好再到读懂，最后读出情味。教师的范读、师生的对读穿插其间，意在渗透古文诵读的断句、延长等技巧，渲染古文抑扬顿挫、古朴悠然的情味。

二、高山流水明知音

师：伯牙鼓琴，钟子期听之，钟子期有没有听懂伯牙的琴声？你是从哪里发现的？

生1："巍巍乎若泰山""洋洋乎若江河"，我从他的话中知道他听懂了伯牙的琴声。

师：谁来说说这两句话的意思？可以借助注释或译文。

生2：一开始，伯牙鼓琴像在赞美巍峨的山峰，钟子期说你弹得真好啊，好像眼前出现了高耸入云的泰山。过了一会儿，伯牙弹得像在流水之间，钟子期又说弹得真好啊，眼前仿佛出现了洋洋的江河。

师：过了一会儿，他心里想着流水的时候，钟子期说了些什么？

生3：善哉乎鼓琴！洋洋乎若江河。

师："志在"的"志"就是伯牙心里想的意思，"善哉乎"是钟子期听到伯牙琴声后由衷的赞叹。读到"巍巍乎"时，你的眼前仿佛出现了怎样的画面？

生4：我看到了像一堵墙顶天而立的泰山。

生5：我眼前出现了气势磅礴的泰山。

生6：我仿佛看到了巍峨高大的泰山。

师：这里的"江河"也不是一处随意的江河。"江河"在古文里特指什么？

生7：长江和黄河。

师：一想到长江和黄河，我们一定会想到这样的诗句。（出示："孤帆远影碧空尽，唯见长江天际流""白日依山尽，黄河入海流""无边落木萧萧下，不尽长江滚滚来"）这里的"洋洋"指的是什么？

生1：水大、波涛澎湃的样子。

师：我们都说伯牙善鼓琴，那么他的琴声一定不只表现了高山流水。除了巍巍泰山、洋洋江河，他还会弹到什么？（出示音频）这段音乐让你想到哪些优美动人的画面？

生1：我仿佛看见了湛蓝的天空，小鸟在天空中无忧无虑地飞翔，柳树在河边梳头。

生8：我眼前仿佛出现了一片片芳草，小鸟在空中飞翔着，树上的叶子纷纷掉落下来。

生9：我仿佛看到了青山绿水，小鸟在树林中欢快地歌唱，一派生机勃勃的景象。

师：这是你们看到的景象，伯牙也许还会弹到绵绵细雨、依依杨柳、皎皎明月、淙淙溪水。无论伯牙弹什么，钟子期都能知道。那么，钟子期到底知道些什么呢？这时，他又会发出怎样的赞叹？请一位同学和老师一起演示一下。（出示：善哉乎鼓琴！……乎若……师生演示）除了听懂琴声，钟子期还听懂了什么呢？

生10：钟子期还听懂了伯牙的心声。

生11：伯牙远大的理想，像泰山一样高大的志向。

生12：伯牙像江河一样广阔的胸怀。

师：伯牙志在高山，志在流水。（出示：巍巍泰山一般的志向，洋洋江河一样的胸怀；板书：志）于是，你会发出怎样的感慨？请拿出你的学习单，顺着这个句子往下写。（出示：伯牙得遇钟子期，感慨道：善哉！善哉！________________）

生13：钟子期，十几年来唯有你能听懂我的琴声，相识满天下，知音能几人？

师：想不想知道伯牙是怎么说的？（出示《列子》中伯牙的感慨话语）这就叫作什么？

生14：心有灵犀。

生15：知音。

板书：

高山流水

知音 { 志 / 心 }

师：多么美好啊！老师忍不住想和你们一起来朗读这段文字，看看我们之间是否心有灵犀。

（师生合作朗读）

［意图说明］

在教学中，首先从学生已知中揭示出未知，更新学生的认知——“巍巍乎若泰山”“洋洋乎若江河”说的仅仅是高山和流水吗？钟子期作为伯牙的知音，其实他听懂并且一语道破的就是伯牙琴声中的志向、情怀、抱负和心声。与此同时，呈现文中最为重要的富含知音内涵的“志”字，层层推进，最终明确“只有心有灵犀、心心相印、知志又知心的人才可以称作知音”。

三、破琴绝弦祭知音

师：等到第二年中秋，伯牙兴致勃勃地赶来与子期相会，却发现“钟子期死”。于是，“伯牙破琴绝弦，终身不复鼓琴，以为世无足复为鼓琴者”。悲痛欲绝的他在钟子期墓前写下一首短歌。（短歌内容略）子期已逝，知音不在，知音难觅呀！

生齐读：钟子期死，伯牙破琴绝弦，终身不复鼓琴，以为世无足复为鼓琴者。

四、千古传唱怀知音

师：正是这破琴绝弦，正是这知音相遇却又痛失知音，使得这个故事更加荡气回肠，为一代又一代的人所传诵。战国时期，《列子》记录了这个感人肺腑的故事，记下了这对知音的名字。

生 1：伯牙鼓琴，钟子期听之。

师：时间在流逝，在秦朝，《吕氏春秋》为我们记录了这对知音相遇时美好的瞬间。

生 2：伯牙鼓琴，钟子期听之，方鼓琴而志在高山，钟子期曰："善哉乎鼓琴！巍巍乎若泰山。"少选之间，而志在流水，钟子期曰："善哉乎鼓琴！洋洋乎若江河。"

师：借问人间愁寂意，伯牙弦绝已无声。在唐朝，一些诗人也为伯牙的破琴绝弦叹息不已。

生 3：钟子期死，伯牙破琴绝弦，终身不复鼓琴，以为世无足复为鼓琴者。

师：在明朝，人们又用小说传诵着这段千古佳话。

（学生通读全文）

师：今天，孩子们，你们也在无限神往地传诵着这个知音故事。

生齐答：高山流水。

［意图说明］

这个文本本身就蕴藏着丰富的文化内涵，如古琴文化、知音文化、高山流水文化、泰山和江河文化、绝弦文化，这些都已经成为中华民族的文化符号，只有理解和传承了这些符号、这种密码的人才能真正延续中华文化血脉。

【专家点评】

当今社会，人的自我意识越来越强，愿意为了别人而改变自己的并不多，这使得人与人的交往较难深入，很难建立起长久的、令人羡慕的、深层次的人际关系。学生学完这篇课文后，对知音应该会有比较感性的理解。

中国人比较讲究人与人的相处关系，历史上也留下很多可歌可泣的交往故事，如本课讲的"高山流水，知音难觅"，表达了两个懂音乐的人相知相惜。广而言之，这是有共同志趣的人的交往方式，又如刎颈之交、管鲍之交、莫逆之交等。这些交往方式都以相互尊重为交往前提，以付出为行为准则。我国传统文化精髓部分之一就是高尚的人际交往。这节课，何老师就是从这个视角切入的，在《高山流水》这首曲子的贯穿下，引导学生进入钟子期和俞伯牙两人的内心深处，领悟最为真挚的感情。只有这样教学，学生才会明白钟子期去世，俞伯牙断弦绝琴的悲痛举止。

另外，通过学习，学生还可以了解高山流水的文化含义，它可以指《高山》和《流水》两首曲子，也可以指曲子弹奏出来的似高山般的巍峨和似流水般的流畅，这是弹奏技巧高超的结果，也是阅读中让学生充分想象的结果。阅读文言文，不仅要读懂文字本身的意思，还要读懂文字的文化含义，这样才能进入审美的境界，才会在阅读后有满足感和愉悦感。

教学中运用的古筝、古乐曲都是传统文化的渗透，把音乐、文字、文化紧紧地联系在一起，浑然天成。

（上海市浦东教育发展研究院　章健文）

谁言寸草心，报得三春晖

——《母鸡》课堂教学实录

上海市金山区亭林小学　俞梅瑰

（本课荣获 2019 年“一师一优课、一课一名师”活动部级“优课”）

教师简介：俞梅瑰，上海市金山区亭林小学语文教师，多次执教区级公开课，获得好评。撰写的论文多次获得区级奖项。曾在“中小学德育课程一体化建设”活动中获一等奖。

【德育理念】

“立德树人”是教育的根本任务，语文课堂是落实这个任务的主要阵地。语文教师要善于在文本中挖掘德育因素，引导学生在学习语文知识体系的同时，重点通过品读语句，感受形象，获得道德教育。

【设计说明】

《母鸡》一文描写了作者对母鸡看法的变化，表达了对母爱的赞颂之情。课文以作者的情感变化为线索，前后形成了鲜明的对比。前半部分表达了作者对母鸡的讨厌；后半部分描写了母鸡的负责、慈爱、勇敢和辛苦，塑造了一位“伟大的鸡母亲”的形象，作者也不敢再讨厌母鸡了。本课例是《母鸡》第二课时，是小学语文学科德育课堂教学的一次实践。教师围绕“母爱”主题，以母鸡的叫声为主线，引导学生品读语言文字，研究母鸡的不同叫声，在此基础上展开合理想象，感悟母鸡对鸡雏的负责、慈爱；把单元目标分步落实到课时目标中，引导学生对关键标点符号进行思考，在对比阅读中感受母鸡的辛苦，知道两个破折号的作用，从而体会母爱的伟大；最后以诗歌结束，升华情感。

【教学实录】

一、复习导入

师：请同学们默写“没完没了”“细声细气”“如泣如诉”“发了狂”几个词语。

板书：

（没完没了）地叫
（细声细气）地叫
（如泣如诉）地叫
（发了狂）地叫

师：这些都是描写母鸡叫声的词语，这样的叫声让你有什么感觉？

生1：很心烦。

师：通过上节课的学习，我们知道这样的叫声让作者讨厌母鸡。但后来作者对母鸡的态度发生了变化，变得如何？

生2：喜欢，不敢再讨厌母鸡。

师：为什么作者对母鸡的态度发生了变化？我们顺着上节课的思路，抓住母鸡的叫声，继续学习课文第二部分。

［意图说明］

以默写四个描写母鸡叫声的词语引入，一方面对所学词语进行了适当的检测，唤起学生对上节课所学知识的记忆；另一方面巧妙导入本课的学习，抓住了文章的重点。整个教学都以母鸡的叫声为主线，在本课时中，也是抓住叫声进行研读的。所以，本环节前后呼应，巧妙自然。

二、研读第5至10自然段，知晓原因，体会母爱

（一）找出叫声，初步感知母爱

师：读第5至10自然段，这一部分写了母鸡的哪些叫声？

生1：第5自然段，咕咕地警告。

生2：第6自然段，咕咕地紧叫。

生3：第8自然段，放声啼叫。

板书：

咕咕地警告
咕咕地紧叫
放声啼叫

［意图说明］

让学生在自由阅读的基础上，找出这部分描写母鸡叫声的词语，与上节课的教学主线相一致，引出下文对叫声的学习。

（二）研读叫声，合理想象，深入体会母爱

1. 第 5 自然段

师：为什么这里的叫声不再让人心烦？叫声有什么含义？默读第 5 自然段，思考母鸡在什么情况下咕咕地警告？

生 1：一只鸟儿飞过，或是什么东西响了一声。

全班齐读：一只鸟儿飞过，或是什么东西响了一声，它立刻警戒起来：歪着头听；挺着身儿预备作战；看看前，看看后，咕咕地警告鸡雏要马上集合到它身边来。

师：母鸡心情如何？依据是什么？

生 2：紧张，因为母鸡怕鸡雏受伤，生怕自己的孩子受到伤害。

师：它对孩子如何？

生 3：关爱。

师：负责、慈爱。

板书：

一向讨厌 —负责、慈爱→ 不敢再讨厌

师：此时母鸡心情紧张，从哪里可以看出？

生 1：它的动作，如歪着头听、挺着身儿、看看前、看看后。

师：怎么读好这段话？

生 2：将动作加重语气，整个语速加快一些，读出紧张感。

师：谁能读好？

（生 2 朗读后，全班齐读）

师：你们还能读出什么？从哪儿可以感受到？

生 3：母鸡很勇敢，不论是在院里，还是在院外，它总是挺着脖儿。

师：母鸡真的什么都不怕吗？从哪里可以看出？

生 4：表示出世界上并没有可怕的东西。

师："表示"是什么意思？

生 4：表现。

师：这是它表现出来的，它实际上怕不怕？

生 4：怕。

师：它很怕，却要表现出什么都不怕，我们应该怎么读？

（学生思考后朗读）

师：声音很坚定，确实什么都不怕。什么事情都没发生时，母鸡表现出世界上没有可怕的东西。有一点动静时，它立刻警戒起来，保护孩子。它对孩子怎么样？

生 5：负责、慈爱。

师：读好这一整段不容易，第一句要坚定地读，语调稍微上扬一些，后面部分紧张起来，语速要加快，谁来读读？（略）有一点动静时，母鸡会警告鸡雏什么？请用句式说一说。

（出示幻灯片：母鸡听到什么东西响了一声，立刻警戒起来，咕咕地警告鸡雏，好像在说：“＿＿＿＿＿＿＿＿＿＿＿＿＿＿＿＿＿。”）

生 6：母鸡听到什么东西响了一声，立刻警戒起来，咕咕地警告鸡雏，好像在说：“有危险，快躲到妈妈的身后！”

师：他说得如何？

生 7：没有把危险说清楚。可以改为：“孩子们，那里可能有什么危险的动物会吃掉你们，快到妈妈身边来。”

师：在十分危险的情况下，母鸡会不会说很长一段话？

生 8：不会，应是简短的话。

师：这更能表现出母鸡的紧张、害怕。谁再来说说？

生 9：母鸡听到什么东西响了一声，立刻警戒起来，咕咕地警告鸡雏，好像在说：“快！快回来！有危险！”

师：连续用两个“快”字，表现了母鸡的紧张，它害怕孩子遇到危险。请齐读这一自然段，读出母鸡的负责和慈爱。

［意图说明］

以母鸡“咕咕地警告”入手，引导学生抓住母鸡的动作和“警戒”等词语，感受母鸡当时的紧张、对孩子的负责和慈爱。在前半部分，引导学生关注“表示”一词，感受母鸡并不是真的什么都不怕，而是一心为了保护自己的孩子，体会母鸡对鸡雏的爱。想象说话，让学生在想一想、说一说中感受母爱的伟大。

2. 第 6 自然段

师：当母鸡发现了一点儿可吃的东西，它会咕咕地紧叫些什么？

（出示幻灯片：当母鸡发现了一点儿可吃的东西，它咕咕地紧叫，好像在说：“＿＿＿＿＿＿＿＿＿＿＿＿＿＿＿＿＿＿＿＿。”）

生 1：当母鸡发现了一点儿可吃的东西，它咕咕地紧叫，好像在说：“孩子们，快来，我找到一点儿可吃的东西，快来吃吧！”

师：你的内容说得很恰当，但情感也要恰当，想象一下：当时的母鸡会以怎样的语气呼唤孩子？为什么？

生2：非常高兴的语气，因为它找到了一点儿可吃的东西。

生3：紧张的语气，因为它怕其他母鸡来抢吃的。

师：不仅要说对内容，还要读出高兴、紧张的语气。谁再来说说？

生4：当母鸡发现了一点儿可吃的东西，它咕咕地紧叫，好像在说："孩子们，这儿有好吃的东西，快来吃啊！"

师：久而久之，每一只鸡雏——

生5：肚子都圆圆地下垂，像刚装了一两个汤圆儿似的。

师：它自己呢？

生5：却消瘦了许多。

师：作者运用了什么写作手法？你们有何体会？

生6：对比，我从中感受到了母鸡对孩子的慈爱和负责。

师：在第一课时中，你们不理解这两句话，现在，你们的疑惑解开了吗？

（出示幻灯片：1. 它永远不反抗公鸡。2. 假若有别的大鸡来抢食，它一定出击，把它们赶出老远，连大公鸡也怕它三分。）

师：为什么母鸡一开始不反抗公鸡，后来连大公鸡也怕它三分了？

生1：因为一开始的时候，母鸡怕公鸡，后来母鸡有了鸡雏，为了给它们找食物，它勇敢地与大鸡甚至大公鸡争斗，为了鸡雏而变得勇敢。

（板书：勇敢）

师：请大家齐读这段文字，感受母鸡的负责、慈爱和勇敢。

［意图说明］

以叫声入手，通过想象说话，帮助学生感受母鸡找到食物时的开心，以及呼唤孩子赶紧过来吃食时的着急。第一课时中，学生对两句看似矛盾的话提出质疑。通过本节课对比手法的学习，联系上下文，学生知道母鸡把食物都给了鸡雏，进一步感受了母鸡的勇敢。

3. 第8自然段

师：在夜间若有什么动静，它便——

生1：放声啼叫，顶尖锐，顶凄惨……

师："尖锐""凄惨"分别是什么意思？

生2："尖锐"的意思是声音高而刺耳，"凄惨"的意思是凄凉悲惨。

师：很正确，这两个词前都加了一个"顶"字，"顶"是什么意思？

生3：非常，已经达到极点了。

师：母鸡在深更半夜为什么这样叫？

生 4：因为它想要叫醒人们，保护孩子。

师：母鸡在夜间是看不见的，它只能用顶尖锐、顶凄惨的叫声求救，保护孩子。母鸡对孩子怎么样？

生 5：负责、慈爱。

师：请抓住这两个词语，读好这段话。三次叫声写出了母鸡对孩子的负责、慈爱和勇敢。

［意图说明］

通过对“顶尖锐”“顶凄惨”这两个词语的理解，联系生活实际，帮助学生充分感受母鸡对鸡雏的负责、慈爱。以上三个自然段中，母鸡的叫声是比较明显的，学生能够在关键词句理解、想象说话、反复朗读中感受到母爱的伟大。

4. 第 7 自然段

师：读第 7 自然段，哪个字让我们听到了母鸡的叫声？

生 1：教。

（板书：教；出示幻灯片：它教给鸡雏们啄食、掘地、用土洗澡，一天教多少多少次。）

师：刚出生的小鸡没有技能，它们要尽快学会啄食、掘地、用土洗澡。所以，母鸡要一天教——

生 2：多少多少次。母鸡太辛苦了。

（板书：辛苦）

师：母鸡不光要教它们生存本领，还要让它们在自己的翅下得一点儿温暖。大家抓住重点词语，把母鸡的辛苦读出来。（略）

师：把两个破折号改成句号，读一读。

（出示幻灯片：它还半蹲着——我想这是相当劳累的——教它们挤在它的翅下、胸下，得一点儿温暖。/ 它还半蹲着。我想这是相当劳累的。教它们挤在它的翅下、胸下，得一点儿温暖。）

师：这样改行吗？请说说理由。

生 3：不行，如果去掉破折号，读起来不通顺。

师：改过来之后，读起来不通顺，一会儿写半蹲着，一会儿写作者的心情，一会儿又写母鸡，没有逻辑性。

（出示幻灯片：它还半蹲着，教它们挤在它的翅下、胸下，得一点儿温暖。我想它是相当劳累的。）

师：请再读，通顺了吗？

生 4：通顺了。

师：这样改行不行？

生5：没有写出它的劳累。

师：它的劳累具体指什么？

生5：母鸡半蹲着。

师：改了之后，是什么劳累？

生5：挤在它的翅下、胸下，得一点儿温暖。

师：这样改，情感不对。为了使句子通顺，又表达它半蹲着十分劳累，老舍先生用上两个破折号。请读好这句话。

（出示幻灯片：半蹲，相当劳累。）

师：母鸡教着，它累了，伏在地上休息的时候，鸡雏们——

生6：便趴在它的背上，啄它的头或别的地方，它一声也不哼。

师：其他地方都在写母鸡的叫声，这里却在写它干什么？

生7：一声也不哼。

师：因为它教得实在是太累了。此时无声胜有声，请一起读第三句话。

［意图说明］

以“教”字引入，母鸡用叫声来教鸡雏。通过引读的形式，帮助学生理解“多少多少次”，充分感受母鸡教鸡雏的辛苦。通过改写句子、比较阅读的方式，帮助学生体会破折号的作用：既能使句子通顺，又能增强情感，解开学生心中疑惑，从而引导学生感受作者表达的魅力，体会母鸡的辛苦。

三、总结全文，点明中心，升华情感

师：所有叫声都写出了母鸡的——

生1：负责、慈爱、勇敢、辛苦。

师：它用叫声保护、教导着孩子，这样的叫声，作者还敢再讨厌吗？

生2：不敢。因为它——

（出示幻灯片：它负责、慈爱、勇敢、辛苦，因为它有了一群鸡雏。它伟大，因为它是母亲。一个母亲必定就是一位英雄。）

师：母亲就是英雄。请读句子，读出敬佩之感。

（出示幻灯片：一个母亲必定就是一位英雄。）

师：这里的母亲只是母鸡吗？

生3：不是，是天底下所有的母亲，她们都是英雄。

师：所有的母亲都勇敢、伟大。请再读，读出敬佩之情。（略）

师：老舍先生写母鸡，其实也在写母爱。是什么让作者改变了态度？

生 4：母鸡的负责、慈爱、勇敢、辛苦。

师：是伟大的母爱，让作者不敢再讨厌母鸡了。

（板书：伟大的母爱）

师：这篇散文表达了一个孩子对母亲的怀念，让我们把它献给我们的母亲。

［意图说明］

这是情感升华的部分，通过前文的学习，学生已经从语言文字中感受到了伟大的母爱。在这里，学生通过对第 9 自然段的反复朗读升华情感。

【专家点评】

老舍的散文非常注意从生活中提炼人生道理，《母鸡》一文也不例外。俞老师执教《母鸡》第二课时，从母鸡的叫声入手，抓住课文的转折结构，逐步从母鸡走向母亲形象。

俞老师教这篇课文时，引导学生从字里行间找到母鸡的具体行为，让学生逐步体会母鸡为了雏鸡付出一切的行为。为了达到这个目标，俞老师遵循课文的顺序，先让学生学习作者讨厌母鸡的内容，侧重讲述母鸡的叫声，一方面，线索抓得好；另一方面，也引导学生学习老舍对母鸡叫声“观察得仔细、描写得入微”的写作艺术，再由这叫声转化到生了雏鸡的母鸡的叫声，同样是叫声，意义完全不同。由此可见，俞老师让学生学习的内容不是空洞的，而是具体的，体现为母鸡的负责、慈爱、勇敢、辛苦，而每一种品格，都能让学生通过文中具体语言体会。对“紧叫”等关键词语的理解，“顶尖锐”“顶凄惨”等修饰词的作用，“多少多少次”词语重复的效果，在教学过程中体现得很充分。通过这样的学习，学生对母鸡的了解不是干巴巴的几个概念性词语，而是有血有肉的形象，这个形象就是不辞辛劳的母亲的形象。

从母鸡到母亲，从母亲到母爱，再通过对第 9 自然段的反复朗读，学生对母鸡的情感已经有所升华，此刻教师再让学生去拓展诵读，他们自然就会投入情感。读懂这段文字，他们所获得的可能就是一辈子也不能忘怀的记忆。所谓的学科育德，就是充分利用语言文字的魅力，让学生永久地记住那些真善美，传承人类最基本的文化。

（上海市浦东教育发展研究院　章健文）

乡村人家，诗意童年

——《天窗》课堂教学实录

上海市松江区第三实验小学　谢江峰

（本课荣获2014年“一师一优课、一课一名师”活动部级“优课”）

教师简介：谢江峰，上海市松江区第三实验小学语文教师，上海市语文特级教师，第四期“上海市普教系统名校长名师培养工程”高峰计划主持人，松江区领军人才。曾获上海市园丁奖、上海市中小学中青年教师教学评选活动一等奖。出版专著《为儿童语文而教》《童年的语文》等。

【德育理念】

在立德树人的背景下，语文教学更应关注学生的全面发展，在开展语言实践活动的同时，挖掘教材育人价值，实现语言实践和学科育人一体化，促进学生语文素养的全面提高。

【设计说明】

《天窗》是文学大师茅盾写于1928年的一篇抒情散文，作家借乡下老屋房顶上的天窗，书写自己的童年生活，表达了一个孩童对美好世界的向往和追求。作家选取小镇上各家各户都有的天窗寄托自己的情感。乡下人装天窗的主要目的是采光，有了天窗，这黑洞似的屋子里就有了光线。对于孩子们来说，这是他们唯一的慰藉。

小小的天窗何以成为孩子们唯一的慰藉？是想象，无拘无束的想象把孩子们带进了另一个广阔的世界。在教学中，教师重点引导学生学习这一部分，抓住关键语句，体会作者的表达方式，感受到在孩子们的想象中，雨长了脚，闪电长了翅膀……这点点滴滴都给孩子们留下了美好记忆。由此，乡下人的天窗也成为一种特有的民俗和文化，这样的民俗和文化与经典的文字一起，成为人们心底永恒的家国情怀。

【教学实录】

一、质疑，整体感知课文

师：预习课文后，你们觉得文章哪一个自然段最难理解？

生 1：最后一个自然段。

师：都同意吗？（学生点头）最后一个自然段最难理解，在这段中，你们觉得哪些语句最难读懂？

生 1：“从‘无’中看出‘有’，从‘虚’中看出‘实’”，我有点读不懂。

生 2：我也觉得这些语句很难懂。特别是“无”“有”“虚”“实”这几个字在说什么，我不是很明白。

生 3：在这一自然段里面，“比他所看到的一切更真切，更广阔，更复杂，更实在”，我读不懂。

师：“更真切，更广阔，更复杂，更实在”中的四个“更”字到底是什么意思？大家都有点读不懂。确实，读这篇课文，尤其是读到第 9 自然段的时候，会有许多问题。我们先从读得懂的地方开始学。

师：课文中，作家描写的天窗是什么样子的？

（板书：样子）

生 1：乡下人在屋面开一个小方洞，装一块玻璃，叫作天窗。

师：（出示第 3 自然段）对，这就是作家笔下天窗的样子！我们一起来读一读。

（学生齐读第 3 自然段）

师：请再读读课文，思考乡下人装天窗的目的是什么。

生 1：碰着大风大雨，或者北风呼呼地叫的冬天，木板窗只好关起来，屋子里就像黑洞似的。

师：请用自己的话说说开天窗的作用。

生 2：乡下人开天窗的目的是采光。

师：是啊，乡下人开天窗主要是为了采光。那么，在孩子们的心里，天窗又有什么特别的作用呢？

生 3：孩子们把天窗当成了唯一的慰藉。

师：我们好好读一读这个词语，跟老师一起来写一写。

（教师示范写“慰藉”，学生书空）

（教师指名读“慰藉”，学生齐读：这时候，小小的天窗是唯一的慰藉。这时候，小小的天窗又是你唯一的慰藉！）

师：这个词语在课文中出现了两次。请男生读第一句，女生读第二句。

（教师随机指导朗读）

师：慰藉是什么意思？

生1：慰藉的意思是安慰。

师："慰藉"是一个书面语，用通俗的话来说就是——

（学生齐答"安慰"；板书：慰藉）

师（指着板书）：这篇课文就是按照天窗的——（学生齐答"样子"）、天窗是孩子们唯一的——（学生齐答"慰藉"）这两个部分来写的。小小的天窗怎么就成了唯一的慰藉呢？咱们这节课就来好好地研究研究。

［意图说明］

本文对学生来说有一定的难度，教师结合文本的这一特点让学生质疑，充分了解学情，基于学情，引导学生理解天窗对于成人和孩子们的不同作用，整体感知课文。

二、研读，学习课文的表达

师：同学们，课文里有一个词语出现了六次，分别在第5自然段和第7自然段，请找一找，把它圈出来。

（学生默读课文，教师巡视）

生1：这个词语是"想象"。

师：对了，我们读书时要特别关注课文中重复的句子和反复出现的词语。我们先来看课文第5自然段，自己读一读这一段话。（出示第5自然段）都读完了？好，请再读一读这段话，比较一下少了哪些内容，思考能否去掉这些内容并说说你的理由。

（出示一段话：透过那小小玻璃，你想象到这雨，这风，这雷，这电，怎样猛烈地扫荡了这世界，你想象它们的威力比你在露天真实感到的要大这么十倍百倍。）

生1：我觉得不能去掉这些内容，因为在这个分句里作者用比喻的修辞手法生动形象地写出了雨落下来时的欢快和闪电速度快。

生2：去掉的这些内容都是作家看到的，没有看到这些事物，作家就不可能有下面的想象。

师：由看到的事物产生联想，这样的想象就叫有根有据。再来读一读这个句子。

（学生读课文上的句子）

师：这是老师修改后的句子，这样改行不行？为什么？

（出示：透过那小小玻璃，你会看见雨落在上面，你会看见闪电的身影；你想象到这雨，这风，这雷，这电，怎样猛烈地扫荡了这世界，你想象它们的威力比你在露天真实感到的要大这么十倍百倍。）

生1：如果这样改的话，这句话不生动了。

生 2：课文里的句子用了拟人和比喻的写作手法。

生 3：作家描写的雨和闪电有快速的特点。

师：真好，同学们，一比较我们就发现课文中的句子更为生动，把雨和闪电的特点写清楚了。正是因为有这样的特点，天真活泼的孩子才会有如此的想象。

（教师指导学生朗读课文中的句子。）

师：透过那小小玻璃，你来想象一下，这雨、这风、这雷、这电是怎样一种情景？选其中的一项内容，自己说一说。

（出示：这雨＿＿＿＿＿＿＿＿＿＿＿；这风＿＿＿＿＿＿＿＿＿＿＿；这雷＿＿＿＿＿＿＿＿＿＿＿；这电＿＿＿＿＿＿＿＿＿＿＿。）

生 1：这雨打在天窗上，发出噼噼啪啪的响声。

生 2：这风呼呼地刮着，震得窗玻璃也像发了狂一样怒吼着。

生 3：这雨哗啦哗啦地打在天窗上，天窗发出噼里啪啦的响声。

生 4：这风呼呼地刮着，连大树都跳起了舞。

生 5：这雷轰隆轰隆的，像擂响了战鼓，使人震耳欲聋。

生 6：这电在天空中一闪而过，把黑暗的天空全都照亮了。

生 7：这电像一把匕首，直插大地。

师：同学们，你们越说越多了，越说越好了。这就叫——（学生齐答"猛烈"），这就叫——（学生齐答"威力"）。作者看见雨，看见闪电一瞥，就想象到了那么大的雨、那么猛的风、那么威力十足的雷电。在作者的笔下，想象不仅有根有据，而且——

生 1：合情合理。

师：请把这个词语记录在书上。同学们，这小小的天窗使孩子们有了这么丰富的想象。孩子们是怎么从"无"中看出"有"，从"虚"中看出"实"的呢？

生 2：因为活泼会想的孩子们虽只看见一点点，却想象了那么多，有的根本没见到，他们也想象到了，所以从"无"中看出"有"，从"虚"中看出"实"。

师：真好，在孩子们的世界里，想象是如此丰富和美妙，想象的世界比现实更真切、更广阔、更复杂、更实在！

［意图说明］

在教学中聚焦语言文字，通过比较，让学生了解课文借助怎样的语言形式来承载内容，知道课文是怎么写的；通过比较，引导学生体会天窗给孩子们带来的快乐，进而感受乡村这"一道独特的风景""一幅和谐的画卷"，初步感受乡村的民俗、文化。

三、迁移，自主独立学习

师：下面我们来读课文第 7 自然段，你觉得作者这里的想象有根有据且合情合理吗？说说你的理解。

生 1：从那小玻璃上的一颗星、一朵云看出他的想象有根有据。

生 2：从一颗星想到很多星，从一朵云想到许许多多的云，这些都是有根据的。

生 3：从那小玻璃上掠过的一条黑影，想象灰色的蝙蝠飞了过去，会唱歌的夜莺飞了过去，恶霸似的猫头鹰飞了过去。

生 4：蝙蝠、夜莺、猫头鹰都是晚上出没的，因此，作者的想象不仅是有根据的，而且是非常合理的。

生 5：我觉得作者的想象是合情合理的。“无数像山似的，马似的，巨人似的，奇幻的云彩……”云本身就是变化很大的。

师：说得真好。因此，作者说——

生齐读：总之，美丽的神奇的夜的世界的一切，立刻会在你的想象中展开。

师：想象是丰富的。同学们，在这个时候，作者眼里的夜是美丽的。与其说夜是美丽的，不如说作者心中的想象是美丽的。那么，夜是神奇的——

生 6：作者的想象也是神奇的。

师：想象有这么多的作用，难怪作者再次发出赞叹——

生齐读：这时候，小小的天窗又是你唯一的慰藉。

师：难怪作家这样说——

生齐读：因为活泼会想的孩子们会知道怎样从“无”中看出“有”，从“虚”中看出“实”。

师：本来是很虚幻的一颗星，但孩子们现在想象到了许许多多的星，满天的星。因此，作者说从“无”中看出“有”，从“虚”中看出“实”，而且想象到的要比看到的这一切——

生齐读：更真切，更广阔，更复杂，更实在！

［意图说明］

第 7 自然段在写法、表达的情感上与第 5 自然段相似，因此，本环节在前面学习的基础上，引导学生自主学习，尝试迁移，同时重点解决学生提出的问题，让学生深入体会这种清新的民俗、乡情给孩子们带来的无穷的快乐。

四、释疑，向经典致敬

师：因此，我们要赞美天窗。

（学生齐读第 8 自然段）

师：发明这天窗的大人们也是要感谢的，因为——

（学生齐读第 9 自然段）

师：上课开始的时候，同学们很难读懂第 9 自然段，对其中的一些词语也不太理解。现在你们理解了吗？说说你的理解。

生 1:“有”“实”就是作者想象出来的事物。

生 2:原本黑夜里没有的事物,经过作者的想象都展示了出来。

生 3;我觉得从“更真切,更广阔,更复杂,更实在”中可以看出作者从一点想象出了很多。

师:是呀,这就是同学们的理解。有的时候,读书不一定都要理解,不求甚解,留一点疑惑到课外,也是一种办法。同学们,这篇课文是作者非常经典的一篇文章,这样经典的文章值得好好品味、朗读、背诵。最后,让我们再一起来读一读这些文字。

(配乐,师生配合朗读课文)

[意图说明]

在朗读中读懂课文,在朗读中留住经典,这样的一份美好、馨香终究会留在孩子们的记忆中,别样的家国情怀也会长久地留在孩子们的心里。

【专家点评】

天窗是什么?天窗对当时浙江农村的孩子来说有什么特殊的意义?新时期的小学生或许并不知道。随着老屋的逐步翻新,那些曾经的民居建筑也会慢慢远去。谢老师凭借茅盾先生的《天窗》,让现在的小学生通过文字去了解民间文化,意义非凡。虽然谢老师一开始就让学生质疑,直接把课文的最后一部分提了上来,但他并没有马上教授最后一部分,还是回到第一部分,由浅入深,层层深入,由天窗一直到广阔的世界。

首先,了解天窗。江南小镇的民居都有天窗,课文中的描写能让学生获得相关信息。其次,理解天窗是孩子的慰藉。无论是夏天的晚上,还是下雨天,孩子们都只能在家里抬头望着天窗,去消磨寂寞的时光。最后,想象天窗给孩子们带来的唯一的慰藉,由小玻璃上的一颗星、一朵云想象无数像山似的、马似的、巨人似的奇幻的云彩,由小玻璃上掠过的一条黑影想象灰色的蝙蝠、会唱歌的夜莺、恶霸似的猫头鹰,让这个世界充满神奇的色彩。

谢老师通过这样清晰的教学过程,帮助学生理解文章的最后一段,虚实有无,充满哲理。谢老师带领学生学习这篇课文,不仅让学生感受了江南小镇独特的建筑风格,理解了孩子们透过天窗展开对外界的无限想象,更让学生悟出今后人生变化无常的深刻道理。语文教学不仅要教学生学习语言,更要教学生通过语言文字去思考人生,文与道和谐统一,阅读的价值也就显现出来了。

好的课堂,“道”的揭示不必显性,而是渗透于语言学习中。

(上海市浦东教育发展研究院　章健文)

探究汉字秘密，浸润文字之美
——《小书包》课堂教学实录

上海市宝山区顾村实验学校　顾倩

（本课荣获上海市统编语文教材一年级专题研究课教学评选一等奖）

教师简介：顾倩，上海市宝山区顾村实验学校语文教研组组长，宝山区小学语文低年级学科指导团成员。被评为宝山区第七届小学语文教学能手，曾获宝山区中小学“学科德育精品课程学科育人”特色奖、第三届上海基础教育青年教师爱岗敬业教学竞赛三等奖。

【德育理念】

养成良好的学习习惯对小学生来说至关重要。课堂教学要培养学生的书写习惯、表达习惯等，首先要训练学生正确读书写字，让德育与学科有机结合、互相作用，使学生成为生活和学习的小主人。

【设计说明】

《小书包》是统编语文教材一年级第一学期识字单元的第八课。本课由六个词语和一首轻快、活泼的儿歌组成。课本、作业本、铅笔、转笔刀等学生常用的学习用品，被编进了朗朗上口的儿歌中。儿歌节奏明快，浅显易懂，不仅展示了小书包里的各种文具，还告诉学生这些学习用品是他们读书写字的好伙伴，陪伴着他们的学习。

本单元是识字单元，整节课的教学紧紧围绕识字进行。根据每个字不同的特点，各有侧重，突出重点，丰富学生识字的方法，提高学生识字的兴趣，从而提高学生识字记字的效率，让学生享受“学语文、用语文”的乐趣。与此同时，在学习的过程中，引导学生好好爱护这些小伙伴，养成整理、爱惜文具的好习惯。

【教学实录】

一、谈话揭题，学习字词

师：在 9 月，你们成为光荣的小学生，每天早上都要背上心爱的小书包来上学。

（贴图板书：书包）

师：谁来拼拼它的名字？

（出示：shū　bāo）

师：瞧！“包”字里面藏着一个新偏旁。新偏旁叫什么呢？请小老师带我们拼读。

（小老师带头拼读）

师：包字头，怎么写？你来说，我来写。

（板书：勹；课件显示：书）

师：书包里装的最多的就是书！有个小朋友很爱看书。有一天，她去书店买了很多书。这么多书该怎么拿回家呢？有了！

（课件分步显示：整理好的书的图片、“书”字的笔画）

师：大书放下面，小书放上面，一根绳子捆起来，最后敲上姓名章！瞧！编个小故事，汉字宝宝就记住啦！

（学生识记）

师：书的第一笔是——

生齐答：横折！

师：书的第二笔是——

生齐答：横折钩！

生 1（只口头说，没有书空）：横折，横折钩，竖，点。

师：如果你把小手拿起来，一边说一边写就更好了。

生 2（边说边书空）：横折，横折钩，竖，点。

师：你看得很仔细，把笔画记得很清楚。同学们，架起小黑板，拿起小粉笔。“书”字怎样写？

生齐答：“书”字这样写……

师：今天我们学习的课文题目就叫《小书包》，伸出手指，和老师一起写写课题。

（板书：小书包）

［意图说明］

“书”是一个要求学生会读会写的字。教学时，教师先让学生读准“书”字的拼音；再结合多媒体，一边编小故事，一边呈现“书”字的笔画，其间引导学生读读与“书”有关的词，让学生在听故事的过程中，发挥想象记忆“书”的字形，同时借助不同语境反复认读

“书”字；最后，在“笔画问答”环节中，进一步强化“书”的书写笔顺。整个过程中，教师不仅让学生轻松地记住了字形，无形中也在引导学生掌握整理书本的方法。

二、听记、初读儿歌，练习表达

师：上课了！小朋友们从小书包里拿出了学习用品。

（出示要求：请小朋友们仔细听课文录音，用心记忆小书包里的东西）

生1：有铅笔和转笔刀。

师：嗯，你能说完整吗？小书包里有什么？

生1：小书包里有铅笔和转笔刀。

（贴图板书：铅笔、转笔刀）

师：谁来补充？

生2：小书包里还有课本、作业本。

（贴图板书：课本、作业本）

师：谁可以连起来说一说？

生3：小书包里有课本、作业本、铅笔和转笔刀。

（板书显示：和）

师：你真了不起，在转笔刀前加了一个“和”字，把句子说得更清楚了。

（教师引导学生理解“宝贝真不少”就是宝贝很多的意思）

师（站到黑板前，指着黑板）：听老师来介绍。小书包里宝贝多！有……有……有……还有……谁也来介绍？

（板书显示：有……有……有……还有……）

生1：小书包里宝贝多！有课本，有作业本，有铅笔，还有转笔刀。

师：说得真清楚，谁也会？

生2：小书包里宝贝真不少！有课本，有作业本，有铅笔，还有转笔刀。

师：你也学会了。（指着黑板）介绍多种事物时，可以这样说（指指“和”），也可以这样说（画线指向“有……有……有……还有……”）。请选择一种你喜欢的方式，再试试。

［意图说明］

小学生正处在语言发展的关键时期，抓住有利时机科学地进行说话训练，会产生事半功倍的效果。首先，在学生听录音整体感知后，请学生根据听到的内容说一说小书包里的东西；其次，待四个文具皆呈现在黑板上时，要求学生用一句话连起来说一说，试着在最后一个词“转笔刀”前面加一个“和”字说一说，指导学生完整表达；最后，让学生在理解“宝贝真不少”就是宝贝很多的意思后，练习表达“小书包里宝贝多！有……有……有……还有……”，先师生合作说，再让学生完整表达。表达训练有层次、有坡度，由易到难。虽然最后一个表达训练对学生来说有些难度，但在教师的指导下，学生跳一跳，摘到了“果子”。

三、儿歌情境中学习字词

师：请跟它们打打招呼。

（出示带拼音的词语：课本 kè běn；作业本 zuò yè běn；铅笔 qiān bǐ；转笔刀 zhuàn bǐ dāo）

师：自己轻声拼一拼，看谁读得最准确。

（学生拼读）

师：谁来做小老师？

生 1：zuò yè běn（作业本）。

师：小老师，这个词语有三个字、三个音节，在拼读它们时要注意什么？

生 1：“本”是前鼻音，“作”是平舌音。

（出示：铅笔 qiān bǐ；转笔刀 zhuàn bǐ dāo）

师：小书包里还有……再请一位声音响亮的小老师回答。

生 2：转笔刀。

师：转笔刀有什么本领呢？你们瞧！

（播放视频，师配音：呀！断了！没关系，笔尖钻进肚，轻轻转一转，笔尖变细啦！）

师：转笔刀的本领真大。除了这些，你的书包里还有哪些学习用品呢？

生 3：我的小书包里还有尺。

（课件显示：“尺”的笔顺图）

师：“尺”的笔顺是怎样的呢？课本中有一个笔顺小帮手，谁知道是什么？

生齐答：笔顺图！

（把课件中的笔顺图放大）

师：仔细看，静静想。（过几秒钟）谁已经会写“尺”字了？

（先请两个学生书空，再集体书空）

师小结：“尺”字和刚才学的“本”字都有撇有捺，书写时要记住先撇后捺。伸出手指，跟老师一起来书空。仔细看，两个撇的写法不一样哦，伸出小手一起来！（教师背对学生手臂举高，边说边书空）“尺”是竖撇，先直直地往下再撇出去；“本”是斜撇，直接斜斜地撇出去。

（课件显示“尺”字在田字格中的位置）

师：考考你们的眼力，仔细观察“尺”字中撇捺收笔的高低，你们发现了什么？

生 4：我发现“尺”字的撇捺收笔在一条线上。

师：真好，小眼睛真尖呀。你们瞧，“尺”字的撇捺收笔是在同一条水平线上的。继续观察，你们又发现了什么？

（课件显示“本”字在田字格中的位置）

生5：“本”字的撇要往下一点，它与捺不在同一条水平线上。

师追问：那谁低谁高呀？

生5：撇低捺高。

师小结：对！“本”字撇低捺高，只高一点点哦！

（教师在田字格中范写两个字）

师：接下来，要请出你们的文具宝贝来帮忙了。

（课件分步显示：写字本、笔袋、橡皮、铅笔）

师：快把它们请出来吧，做好写字准备。（几分钟后）写完的小朋友把文具整理好，放回原位。

［意图说明］

本课教学中，教师指导学生描“尺”和“本”两个字。指导书写重在观察，一是观察两个字的相同之处，二是观察两个字的不同之处。这样的观察都是学生自己的体验，将更加有效地帮助他们正确、规范写字。同时，学生也自然而然明白了学习中观察的重要性。

（课件显示：笔；学生齐读）

师：瞧！最早的“笔”字是这样写的。

（课件播放动画录音：你们知道吗？最早的“笔”字可有趣了。这是甲骨文的“笔”字。瞧！多像一只手握着毛笔在写字呀！“笔”字就是古人模仿用手写字的样子创造出来的，渐渐地，演变成了后来的“笔”……）

师：汉字真有意思，怎样记住现在的“笔”字呢？

（课件显示毛笔图）

师：你们看，古时候人们写字都用毛笔。下面的笔尖一般都是用动物的毛发做成的，笔杆一般用竹子做成。

（课件显示“竹 zhú”，学生跟读两遍）

师：“竹”字成偏旁，双腿收起变成点。

（课件显示“竹”变竹字头的动画）

师：偏旁在上就叫竹字头，跟老师一起写写竹字头。现在，看看图和字，你们可以用什么方法记住它？

生6：竹字头加毛就是笔。

师追问：那为什么上面是竹字头，下面是毛呢？

生 6：因为笔的上面是用竹子做的，下面是用动物的毛发做的。

师：你听得真仔细呀！小朋友们，图和字也可以帮我们识字呢！

［意图说明］

对“笔”字的学习从它的起源开始，多媒体呈现从甲骨文到现在的“笔”字的几种写法，同时配音介绍“笔”字的由来，使学生初步了解中国汉字的起源，初步感受汉字的文化内涵，从而产生热爱祖国文字的情感。

四、再读儿歌，加深对文具宝贝的喜爱

师：各种文具本领大，儿歌里叫它们什么？

生 1：宝贝。

师：生活中，我们都有自己的宝贝。洋娃娃是女孩的宝贝，足球是小球迷的宝贝。什么是你们的宝贝呢？

生 2：我有一个妹妹，她是我的宝贝。

师：你真是个疼爱妹妹的好姐姐。

生 3：乐高是我的宝贝。

师：我们把最喜欢的东西叫——

生齐答：宝贝。

师：小书包里有这么多宝贝，你们喜欢吗？谁来读读？（略）

［意图说明］

从生活中的宝贝入手，让学生说说自己的宝贝是什么，引导学生感受文具也是我们的宝贝，唤起学生的共鸣，从而引导学生爱护文具。

【专家点评】

顾老师根据一年级学生的年龄特点和学习要求，设计适切的教学目标。她关注知识引导，紧扣语言本身，重视习惯养成，将德育无痕地融入语文学科教学，体现学科育人理念。

为了让学生热爱汉字，顾老师采用多种方法引导学生识记汉字，感受汉字的独特之美。（1）溯根求源，从汉字的演变中感受汉字的奇妙。如“笔”字教学就从它的起源开始，使学生初步了解中国汉字的起源，感受中华文字的博大精深。（2）引导观察，从汉字的形态中感受汉字的魅力。在指导学生写字时，她将重点放在引导学生观察“尺”和“本”两个字笔画的异同上，让学生从“撇”的不同形态感受汉字独特的美，并适时指导学生正确规范书写，写字如做人，端端正正。（3）联系生活，从想象创编中感受汉字的生活性。教“书”字时，她联系生活实际编小故事，让学生理解在整理书本时，应该“大书放下面，小书放上面，一根绳子捆起来，最后敲上姓名章”。这句顺口溜让学生理解了“书”字在字形上的特点，同时学会了整理书本的方法。

为了让学生养成习惯，顾老师在细节上巧妙指导。在整个教学过程中，顾老师都非常关注对学生学习习惯的培养。比如，在鼓励学生交流时，顾老师会关注学生语言表达的规范性、自信度等；在指导学生写字时，顾老师会让学生自行观察字与字之间的异同，初步学会观察汉字的方法；在学生写完字后，顾老师更是不忘提醒学生将文具整理好，放回原位。行为的指导，习惯的培养，就在这一点一滴的细节中得以体现。

语文课堂既要注重语文学科知识的有效传授，同时也要关注德育、美育的融合。对于一年级的孩子来说，养成良好的学习习惯和日常行为习惯是至关重要的，而这些习惯的养成应该渗透在每一学科的每一堂课中。顾老师的课例给了我们很好的启示。

（上海市青浦区东门小学　徐玉兰）

讲故事，悟神奇，感受神话魅力
——《羿射九日》课堂教学实录

上海市松江区实验小学　黄欣欣

（本课荣获2019年“一师一优课、一课一名师”活动部级“优课”）

教师简介：黄欣欣，上海市松江区实验小学语文教师，上海市松江区连续三届语文学科名师。曾获松江区中青年教师教学评选活动小学语文二等奖。

【德育理念】

教书育人，德行为先。语文课堂教学更要德智融合，做到春风化雨，润物无声。

【设计说明】

《羿射九日》是一篇神话故事，讲述了后羿射日的过程，让人感受到后羿的英勇形象，同时体会神话故事的魅力。本文编排在统编教材二年级下册，教师结合单元语文要素“借助提示讲故事”，将目标设定为让学生在神话中感受“神话性”，感悟人物形象，同时引导学生想象，借助提示讲述、倾听故事。在教学实施环节，分步落实，设计梯度。第一课时，学生初步感知文章，大致了解故事的起因、经过和结果。教师带领学生交流，找出一些词语，帮助学生理解故事的起因。第二课时，教师先让学生读文章，说说每个自然段写什么，然后思考羿到底是怎么射日的，结合朗读、体会，找出羿射日的动作，在此基础上进行梳理，引导学生借助动词进行复述练习。

【教学实录】

一、练说起因，入情入境

师：小朋友们，上节课我们学习了羿射九日的起因。现在谁来把故事的起因，也就是羿为什么要射日这个内容讲给我们听？

（生 1 练习讲故事开头）

师：我们要感谢这位小朋友，他把我们带入了一个寸草不生的远古时代。在这么艰难的日子里，羿是怎么射日的？结果怎样？后面的故事又带给我们哪些神奇的感受？让我们继续学习。

［意图说明］

神话故事的价值在于文化传承。因此，本课的目标定位是让学生在神话中感受“神话性”，感悟人物形象，同时引导学生想象，讲述和倾听故事。

二、学习内容，感受神奇

师：现在打开语文书，我请三位同学分别来读第 4、5、6 自然段。同学们边听边思考每个自然段的主要内容。

（生 1 朗读第 4 自然段）

师：这个自然段在说什么？

生 1：他是怎么射日的。

（生 2 读第 5 自然段）

师：你读得真棒！这个自然段又在写什么？

生 2：这个自然段写羿一下子射了九个太阳，有一个太阳因为害怕，慌慌张张地躲进了大海里。

师：你真会读书。

（生 3 读第 6 自然段）

生 3：羿留下了一个太阳。

师：对呀，他为什么留下来一个太阳？请你补充。

生 3：如果他把最后一个太阳射掉的话，没有了光明和温暖，庄稼以及其他植物就不能生长了。

师：所以，羿把这个躲进大海的太阳给留了下来。接下来，我们就重点学习羿到底是怎么射日的。我们来看课文第 4 自然段，请找到相关的句子说明。

（一）学习“翻过了九十九座高山，蹚过了九十九条大河”，感受羿的壮行

（学生读课文第 4 自然段，思考羿是怎么射日的，通过交流，聚焦动词；教师板贴翻

过、蹚过、来到、登上、搭上、拉开、对准等词语）

师：他要翻过九十九座高山，蹚过九十九条大河，最终才来到了东海边。我们一起想象一下，他翻过第一座高山，已经筋疲力尽；翻过第二座高山，他会怎么样？

生1：他会非常劳累，一点力气都没有了。

师：翻过第三座高山，他会——

生2：可能脚都磨破了，手也流血了。

师：他就这样翻过一座又一座高山，一直翻过了九十九座高山。此时，他会怎么样？

生3：他可能累得不行了。

生4：他可能遍体鳞伤。

师：这些，我们一般人做得到吗？

生齐答：做不到。

师：可是羿做到了，因为他有着神一般的意志。他不仅要翻过九十九座高山，还要蹚过九十九条大河。这中间，他会遇到哪些困难？

生5：他可能遇到鲨鱼。

生6：他可能遇到……

师：羿厉害吗？

生齐答：厉害！

师：他神不神？怎么读出来羿的“神”？

（教师指导朗读）

（二）学习羿射日的动作，感受羿的神力

师：太阳就在前方了，他具体是怎么射箭的？

生1：他登上了一座大山，搭上神箭，拉开神弓，对准天上的一个太阳嗖地就是一箭。

师（出示弓箭图）：这就是弓和箭。我们一起来学习，羿的弓叫“神弓”，他的箭就是“神箭”。现在谁来做羿，射一射太阳？

（教师板贴太阳图，学生做动作，教师配合读）

师：他的动作非常有力，也非常迅速。谁来读读？

（学生读句子）

师：通过大家的朗读，我看到了一个力大无比、神奇的羿，他真厉害！就这样，羿一口气射下了九个太阳。

…………

师：太阳躲进大海以后，我们的世界就没有了光明和温暖。于是，羿就把它留了下来。留下来的太阳说不定就是我们现在看到的每天升起的那个太阳呢！是不是很神奇？

…………

师：你们看，太阳每天从东方升起，在西方落下。土地——

…………

（教师导读最后一个自然段）

师：这就是后羿射日的经过。最终留下的那一个太阳使大地上重新现出了勃勃生机。这就是这个故事的结局。

［意图说明］

本环节将感受神奇与练讲故事融合在一起，学生在品味词句、想象画面、理解动作中感受羿的壮行和神力，在感悟人物形象的同时，感受故事的神奇，并以此作为练习讲述的素材，合二为一。

三、练讲经过和结果

师：现在你能不能也和我们讲一讲它的经过和结果？前面我们用到了第一节课学到的词语，今天我们也借助这些词语练一练。

出示练讲清单：

> 我会说：
>
> ★ 以“羿下定决心帮助人们脱离苦海”开头。
>
> ★ 借助板书中的动词，按照顺序讲清楚羿射下九个太阳的经过和结果。
>
> ★ 语句连贯。

（生 1 练讲故事）

师：谁来评价一下她讲的故事怎么样？

生 2：她下次最好用一些好词，再说得具体、清楚一点。

师：她其实说得很清楚了，但是怎样才能说得更生动呢？

生 3：有的地方该重的就重，该轻的就轻，如后面可以这样说：没有了太阳，就没有了光明和温暖，庄稼不能生长，人类和动物就没法活下去。于是，羿……

师：你是说，心里想的内容可以讲得轻一点，做的内容可以讲得响一点，注意语音和语调。我们刚刚讲羿拉弓射箭，是不是可以加上适当的动作？所以，我们讲的时候要注意语气和语调，还要加上适当的动作，这样我们的故事就更生动了。现在，同桌之间练一练。谁能把故事讲得更生动呢？

（生 4 讲故事）

师：同学们评价一下。

生 5：我感觉她讲得很连贯，而且故事都讲完整了。

生 6：我希望她能再加点动作。

师：加上动作，她的故事肯定更吸引人，你的这个建议提得非常好。

（生 4 再讲故事，教师适时提醒加上动作，语气和语调适当变化）

师：同学们评价一下，她有进步吗？

生 7：有进步，就是“降落”用词不当。

生 8：我觉得她加上动作挺好的。

师：课堂上我们就练习到这里，回家后大家可以把整个故事连起来讲一讲，讲给爸爸妈妈听。中国有很多很多的神话故事，如果感兴趣，你们可以去读一读其他故事。

［意图说明］

用清单的方式给学生的练讲故事搭建支架，同时创设情境，让学生在讲故事的过程中进一步感受神奇，讲出神奇，感悟中华文化的源远流长。

师：接下来，我们来看看“害”“重”这两个字。它们有没有什么共同点？仔细观察，大胆发言。

（师生共同观察字形，学习横画较多时字的写法：横的距离要均匀，并且长短不一）

学生写字，教师巡视，随机指导，展示三个学生的写字作品。

（学生点评；教师布置作业）

［意图说明］

中国的汉字很有趣，本环节中的字有相同的特点，极具代表性，教师可以带领学生仔细观察，抓住规律来练习，为写字好习惯的养成打下基础。

【专家点评】

神话故事是人类文化的重要组成部分，它记录着每个民族年代久远的历史事件或传说，往往寄托着人们心中美好的愿望，承载着传承人类文明的重任。黄老师在教授《羿射九日》时，目标非常明确，注重引导学生体会神话故事的特点，感悟生动的人物形象，讲好神话故事，让学生亲历学习过程，亲近传统文化。

梯度渐进，学评结合，引导学生感受神话故事的独特魅力。神话故事的语言浅显易懂，黄老师就将教学重点放在指导学生讲好故事上。她先让学生概述故事，了解事情的起因、经过、结果，理清故事的脉络，再让学生扩述故事，指导学生通过学习课文内容，研读相关语句，了解后羿射日的过程，引导学生想象他所遇到的困难以及克服困难的办法，把重点片段讲具体、讲生动，感受神话故事情节夸张、生动的特点。最后，她创设情境，要求学生根据“练讲清单”讲一讲这个故事。在学生交流的过程中，通过师生评价，黄老师指导学生说好这个故事。整个教学过程循序渐进地落实了“让学生明确讲什么、怎么讲，知道讲得怎样”这一教学重难点，有的放矢地培养了学生的语言表达能力。

潜移默化，融情于文，引导学生感受神话人物的英勇形象。本文的主人公后羿是一个征服自然、造福人类的英雄。教学过程中，黄老师结合文章留白创设情境，引导学生想象他在射日的过程中遇到了哪些困难以及是怎样克服的，让学生通过品味词句、想象画面和理解动作等学习策略，在潜移默化中感受其征服自然、造福人类的崇高品德以及勇于克服各种艰难险阻的英勇形象。这种融情于文的教学策略有助于学生理想信念的逐渐养成，也有助于德育目标的有效达成。

黄老师的课始终围绕言语创造实践，锻炼学生的讲述能力，而这正契合神话故事口耳相传的秘诀。优秀的教师总能从文本的寻常之处，发现不寻常的教学内容，采用适宜的教学方式，真正促进学生德智融合。

（上海市青浦区东门小学　徐玉兰）

立足传统之根，汲取文化精髓
——《江南》课堂教学实录

上海市奉贤区肖塘小学　王瑶馨

（本课荣获上海市第二届统编教材优秀课例评选一等奖）

教师简介：王瑶馨，上海市奉贤区肖塘小学语文教师，区优秀骨干教师。曾先后获得上海市小学语文统编教材课堂教学评比二等奖、“迦陵杯·诗教中国”诗词讲解大赛上海赛区一等奖等荣誉。

【德育理念】

以语文课堂为抓手，开启心智，明慧育人。化知识为智慧，变行为为素养，积文化为品格，力求把语文教学从传统的文本输入进阶为实践输出，以达到知行合一的价值目标。

【设计说明】

《江南》是一首汉乐府诗，入选小学语文统编教材一年级上册课文单元。本诗是一首优美的采莲曲，富有江南水乡特色，语言生动活泼，格调清新明朗。

加强古诗文教学，落实中华传统文化教育是统编教材的一大亮点，而《江南》更是小学语文统编教材中古诗文教学的第一课。因此，教师通过汉字溯源、凸显文化、品味词句、感受意境、熟读成诵、积累语言，分步落实教学。这样的教学方法创设了适合学生学习的情境，提供了具体、可供想象的学习背景，让学生的身心和诗文内容产生和谐的共振，使学生能够初步了解乐府诗，领略中华传统文化的魅力，感受江南水乡独特的韵味，进而建立起文化自信，在心中种下中华优秀传统文化的种子。

【教学实录】

一、情境导入，揭示课题

师：今天我们来学习一首古诗，谁能借助拼音读好课题？

生1：jiāng nán，江南。

师：江是三拼音节，你读准了。

师：江的偏旁是什么？

生2：三点水。

师：谁会写三点水？

生3：点、点、提。

师：写对了，请大家举起小手一起写。（略）江南在我国的长江以南，这里的“南”是一个表示方位的词，和南相对的方向是什么？

生4：北。

师：请一起拼读。

生齐答：běi，北。

师：与上北相对的是什么？

生齐答：下南。

师：江南还是我国有名的鱼米之乡，请大家和老师一起写课题。江，左右结构，左边三点水，右边一个工，上横短，下横长。南，左上格起笔，先是横、竖、竖，下一笔是横折钩，接下来是点、撇，最后三笔是横、横、竖。请大家一起读课题。

生齐答：江南。

师：请跟老师一起走进江南。瞧，秋天的江南安静如画，清清的河水从每家每户的门前流过。冬天，深色的瓦，白色的雪，江南像一幅优美的水墨画。春天来了，湖水清清，杨柳依依，坐只小船荡漾在江南的湖面上。一到夏天，满湖碧绿的莲叶，如果莲花盛开，那就更美了！

［意图说明］

以拼读课题的方式引入，开门见山，在巩固拼音教学的同时落实了生字“江”“南”和偏旁“氵”的教学，并通过四幅江南四季美景图以及教师的解说，让学生对江南有了具象化的了解。

二、初读课文，整体感知

师：这么美的江南，古诗里是怎么写的呢？请大家轻声读课文，读准字音，读通句子，做到不加字、不漏字。（略）谁来读一下课文？

生 1：江南，汉乐府。江南可采莲，莲叶何田田。鱼戏莲叶间。鱼戏莲叶东，鱼戏莲叶西，鱼戏莲叶南，鱼戏莲叶北。

师：你的字音都读准了。（指着“采”字）这个字读什么？

生齐答：采。

师：谁会拼？

生 2：cǎi。

师：“采”是平舌音，你拼对了。请大家再读课文，边读边思考“我仿佛看到了……”。

生 3：我仿佛看到了很密很密的莲叶。

生 4：我仿佛看到了小鱼在戏水，一会儿游到东，一会儿游到西。

生 5：我仿佛看到了美丽的莲花。

师：莲花也叫荷花，请小朋友看，这是什么？

生齐答：莲叶、莲花、莲蓬、莲藕。

师：仔细观察，这些字都有什么特点？

生 6：除了“叶”，其他字都有草字头。

师：草字头的字大多与什么有关？

生齐答：草字头的字大多与植物有关。

师：请一位小老师带大家读读这些词语。

生 7：请大家跟我读，莲叶（莲叶）、莲花（莲花）、莲蓬（莲蓬）、莲藕（莲藕）。

［意图说明］

整体感知，让学生边读边思考“我仿佛看到了……”，引导学生入情入境；让学生用扩词法学习“莲”字，同时出示了一幅江南水乡丰收图，莲叶、莲花、莲蓬、莲藕藏于图中，让识记的过程充满了趣味。

三、深入学习，品读古诗

师：每年的 6 月至 8 月，江南的莲子成熟了，“江南可采莲”。“可”字里藏着一个新笔画，请拼一拼。

生 1：shù gōu，竖钩。

师：竖钩是一笔写成的，（示范）直直的竖钩出尖。谁会写？

（生 2 书空竖钩）

师：竖钩会写了，那“可”字怎么写呢？（示范）请小朋友自己写一个“可”字。

（生 3 书空“可”字）

师：把“可”字请进田字格，在田字格里写一写。

（学生练习）

师：“可”字在这儿的意思是“正好”，那么，“江南可采莲”的意思是什么？

生3：江南正好是采莲的时候。

师：这时的莲叶怎么样？

生3：“莲叶何田田”。

师：莲叶一片挨着一片，一片连着一片，层层叠叠，非常茂盛，这就是田田。谁会读这个词语？

生4：田田。

师：莲叶长得茂盛是田田，那莲叶多得数也数不清，非常茂盛就是什么？

生齐答：何田田。

师：请读好这个词。

生齐答：何田田。

师：谁能读好这行诗？

生5：“莲叶何田田”。

师：莲叶这么茂盛，莲子也成熟了，小朋友，你们吃过莲子吗？

生6：莲子有的苦，有的甜。

师：莲子有点苦，苦的是莲心，把莲心去掉就不苦了。新鲜的莲子又甜又嫩，可好吃了。面对这种丰收的景象，你的心情怎么样？

生7：开心。

生8：满足。

师：请带着开心、满足的心情读好这行诗。

生齐答：“江南可采莲，莲叶何田田。”

师：采莲人在忙着采莲，那小鱼在干什么呢？请小朋友读读这几句古诗。

生9：小鱼在戏水。

师：观察“鱼”字，你发现了什么？

生10：“鱼”字和鱼很像，“鱼”字的斜刀头像鱼头，“鱼”字的“田”像鱼的身体。

师：“鱼”是一个象形字，多有趣呀！在古诗中，南和北是一对表示方位的词，还有一对表示方位的词，再来读一读，找一找。

生齐答：西和东。

师：古人常用图画来表示文字，这儿有两幅图，一幅是东，一幅是西，请你来猜猜看。

生11：第一幅是东，第二幅是西。

生12：第一幅是西，第二幅是东。

师：那到底谁说对了呢？瞧，每天早晨，太阳慢慢升起。当升到树木那么高的时候，太阳所在的位置是东方。“东”字是由树木和太阳组成的，这是甲骨文。现在，我们的“东”字这样写，请大家跟我读。再往下看，每当太阳落山的时候，小鸟就会回到巢中休息。这时，太阳所在的位置是西方。慢慢地，“西”字就变成了一只小鸟卧在巢中。现在，我们的“西”字就变成了这样，请大家和我一起读。此外，东和西也是一对表示方位的词，与左西相对的是什么？

生齐答：右东。

师：小鱼在莲叶间一会儿游到东，一会儿游到西，它们之间会说些什么呢？

生 13：我们一起做游戏吧！

生 14：我们一起吃莲子吧！

生 15：我们一起去荷叶上面玩吧！

师：它们玩得很开心。你们能读好这几句诗吗？老师请来了停顿符，你们试着读一读。

生齐读：鱼戏莲叶间。鱼戏莲叶东，鱼戏莲叶西，鱼戏莲叶南，鱼戏莲叶北。

师：你们想不想跟着小鱼一起去戏水呢？跟着音乐，我们一起游起来。

（师生跟着音乐游水律动）

师：夏天的江南，莲叶田田，莲花盛开，莲子也成熟了，采莲人在忙着采莲，小鱼也在莲叶间欢快地游来游去。让我们一起朗读古诗，感受江南的美！

板书：

［意图说明］

运用象形字、字理识字等多种方法落实生字教学，让枯燥的识字变得有趣味；引入手绘水墨画莲叶板贴，帮助学生理解“田田”的意思，既符合一年级学生的学习特点，又让诗词教学充满韵味。

四、拓展延伸，吟诵古诗

师：《江南》还是一首乐府诗。汉乐府是我国古代专门用来采集音乐的地方，所以我们还可以把这首诗唱出来。先来听一听，会唱的小朋友可以跟着一起唱。

［意图说明］

通过听、唱了解乐府诗的特点，同时感受采莲人愉悦的心情和江南水乡的美丽。

【专家点评】

诗歌是中华传统文化的一种形式，是中华民族的文化瑰宝。让一年级学生对中华传统文化产生亲近感，既是一种挑战，也是一项使命。从王老师的教学中，我们能看到她的用心与智慧——把德育无形渗透于教学的每一个环节。

学生识字，不仅是为了掌握一种交际工具，还是为了理解汉字中所蕴含的丰富文化内涵。在识字教学中，王老师注重运用多种方式指导学生识记生字，从“鱼”字延伸至象形字；从“东”字轻点到甲骨文；把四个方位词与生活实际联系起来……可以说，王老师的识字教学不仅让学生学到了一个个汉字，更让他们深入理解了汉字文化，产生了浓厚的识字兴趣，进而产生民族自豪感。

诗歌的魅力在于简单文字之间的无限寓意，每个字都是古诗情感基调的体现，对于一年级学生来说，这是一个难点。王老师在帮助学生理解难懂的词句时用了很多心思。如在理解“田田”这个词语的意思时，王老师巧妙设计，引入手绘水墨画莲叶板贴。这种直观的呈现方式，让诗词教学充满韵味，让学生通过插画更好地理解了文字背后的意思。又如，鱼儿在莲叶之间戏水部分，文字有较多重复，王老师采用联想的方式，引导学生想象画面，感受鱼儿在水中的欢愉，学生自然进入古诗所描绘的情境，体会童真童趣。

课的尾声，让学生用唱的形式进一步熟悉整首诗歌，亦是点睛之笔。学生用唱的方式背诵古诗，明白了古时候的文字可以用这样的方式去呈现，在歌声中感受江南水乡的美丽，感受传统文化的魅力。智与德相融，润物细无声。

（上海市青浦区东门小学　徐玉兰）

让红色精神深植孩子的心田
——《手术台就是阵地》课堂教学实录

上海外国语大学附属外国语学校松江云间小学　沐云涛

（本课荣获2018年“一师一优课、一课一名师”活动部级“优课”）

教师简介：沐云涛，中共党员，上海外国语大学附属外国语学校松江云间小学语文教师，松江区第五届语文学科名师。曾获市、区级教学评比等第奖十余次，执教区级及以上研讨课二十余节，部分课例入选部级、市级“优课”，主持语文名师工作室工作。

【德育理念】

聚焦匠心课堂，启迪学生思维，传播人文精神，培育敏学少年。整合人文主题和语文要素，充分挖掘德育元素，力求育人育心。

【设计说明】

《手术台就是阵地》是一篇经典的革命传统课文。文章歌颂了白求恩同志对工作极端负责、对同志极端热忱的美好品质以及把中国人民的解放事业当作自己的事业的国际主义精神。

教育部统编语文教材中编排了不少革命传统课文，提出要加强革命传统教育，旨在让学生从革命精神中感知责任使命，在历史坐标中构筑时代担当。无疑，《手术台就是阵地》这类课文，就是学生汲取革命传统精神、感受人物优秀品质的良好养分。

因此，在本课的教学设计中，教师借助多媒体，多次创设情境，建立起“文本—学生”的联系，让学生真实感受人物品质。

【教学实录】

一、创设情境，导入课题

师：（出示图片）同学们，这是我国的河北省，那里风景秀丽，有郁郁葱葱的森林、蔚蓝辽阔的大海、一望无际的草原、宁静祥和的村庄。（播放枪炮声）这美好的一切却被隆隆的枪炮声给打破了！ 1939 年春，齐会战斗打响了！齐会镇成为交战双方的重要阵地。当时，在离火线不远的一座小庙里，有位外国大夫正在给伤员做手术，他认为手术台就是阵地。（板书：手术台就是阵地）刚才说到的那位外国大夫是谁呢？

生 1：白求恩。

师：（板书：白求恩大夫）“大”字是个多音字，这里读 dài，表示——

生 2：医生。

师：他是哪国的医生呢？请一位同学读读他的简介。

生 3：诺尔曼·白求恩，加拿大著名外科医生。1938 年，他不远万里来到中国，支援抗日，挽救了许多中国战士的生命。

师：今天我们一起来学习他的故事。

［意图说明］

抗日战争背景的课文离学生生活实际相对较远，教师借助图片和枪炮声的音效，把学生迅速地带入齐会战斗的时代背景，为后文学习激烈战况的环境描写做铺垫。出示一段简介，让学生对白求恩大夫有一个初步的印象，由浅入深地感受人物品质。

二、初读课文，整体感知

师：请同学们默读课文，边读边思考“课文写了一件什么事”。

生 1：课文写了齐会战斗中白求恩大夫为伤员做手术的事。

师：请用“连续、继续、陆续”三个词语完成填空。

（幻灯片出示：1939 年春，著名的齐会战斗打响了。战斗激烈，我军的伤员________从战场上被抬下来。白求恩不顾环境险恶，坚持留在手术台旁________工作。这场战斗进行了三天三夜，他________工作了 69 个小时。）

生 2：依次填陆续、继续、连续。

师：从三天三夜和 69 个小时，你读懂了什么？

生 3：白求恩大夫在这三天里面基本上没有休息。

生 4：白求恩大夫只休息了三个小时。

生 5：白求恩大夫工作很认真。

师：72 个小时，我们可以做哪些事情？

生 6：我可以写作业、吃饭、上厕所、睡觉。

生 7：我还要参加兴趣班，出去玩。

师：是呀，但白求恩大夫夜以继日地做着同一件事——做手术，这体现出他对工作的极端负责！

［意图说明］

课程标准指出，字词教学不能仅停留在理解字词意思的层面，还应引导学生积累词句，提升学生运用词语表情达意的能力。为此，本环节在词语运用上有所创新，让学生在运用“连续、继续、陆续”填空的过程中区分这三个词语的意思并梳理文脉。

直观对比“三天三夜”和“69 个小时”这两个表示时间的词语，目的是让学生从整体上感知白求恩大夫对工作的认真负责。

三、研读课文，感悟品质

过渡：你们知道白求恩是在怎样的环境中连续工作 69 个小时的吗？

（一）学习描写环境的句子，体会当时情况

师：（播放战斗视频）我们来观看一段当时的战斗视频，看完后说说你们的感受。

生 1：我看到飞机在上空盘旋，许多炮弹落在地面上，黑烟滚滚，弹片纷飞。

生 2：我看到很多战士在火线上打仗。

生 3：我感受到当时的战况很激烈，情况紧急。

师：当时敌机的轰炸十分猛烈，情况十万火急。我们不仅可以从画面中感受到，还可以从语言文字中细细体会。

（幻灯片出示：1. 突然，几发炮弹落在小庙前的空地上。硝烟滚滚，弹片纷飞，小庙被烟雾淹没了。2. 敌机不断地在上空吼叫。炮弹不断地在周围爆炸。3. 一连几发炮弹落在小庙的周围。庙的一角落下了许多瓦片。挂在门口的布帘烧着了，火苗向手术台扑过来。）

师：请同学们读一读，比较一下这三处环境描写的变化。

生 4：我觉得战斗越来越激烈了。

师：你是从哪里看出来的？

生 4：一开始是空地，后面就是周围了，再后来就已经来到了门口，说明轰炸的距离越来越近。

生 5：从几发炮弹，到不断地、一连几发，可以看出炮弹的数量越来越多。

师：炮弹的数量越来越多，轰炸的距离越来越近。可见，当时的情况越来越危急。

（板书：越来越危急）

（二）学习描写白求恩表现的句子，感悟精神品质

过渡：面对如此危急的情况，白求恩大夫又是怎样表现的？请读一读自学要求。

（幻灯片出示自学要求：默读第 2 至 4 自然段，用直线画出描写白求恩表现的句子。选择一至两处，读一读句子，联系当时的情况，圈出最让你感动的词语，写下自己的感受。）

（组织学生按事情发展顺序交流）

1. 出示第 2 自然段

生 1：我找到的句子是："他已经两天两夜没休息了，眼球上布满了血丝。"我圈的两处是"两天两夜""布满了血丝"。我感受到他当时的眼睛又酸又疼，但他坚持给伤员做手术，生怕做坏了给伤员带来危害。

生 2：我找到的句子是："白求恩仍然镇定地站在手术台旁。他接过助手递过来的镊子，敏捷地从伤员的腹腔里取出一块弹片，丢在盘子里。"我圈的词语是"敏捷"。我感受到当时的情况很紧急，白求恩大夫敏捷地救治伤员，就可以救活更多的伤员，战争胜利的可能性就越大，同时反映了他医术高超。

生 3：我找到的句子和上一位同学一样。我圈的词语是"镇定"。我感受到在当时那么危险的时刻，白求恩大夫仍然十分镇定，置个人安危于不顾。

师：（板书：敏捷、镇定）通过朗读，你们眼前仿佛出现了一个怎样的白求恩大夫？

生 4：我仿佛看到白求恩大夫的眼睛里面布满了红丝，已经非常累了，但依旧在认真地做手术。

生 5：我仿佛看到白求恩大夫非常疲倦，腰都直不起来了，但他还是一声不吭地给伤员做手术。

师：老师和大家一起配合着读第 2 自然段，我读描写环境的句子，你们读描写白求恩表现的句子。

2. 出示第 3 自然段

师：这是白求恩大夫与师卫生部长的一段对话描写，请两位同学配合着读，其他同学结合白求恩的话思考他沉思的内容。

生 6：他沉思的是伤员们留在这里很危险，应该到后方接受更好的治疗，而他自己不能离开，离前线越近，越能够及时治疗伤员，不延误病情。

师：（板书：沉思）这段话中的哪些语句让你感动？请同学们交流一下。

生 7："战士们没有离开他们的阵地，我怎么能离开自己的阵地呢？"这里运用了反问的句式，表达了白求恩大夫要与战士们在一起的坚定决心。

生 8："手术台是医生的阵地。"白求恩大夫把手术台当作自己的阵地，并坚守在阵地上，救治伤员。

师：（板书：手术台就是阵地）一般打仗的地方才叫阵地，为什么手术台也能称为阵地？请说说你的理解。

生 9：战士们的阵地在火线上，而医生的阵地就是手术台，他在手术台上给战士做手术，正是以自己的方式坚守在阵地上，为抗日的胜利贡献了自己的力量。

生 10：我找到的句子是："我是一名八路军战士，不是你们的客人。"

师：从刚才的简介中，我们了解到白求恩大夫是加拿大人，但他为什么说不是我们的客人？

生 11：因为白求恩大夫把自己也当成了八路军的一员。

师：作为加拿大人，白求恩大夫来到中国援助我们抗日，这种崇高的精神就叫作国际主义精神。（板书：国际主义精神）请男女生配合朗读白求恩大夫与师卫生部长的对话。

（男女生配合朗读）

师：说完，他低下头，继续做手术。（板书：继续）

3. 出示第 4 自然段

师：第 4 自然段中有没有让你感动的句子？

生 12：我找到的句子是："白求恩仍然争分夺秒地给伤员做手术，做了一个又一个。"我圈的词语是"争分夺秒"，从这个词语中我感受到白求恩大夫抓紧每分每秒救治伤员，对工作很负责。

（板书：争分夺秒）

［意图说明］

为了让学生进一步理解"手术台就是阵地"这句话，教师设计了这样的自学任务：让学生找到文中描写白求恩表现的句子，通过对白求恩动作、对话以及心理活动的合理推测，进一步感受他对工作的极端负责和大无畏的国际主义精神。

这一环节中还穿插了不同形式的朗读，如师生配合读、男女生对读，有机地把环境描写和人物表现结合起来，帮助学生积累语言，并落实了德育相关目标——感受无产阶级革命者追求真理、勇于献身的精神。

四、课堂练笔，走近人物

师：同学们，齐会战斗进行了三天三夜，最终取得了胜利。我们的伟大功臣白求恩大夫在战斗中连续工作了 69 个小时。获救的伤员见到白求恩，会对他说些什么？又会做些什么？请拿起手中的笔写一写并交流下。

（呈现完整板书）

板书：

手术台就是阵地

		敏捷 镇定	
			工作认真负责
越来越危急	白求恩大夫	沉思 继续	
			国际主义精神
		争分夺秒	

生 1：一位伤员落下眼泪，感激地说："白求恩大夫，十分感谢您救了我的命。您远从加拿大赶来，为中国的抗日事业作出了贡献！"

生 2：一位伤员向白求恩同志端端正正地敬了一个军礼，说道："白求恩大夫，您不辞辛苦地为我们做手术，顾不上休息。您真是一位伟大的共产主义战士！"

生 3：一位伤员激动地握住白求恩的手，说道："白求恩大夫，您把手术台当作自己的阵地，这场胜利离不开您的奉献与付出。"

[意图说明]

课程标准指出，语文课程应致力于培养学生的语言文字运用能力。本环节的设计意在让学生将语言训练点落到实处，落到思维发散处，以期更好地培养学生的书面语言表达能力。通过这样的语言表达训练，引导学生从侧面感受英雄人物的品质。

五、总结人物，升华情感

（教师配乐朗诵：1938 年春天，白求恩来到中国，他满腔热情，连续做了 71 次手术，为救治伤员连续工作 69 个小时，4 个月行程 1500 余里，共救治伤员 1000 多名。他就像一架不知疲倦的发动机在抗日的一线昼夜运转……在一次手术中，他伤口感染引发了败血症而生命垂危。1939 年 11 月 11 日，他写下了一份遗书，其中有一句话是："我在这里十分快乐，我唯一的希望就是能多作些贡献。"因为这份快乐，他拒绝一切的特殊待遇，让自己成为战地医生中普通的一员；因为这份快乐，他昼夜不休地战斗在手术台前；因为这份快乐，他忍住离乡之苦，抛却安定的生活，最终长眠于异国他乡。他用"多作些贡献"的快乐，彰显了伟大的人格力量。）

师：让我们再一次读出他的名字——

生齐读：诺尔曼·白求恩。

[意图说明]

配上抒情缓慢的音乐，教师用凝练的语言总结白求恩的一生，激发学生对他的敬佩之情，将课堂推向高潮。

【作业设计】

1. 回家后，和父母说一说《手术台就是阵地》这个故事。

2. 通过上网、查阅书籍、看电影等方式进一步了解白求恩的其他事迹。

［意图说明］

布置作业的目的是落实德育目标，让学生通过讲述英雄模范的故事，了解他们不平凡的事迹，产生向英雄模范学习的愿望。

【专家点评】

语文课程的特殊性，决定了其对传承与弘扬革命传统、增强民族凝聚力有着不可替代的作用。要在远离硝烟、精神文明和物质文明高度发展的今天，对学生进行革命传统教育，让他们深入了解历史时代，走进人物内心，是比较困难的。沐老师的教学紧紧围绕这个难点，运用多种方式层层突破，把课文中想要传递的革命传统教育的主题内容与语言学习紧密结合起来，既展现文学的魅力，又带给学生正确的价值观念和道德取向，成效明显。

借助资源，开启时代之门。课文背景离学生生活实际相对较远，但恰恰对学生理解人物形象具有重要作用。沐老师运用多媒体，借助视频、图片资源，多次进行补白，带领学生走进硝烟弥漫的战争时代。例如，导入部分呈现的齐会战斗的场面，让学生体会到了战况的激烈，为学习下文做铺垫；研读部分呈现的战斗场景，通过比较三处环境描写的变化，让学生体会到当时情况越来越危急，进而感受到白求恩同志的崇高品质，同时学习到了环境描写的妙处。这就巧妙建立起“文本—学生”的联系，优化了教学效果。

读品悟用，丰富人物形象。沐老师围绕重点内容，设计学习任务，让学生找到描写白求恩表现的句子，通过读句子、思背景、圈词语、写感受等方式走近白求恩，了解其所言、所行、所思，使人物形象变得立体、丰满；通过交流让学生明白“手术台就是阵地”的含义，进而对白求恩这位伟大的大夫产生由衷的敬佩之情。最后，沐老师要求学生以“获救的伤员”的身份写一写见到白求恩会说什么和做什么，还配以声情并茂的总结，结尾处理既在意料之外又在情理之中。

充分发挥教材的育人功能，让学生在品味、感悟、运用语言文字中打好中国底色，传承红色基因，沐老师给我们提供了很好的范例。

（上海市青浦区东门小学　徐玉兰）

古韵今声，立德树人
——《古对今》课堂教学实录

上海市金山区山阳小学　高洁青

（本课荣获上海市第二届统编教材优秀课例评选二等奖）

教师简介：高洁青，中共党员，上海市金山区山阳小学语文教师。金山区“十二五”百名优秀青年人才、金山区第六届“明天的导师”工程区级骨干教师。多次获得市级、区级教学评优奖项，撰写的论文、案例多次获奖。

【德育理念】

语文学科要培养学生热爱祖国、热爱人民、勤奋好学、诚实守信等优良品质，以文化自信，植家国情怀。

【设计说明】

《古对今》是统编教材一年级下册第五单元的课文。课文由三段韵文组成，用简洁形象的语言和长短句交替的节奏，或同义组队，或反义相对，描绘了四季轮回、冬去春来、昼夜交替、欣欣向荣、万物生长的自然规律，蕴含着浓浓的传统文化气息。

教师在教学中充分把握对韵歌的文体特点，从字数相等、内容相关、结构相似、平仄协调等方面，层层递进展开教学，让学生了解对子的特点，体验对对子的乐趣，并运用字理分析的方式，让学生体会字词含义。在吟诵的过程中，加入“击鼓押韵”等有趣的游戏形式，让学生充分感受对韵歌的无穷魅力，进而激发学生热爱祖国语言的情感。

【教学实录】

一、谈话导入，激发兴趣

师：同学们，这三组对联的上联和下联之间有一个规律。谁来说说？

幻灯片：

迎春	太平年	狗年爆竹报平安
纳福	吉祥日	日夜钟声扬吉庆

生 1：上联和下联的字数是一样的。

（幻灯片出示：古对今）

师：今天我们就来学习第六课。

生齐读：古对今。

［意图说明］

对子是中华民族一种独特的语言形式，其特点是上下联字数相等，有单子对、双子对、三字对等。通过春联引入“对韵歌”的概念，让学生初步了解对对子要上下联字数相等，为本课后面的学习打好基础。

二、学习字词，知道对对子要内容相关

（教师出示：晨、暮、朝霞、夕阳）

师：这里有两个对子，请你们先借助拼音自己读一读。

（学生读对子）

师：谁能对一对？

生 1：晨对暮，朝霞对夕阳。

师：对对子，字数要相等。晨和暮有什么共同点？

生 1：“晨”和“暮”两个字里面都有“日”。

师：日就是太阳，说明它们与太阳有关。早晨，太阳升起来了，农民伯伯在田里面开始干活，这个时候就叫作晨。谁来带大家学“晨”这个字？

生 2：请跟我读 chén，“晨”是上下结构。上面是个“日”，“日”加“辰”，晨。

师：晨就是早上。到了傍晚，农民伯伯要回家休息了，这时太阳躲进了草丛里，这个时候就叫作暮。晨代表早上，暮就代表傍晚，请跟我读，晨对暮。

生齐读：晨对暮。

师：晨代表早上，和“晨”一样代表早上的还有一个字。你们看，到了第二天早上，太阳又从草丛里升了起来，月亮刚刚落下，但还没消失，这个时候就叫作朝。“朝”这个

字，你们有什么好方法记住它？

生3：“朝”是个左右结构的字，右边是个“月”。

师：和“暮”一样代表傍晚的字是哪个？

生3：夕。

师：到了傍晚，太阳要落山了，而月亮刚刚升起，这个时候就叫作夕。“夕”在甲骨文中就像一个刚刚升起的月亮，渐渐才演变成我们现在的“夕”，请再读这个“夕”字。

师：朝就代表——

生齐答：早上。

师：夕就代表——

生齐答：傍晚。

师：一起读一读朝对夕。傍晚的太阳就叫作——

生齐答：夕阳。

师：什么是朝霞？图片上有什么？美丽的云朵，我们把它称为——

生齐答：霞。

师：霞就是云雾，那么，我们把早上的云雾叫作——

生4：朝霞。

师：对了，请读好它。

（幻灯片出示：朝霞对夕阳）

师：让我们连起来读一读。

（幻灯片出示：晨对暮，朝霞对夕阳）

师：对对子时要注意字数相等。对子的内容呢？早上和傍晚都是什么？

生5：时间。

［意图说明］

《古对今》采用了对韵歌的识字形式，这是本套教材第二次采用这种形式引导学生识字。编写者在设计时有意凸显了识字的环节。首先，学生已经具备了看拼音识字的能力，教师便让学生借助拼音读通生字新词。其次，教师通过提示上下联字数相等，让学生自己尝试对对子，在对对子的过程中进一步学习生字。由于学生已具备一定的分析字音和字形的能力，教师放手让学生自主学习生字。“晨、朝、夕”几个字十分有特点，都与太阳有关，教师借助图片中的甲骨文、金文、小篆来分析字理，让学生在理解字义的同时，感受汉字的魅力。朗读时，教师让学生拍一拍节奏，体会对对子的节奏感，持续激发学生的学习兴趣。

三、学习字词，体会对对子要结构相同，尝试配对

（一）出示板贴：春暖、酷暑、秋凉、严寒

师：对对子的时候，内容要有关联。老师这里有四个词语，请你们自己读读，然后用上刚刚学到的两个本领对一对。

（幻灯片出示：春暖、酷暑、秋凉、严寒）

生 1：严寒对酷暑，春暖对秋凉。

板贴：

严寒←→酷暑

春暖←→秋凉

师：为什么要这样对呢？为什么是严寒对酷暑呢？我们接着学，学完了你们就懂了。这里有两个字，大家先来认一认。你来带大家认一个字。

（幻灯片出示：寒 hán；暑 shǔ）

生 2：请大家跟我读“暑”。“暑”上面是个“日”，下面是个“者”。

师：还有一个字，谁来带大家学习一下？

生 3：请大家跟我读“寒”。“寒”是上下结构的字，上面是宝盖头。

师：（出示图片）这儿有两个古代字，哪个是“寒”，哪个是“暑”？

生 4：第一个是“暑”，第二个是“寒”。因为“暑”是日字头的，所以第一个是“暑”。

师：先看“暑”，上边有个“日”，说明太阳火辣辣地照着大地，夏天非常炎热，所以暑的意思就是热。再看“寒”，“寒”字外面就像一个茅草屋，里面的四个“十”就是四堆稻草，中间躺了一个人，下面的两点代表什么呢？猜猜看。

生 5：地面。

生 6：地面上的雪。

师：这种东西比雪要硬一点。

生 7：地面上的冰。

师：对，是地面上的冰。这个人躺在那，脚底下有两块冰，说明天气怎么样？

生 7：非常冷。

师：对，所以寒就是冷的意思。冷的对热的，一起说寒对暑。

生齐答：寒对暑。

师：我在“寒”前面加一个字，让它变成词语，谁会读？

生 8：严寒。

师：寒是冷，那什么是严寒？

生 8：很冷。

师：请读好“严寒”这个词语。

生齐答：严寒。

师：“暑”前面也加一个字，谁会读？

生9：酷暑。

师：严寒是很冷，那么酷暑一定就是——

生9：很热。

师：对了，严寒和酷暑分别是很冷和很热的意思，严和酷分别形容了寒和暑，请读好它。

生齐答：严寒对酷暑。

师：“凉”是一个生字，谁能带大家学一学？

生10：“凉”是左右结构的字，左边是两点水，右边是北京的京。

师：你能给它组词吗？

生10：凉爽。

师：真棒！春暖是指春天很暖和，秋凉呢？

生10：秋天很凉爽。

师：所以，暖和凉分别形容的是春和秋，请一起读一读。

（幻灯片出示：严寒对酷暑，春暖对秋凉）

生齐读：严寒对酷暑，春暖对秋凉。

师：这句对子其实说的是一年四季，可真有趣。

［意图说明］

生字教学是本课的重点之一，让学生借助拼音读通生字新词“严寒、酷暑、秋凉”，然后运用字数相等和内容相关两个要点自己尝试对对子，在对对子的过程中进一步学习生字。在交流为什么要这样对时，大多数学生说不清原因。学生心中有疑问，更容易产生学习兴趣。“严寒”和“酷暑”其实是两个结构相同的词语，都属于偏正结构，小学生稍作体会即可。因此，教师通过“寒、暑”的字理分析，让学生理解严寒和酷暑分别是很冷和很热的意思，很冷对应很热，严寒对应酷暑。教师引导学生发现对子写出了一年四季的特点，让学生感受对韵歌中展现的自然之美，在朗读时读出节奏感。

（二）出示板贴：圆、方、雪、霜、和风、细雨

师：我们来玩一个游戏。我拿出卡片，请大家先认一认，再想一想它应该和谁对。（出示卡片）我说圆。

生1：我对方。

师：为什么是圆对方呢？

生1：因为圆和方都是形状。

师：我说雪。

生 2：我对霜。

师：为什么是雪对霜呢？

生 2：因为雪和霜是很接近的事物，雪是从天上飘下来的，霜是冷空气和水蒸气结合后覆盖在物体上的。

师：你的知识真丰富，它们都是雨字头，都与天气有关，是自然现象。我说和风。

生 3：我对细雨。

师：和风为什么要对细雨呀？谁能说说？

生 3：因为它们都是描述天气的词语。

师：什么是和风？

生 4：和风就是温暖的风。

师：什么是细雨？

生 4：细雨就是很细很细的雨。

师：让我们一起再来读一读。

幻灯片：

圆	方
雪	霜
和风	细雨

师：下面请你们打开书，齐读课文第 1 至 2 自然段。（略）现在我们拍拍小手再来读一读。

幻灯片：

古对今	晨对暮
圆对方	雪对霜
严寒对酷暑	和风对细雨
春暖对秋凉	朝霞对夕阳

（学生齐读）

师：和同桌合作读一读。

［意图说明］

前面的几个环节基本扫清了字词障碍，剩下的六个字词比较简单，学生运用学到的本领自己可以尝试配对圆、方、雪、霜、和风、细雨。对于一年级学生来说，游戏是其喜闻乐见的学习形式，在这里设计“我说你对”的小游戏，旨在缓解学生将近 25 分钟连续学习的疲劳，并将本课的学习内容融合进去，让学生运用所学知识来玩游戏，在交流的过程中说出配对的原因。本课的教学区别于以往的课文教学，没有初读课文，而是将课文的内容拆分，让学生运用教师教的方法进行配对，凸显对韵歌的特色。当通过自己的努力把第1、2自然段都配对成功时，再对照书本，学生就会收获习得知识的喜悦。

四、挑战朗读，尝试背诵，感受音韵之美

师：小朋友们已经读得很好听了，下面我们挑战读，一星挑战。

幻灯片：

古对______	晨对______
圆对______	雪对______
严寒对______	和风对______
春暖对______	朝霞对______

师：挑战继续，二星挑战。

幻灯片：

______对今	______对暮
______对方	______对霜
______对酷暑	______对细雨
______对秋凉	______对夕阳

师：三星挑战，如果忘记了，可以看一看板书。

幻灯片：

____对____	____对____
____对____	____对____
____对____	____对____
____对____	____对____

师：看来很多小朋友都会背了，那我们再来读一遍。

生齐读：古对今，晨对暮，圆对方，雪对霜，严寒对酷暑，和风对细雨，春暖对秋凉，朝霞对夕阳。

师：这一遍读完，你们有什么新发现吗？

生1：加点字都有个ang。

师：对呀，加点字的韵母都是ang，这就是押韵。请大家仔细听老师是怎么读的。

（教师边敲鼓边读）

师：ang 要拖得长一点。老师敲鼓，你们读好不好？

（教师敲鼓，学生齐读）

师：你们想不想打打节奏？请跟我学。

（学生拍手读）

［意图说明］

让学生在反复朗读中感受对韵歌的语言特点。设计挑战读，让学生尝试背诵。对韵歌的一个特点是平仄押韵，对于小学生来说，这点不必作过多解释。在教师的带领下，让学生发现押韵 ang，朗读时学会停顿，感受音韵之美。

五、观察位置，书写生字

师：今天我们要写“夕”字，请数一数它有几笔。

生 1：有三笔，第一笔撇，第二笔横撇，第三笔点。

师：第一笔撇从竖中线起笔，一直撇到横中线，不能写得太长；第二笔横撇要写得长一点，它的撇尖要超过第一笔撇的撇尖；第三笔点写的时候要注意碰到撇，但不碰到横撇。下面跟着老师来写一写。

（学生跟着教师书写）

师：请你描一个，写一个，写的时候注意一尺一拳一寸。

（一个学生描和写）

师：看看这位同学写的“夕”字，完全符合老师的要求，给她三颗五角星。下课后，请小朋友按照这样的方法自己评一评。

［意图说明］

“夕”字笔画不多，却容易写错，特别是中间的点。通过记住笔顺、看清位置、注意关键笔画这几步，让学生学会写“夕”字，最后进行评价。

六、拓展与作业

师：今天有两项作业：（1）回家请大家读读第 3 自然段，读出节奏和韵味。（2）在我们的生活中也有许多对子，请大家找一找。比如，你会在大街小巷看到一些对联，在风景区里也有，在一些广告牌上也会找到。我们最熟悉的应该就是古诗了，里面也有。你们能找到《画》这首古诗里的对子吗？

生 1：远和近。

师：“远”和“近”是反义词，是同类事物，所以它们是一个对子。还有吗？

生 2：“去”和“来”也是反义词。

师：你是通过找反义词来找对子的。

生3：有和无、山和水。

师：山和水都是风景，它们也是对子。请大家回家后再找一找。

［意图说明］

让学生回家找找第3自然段的韵脚，学生会发现“杨”和“香”，朗读时也会注意停顿。日常生活中，如路边的广告牌上、景点的门联上等都会有对子出现，让学生联系生活实际，寻找对子，有助于他们深入体会中华传统文化的魅力。

【专家点评】

高洁青老师执教的《古对今》一课的教学目标适切，凸显了低年级语文学习的特点和重点。高老师把字词教学贯穿教学的始终，准确把握识字和阅读的关系，引导学生在语境中认识生字，同时通过多种形式的朗读引导学生理解对子字数相等、内容相关、结构相似、平仄协调的特点，感受对子这一独特语言形式的节奏和音韵之美，体验对对子的乐趣，进而产生对中华传统文化的喜爱之情。教师把引导学生走近中华优秀传统文化、培育文化自信作为重要的教学目标，通过设计、实施符合低年级学生心理特点的学习活动，引领学生在理解、积累语言的过程中，提升审美能力，传承中华文化。

高老师善于激发学生的学习兴趣。她在教学伊始引入学生熟悉的春联，让学生初步了解对对子要做到上下联字数相等；接着出示“晨、暮、朝霞、夕阳”几个词，让学生先借助拼音读准生字词，再试着对对子。当学生根据已知“对对子要做到上下联字数相等”，说出晨对暮、朝霞对夕阳时，高老师进一步引导学生通过字形分析来把握字义：“晨”字中“日”在上，表示一天开始了，“暮”字中“日”在下，表示一天将要结束了，再据此引出“晨”和“暮”的近义词“朝”和“夕”，帮助学生理解朝霞和夕阳分别是指早晨的太阳和傍晚的太阳。通过对生字字形、字义的学习，学生进一步了解到对子不仅要字数相等，还要内容相关、结构相似，从而感受到对子的魅力。

高老师在教学中恰当运用多媒体让学生直观地感受汉字的演变过程，通过有趣的游戏让学生感受对子的节奏和音韵之美，从而持续激发学生的学习兴趣，极大地激发了学生热爱祖国语言文字的情感。

（上海市徐汇区教育学院　高永娟）

品老话韵味，传文化根脉
——《语言大师》课堂教学实录

上海市三新学校　顾艳红

（本课入选2018年上海市中小学学科德育精品课程）

教师简介：顾艳红，中学高级教师，上海市三新学校副校长，松江区第五、六届小学语文学科名师。曾获“上海市园丁奖”“松江区优秀骨干教师”等荣誉称号，撰写的论文、案例在市级、区级各类评比中屡获一等奖。

【德育理念】

课堂是学校德育的主阵地，学科教学是德育的主要途径。语文教学要基于课程标准，凸显文本范例，找准德育切入点，关注学生学习经历，把语言学习实践与情感熏陶相融合，发挥价值引领的作用，提升学生核心素养。

【设计说明】

老话是劳动人民智慧的结晶，让人越品越有味。本课的学习正是一个让学生走近老话、感受老话魅力的契机。文中主人公是“我”六十开外的奶奶。她是个极为普通的人，斗大的字认不了几个，却被村里的人称为语言大师，这是因为她特别会说老话。课文通过具体的三件事来写奶奶用老话教育人，生动的对话描写把一个慈祥、智慧的奶奶展现在大家面前。本单元的重点是学习创造性地复述课文。教师可以充分利用课文这一范例，引导学生在阅读中发现表达规律，在实践中学习复述。这个阅读与复述的过程也是学生学习感悟、积累运用老话的过程，可以激发他们对老话的兴趣和对传统文化的爱，做到德润无痕。

【教学实录】

一、扣课题，激发对大师的敬意

师：（板书：大）“大”这个字，有时会表示超乎一般的意思，如非常丰盛的餐食称大餐、非常隆重的典礼称大典。有这样一些人，他们在学术或者艺术上取得了突出的成就，被誉为大师。你们知道哪些大师？

生 1：华罗庚是数学大师。

生 2：齐白石是绘画大师。

师：这节课上，我们要认识一位语言大师。（板书：语言大师）

（学生齐读课题）

［意图说明］

先从“大”字含有的超乎一般之意切入，联系生活理解大餐、大典，引出对大师的理解；再从学生已知的大师说起，引出课题。联系已知，品味语言，激发兴趣。

二、品老话，感悟老话的特点

师：这位语言大师是一位奶奶，课文开头这样说：奶奶六十开外。斗大的字认不了几个……这是甲骨文中的“斗”字，表示古代量米的一种容器，比勺子大很多。“斗大的字”就是说字很大。作者说奶奶“斗大的字认不了几个”，强调了什么？

生 1：奶奶不识字。

师：不识字的奶奶怎么会被称为语言大师呢？请带着疑问读下去。（板书：奶奶）

（出示：可是她老人家肚里的“老话”特别多，张口就是一大串。她常常用“老话”教育我、激励我，奶奶的“老话”伴随着我的成长。）

师：原来，这跟老话有关系。（板书：老话）奶奶肚子里的老话特别多。（板书：特别多）奶奶常常用老话教育我、激励我。（板书：常常用____________教育人、激励人）请默读课文，用直线画出奶奶讲过的老话。

（学生默读并思考）

师：请“开火车”读出老话，一人读一句。

（随机出示十三句老话）

师：你们怎么判断出这些是老话呢？

生 1：它们大多很押韵，如“越吃越馋，越玩越懒”中的“馋”和“懒”押韵，读起来很顺口。

生 2：这些都是在民间流传的通俗易懂的谚语、俗语，告诉我们某个道理，如“勤是摇钱树，俭是聚宝盆”告诉我们要勤俭。

生3："三个臭皮匠，顶个诸葛亮"，这句老话讲到了历史故事。

师：这个历史典故距今已经有上千年了！

生4：前半句和后半句大多是对应的，很好记，如"小树要修，孩子要教"。

师：我们合作读一读。

（前12句朗读略）

师：时间过——

生齐读：没法回——

师：光阴去——

生齐读：讨不还。

师：还可以这样读，时间过，没法回——

生齐读：光阴去，讨不还。

师：这样一读，这句话的标点是否可以改一改？

生5：可以把"没法回"后面的逗号改成分号。"时间过，没法回"和"光阴去，讨不还"是并列的。

师：你说得很有道理。大家读书时要善于思考，敢于提出质疑。同学们，正因为有这些特点，这类话流传了很久，也很广，被称为老话。这些老话出现在奶奶说的话里时，都用单引号标示。

［意图说明］

以奶奶的十三句老话为例，让学生在读读议议中品味老话的特点，理解积累老话。教师根据学生的交流情况，或点拨或补充。

三、抓事例，体会用老话之妙

师：课文第2至4自然段具体写了奶奶用老话教育人、激励人的三个事例，请用这个句式归纳。

幻灯片：

见__________，奶奶用__________教育__________。
（什么情况）　　（什么老话）　　（谁什么）

生1：见我睡懒觉，奶奶用"早睡早起身体好，晚睡迟起百病长"的老话教育我早睡早起。

生2：见我吃完饭不洗脸洗碗，奶奶用"越吃越馋，越玩越懒"和"人勤出金山，人懒败家产"的老话教育我要勤快。

生3：见表弟整天在操场上踢球，寒假作业只完成了几页，奶奶用"一寸光阴一寸金，寸金难买寸光阴"和"时间过，没法回，光阴去，讨不还"教育表弟要珍惜时间。

师：作者是怎样有条理地把三个事例写具体的呢？请默读第一个事例，圈画描写人物言行的关键字词。

（学生交流，教师板书）

板书：

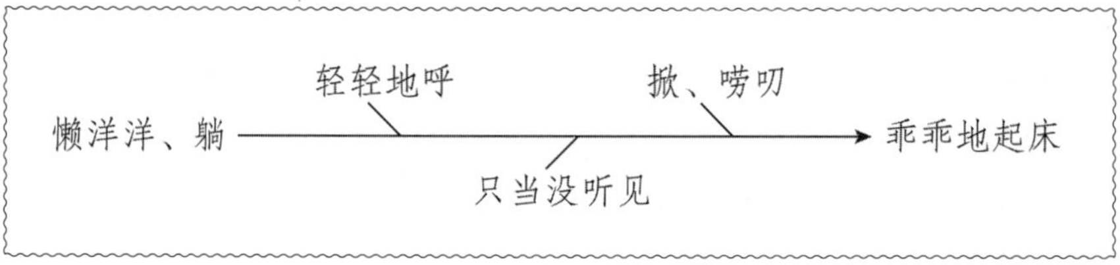

师：作者抓住人物的言行，一步一步写清楚了奶奶用老话教育“我”的过程。既然老话那么有效，为什么不直接写奶奶唠叨老话呢？

生4：为了突出奶奶的慈祥。

生5：可以突出老话的管用。

生6：我觉得更符合实际。如果一开始就说一些老话，会让人感觉很奇怪。

师：是的，一开始“我”还在被窝里睡着呢，所以奶奶先轻轻地呼我起床。见“我”醒了还不起床，奶奶才用老话教育“我”，这样更加合理。课文就这样写清楚了第一个事例的起因、经过、结果，写出了奶奶的慈祥和用老话教育人很管用。请用刚才的方法，圈画关键字词，研读第二或第三个事例，想一想它与第一个事例的写法是否相同。

生7：相同。第二个事例先写“我”吃好饭就想往外跑，奶奶劝“我”去洗脸洗碗，我不听，然后写奶奶用老话教育“我”，“我”乖乖听话了。

生8：我也觉得相同。第三个事例先写弟弟只顾玩，奶奶让他做作业，他满不在乎，再写奶奶用老话劝，弟弟爱听老话，就去做作业了。

师：请再读一读描写奶奶讲老话的三个句子，你们有什么发现吗？

生9：“边掀被子边唠叨”“冒出来”“钻出来”说明奶奶肚子里有很多老话，说起来脱口而出。

生10：奶奶可以连着冒出来同一种意思的两句老话，也说明她知道的老话多。

［意图说明］

抓住奶奶用老话教育人的三个事例，让学生在品读中提炼作者抓住人物言行写具体事例的方法，体会情节安排的合理性和奶奶的老话特别多又管用。“鱼骨图”的使用，有助于学生梳理情节。

四、善模仿，进行创造性复述

师：课文第5自然段略写了三个事例，请同桌合作，选择其中的一个事例，模仿课文第2至4自然段的写法，展开想象，把作者省略的情节补充完整，有条理地进行创造性复述。

生 1：一天，爸爸和妈妈为了一点小事闹别扭。奶奶见了劝道："别吵了。"妈妈赶紧说："是他的错，是他先吵的。"奶奶便说："别吵了，'一只碗不响，两只碗叮当'，'家和万事兴'嘛！"爸爸妈妈听后就和好了。

生 2："一只碗不响，两只碗叮当"形容两个人在吵架的时候，双方都有错误。我觉得可以再加一句爸爸的争辩，突出爸爸和妈妈都认为是对方的错，这样可以让奶奶的老话用得更恰当。

师：这个建议好，你关注到了细节，让内容更合理。

生 3：吃饭时，我盯着一道荤菜吃。奶奶提醒说："吃点蔬菜吧。"可我点点头，还是继续吃荤菜。奶奶见我还是老样子，老话又冒出来了："'吃食不抢，到老不长'，你要什么菜都吃，才能长大呀！"我只好乖乖地夹起青菜吃了起来。

生 4：他讲清楚了奶奶用老话教育我不要挑食的事。

师：第 5 自然段中还罗列了奶奶讲的其他老话，请读一读，想象一下奶奶会用这样的老话教育人什么。

生 5：奶奶会用"小树要修，孩子要教"教育妈妈不能什么事都依着孩子。

生 6：奶奶会用"三个臭皮匠，顶个诸葛亮"教育我们要齐心协力。

生 7：奶奶会用"一个篱笆三个桩，一个好汉三个帮"教育我们"人要有朋友"。

师：这段话中的省略号表示省略了奶奶说的其他老话。想象一下奶奶还会说哪些老话以及她会用这些老话教育人什么。

生 8：奶奶会用"罗马不是一日建成的"教育我坚持到底。

生 9：奶奶会用"不下水一辈子不会游泳"教育我勇于尝试。

生 10：奶奶会用"没有过不去的火焰山"教育我勇于克服困难。

师：是呀，奶奶的老话就像天上的星星一样多，我们可以继续展开想象，选择其中一句老话进行创造性复述，把这个事例讲得有条理，讲得具体。

生 11：姑姑被网络诈骗分子骗走了十几万元，特别伤心。奶奶用老话安慰她："'头回上当，二回心亮'，'吃一堑，长一智'，以后一定要小心，'害人之心不可有，防人之心不可无'。"听了奶奶的话，姑姑才不那么伤心了。

生 12：她连用了三句老话，都很恰当。

师：奶奶不仅用老话教育人，还用老话安慰人。请小组交流。

（学生小组交流）

师：刚刚同学们创造性地复述了奶奶用老话教育人的一个又一个事例，说明奶奶的老话不仅特别多，而且能够用来教育人、激励人、安慰人。大家都喜欢听她的老话，所以她被村里人誉为——

生齐答：语言大师。

［意图说明］

巧妙借助第 5 自然段，有层次地开展创造性复述的指导与训练。从创造性复述略写的事例到根据一句老话进行创造性复述，从同桌合作到自己独立完成，这一次次的复述既是对老话的理解与运用，也是学生一次次的自我教育。

五、巧追问，激发对传统文化之爱

师：奶奶不识字，她怎么会知道这么多老话呢？

生 1：可能是奶奶的爸爸妈妈经常用老话教育她，她记住了。

生 2：这些老话是民间的俗语，口口相传，奶奶听到了，学到了。

师：是的，我们老祖先留下的老话特别多，它们就像天上璀璨的群星。我们要向奶奶学习，学习老话、传承老话、运用老话，让凝聚着老祖先智慧的老话代代相传。

［意图说明］

问题的追问，可以激发学生对老话的热爱，让学生进一步体会老话的魅力，也可以引发学生对传承老话的思考。

【专家点评】

《语言大师》一文中的这位奶奶虽然“斗大的字认不了几个”，但肚里却装着很多老话，总能在生活中恰当地用这些老话给人以教育、激励、启迪。学生认识、了解这位认不了几个字的“语言大师”的过程，也正是感受、体会中华传统文化魅力的过程。顾艳红老师执教本课时，很好地处理了理解内容、积累语言和激发、培植学生热爱中华优秀传统文化情感的关系，既夯实了语言学习，又在学生的心中播下文化自信的种子。

顾老师以创造性复述为任务驱动，在引导学生完成这一学习任务的过程中，首先组织学生熟读、理解奶奶所讲的这些老话，发现、提炼它们的特点，感受到这些老话读起来朗朗上口，很有节奏感，话语虽直白，却发人深省，从而对俗语这一独特而鲜活的语言样式有所了解，知道这些在群众口语中广为流传的俗语用简单通俗的话语，简练而形象地传递着人们丰富的社会生活经验，闪耀着我国劳动人民的智慧。接着，顾老师进一步组织学生根据“见__________，奶奶用__________教育__________”的提示把文中三个具体事例说清楚，促使学生结合文中具体内容感受奶奶恰当运用老话教育我们的智慧。最后，顾老师通过创造性复述训练，引导学生进一步积累我国劳动人民创造的、反映人民生活经验和愿望的俗语。学生通过理解、积累、运用等学习活动，了解丰富多彩的中华传统文化，感受汉语言文字的魅力，同时也在理解、积累这些俗语的过程中懂得了很多为人之道，可谓育人无痕。

（上海市徐汇区教育学院　高永娟）

读韵律之歌，品汉语之妙
——《对韵歌》课堂教学实录

上海外国语大学松江外国语学校　徐华静

（本课入选2018年上海市中小学学科德育精品课程）

教师简介：徐华静，小学高级教师，长期从事小学语文教学工作和班主任工作。曾荣获“松江区优秀班主任”“松江区教坛新秀”“松江区优秀指导教师”等称号，在《松江教育》《新教育论坛》等期刊中发表多篇教育教学论文。

【德育理念】

“德育是长在人文土壤上的庄稼”，充分挖掘教材中所蕴含的德育因素，重视人文熏陶、情感、态度、价值观的引导，关注学生的习惯养成，努力做到言教和身教结合，实现育人无痕化。

【设计说明】

《对韵歌》是小学语文统编教材一年级上册第一个识字单元的最后一课，需要学生正确朗读、背诵课文，通过听读、看图想象等方法认识七个生字，会写三个生字和三个基本笔画。

《对韵歌》是根据启蒙读物编写的韵文，音韵和谐，朗朗上口。一年级学生以形象思维为主，擅长模仿，有较强的表达欲望。教学中，教师要引导学生通过听、读等方式感受儿歌的韵律美；结合象形字的特点，带领学生逐步学习“云、风、雨、花、鸟、虫”等汉字，帮助学生理解汉字的意思，感受汉字的字形与字意随着历史不断演变的神奇，体会古人造字的智慧，了解中华文明的伟大；让学生在学习中感受这些事物之间的联系，初步感知对子的对应关系。写字教学中，教师要结合字形教学生学习笔画，可通过课件的动画演示、田字格中的范写和师生点评帮助学生写好汉字。

【教学实录】

一、图片导入，揭示课题

师：过年的时候，我们要往大门上贴——

生齐答：对联。

师：春节里贴的对联又叫春联，是中国文化中特有的一种形式。今天，我们要学习一首儿歌，请读一读课题。

生齐读：对韵歌。

师：在过去，小朋友入私塾读书，老师会教对对子，主要用到两本书，一本叫《声律启蒙》，一本叫《笠翁对韵》。今天我们要学习的这首儿歌就是从这两本书中选出来重新编写的。我们再来读读课题。

生齐读：对韵歌。

师：课题中有个生字，它读——

生齐读：对。

师：是的，是“对联”的“对”。你们还知道哪些与“对”有关的词语？

生 1：对错。

生 2：对手。

师：对联有上联和下联，一人出上联，一人对下联，就叫对对子。这首儿歌中会讲到哪些对子呢？一起来听一听录音吧。

［意图说明］

从对联的一些简单知识入手导入学习，能快速激发学生的学习兴趣，同时也能为后面学习对子的特点做好准备。

二、听录音，练读儿歌

师：你们听到了哪些对子？

生 1：云对雨，雪对风。

生 2：花对树，鸟对虫。

生 3：山清对水秀。

生 4：柳绿对桃红。

师：小朋友们听得很认真！请打开语文书，跟着录音，轻声练习读儿歌，注意读准字音。

（学生跟读）

师：大家跟读得很认真，现在请自己练读儿歌，如果会读了，请举起小手。

（学生练读）

师：谁会读第一句？

生5：云对雨，雪对风。

师：声音真响亮！谁来读第二句？

生6：花对树，鸟对虫。

师：字音读得很准。谁来读最后一句？

生7：山清对水秀，柳绿对桃红。

师：你们在读儿歌时有没有什么特别的发现呢？

生8：我发现每一句里都有一个“对”字。

师：小眼睛真亮！它告诉我们什么呢？

生9：它告诉我们前后的字可以配起来。

师：用了“对”字，说明前面和后面的字可以组成一对对子。

生10：我发现它们是对称的，前面一个字，后面也要一个字，前面两个字，后面也要两个字。

师：你的发现也很重要！对对子时要注意字数相等。

［意图说明］

刚入学不久的孩子识字量不多，独立朗读课文有一定的难度。教师通过录音示范，能较好地帮助孩子正音，使其读准课文，同时有助于培养孩子认真倾听的习惯。教师引导学生观察课文在表达上的特点，既能让学生进一步在语境中复习生字“对”，又能初步引导学生发现对子的特点，为后面继续感受课文的韵律美做好准备。

三、学生字，感受音韵节奏

（一）学习课文的第一句

师：儿歌的第一个字读——

生1：云。

师：图片上是一朵——

生2：白云。

师：那这个是——

生3：古时候的“云”字。

师：它跟天上飘着的白云很像。像这种根据事物的样子造出来的汉字叫象形字。汉字在使用的过程中发生了演变，古时候的“云”字现在变成了这个样子。你们会给云找朋友吗？

生4：云朵。

生 5：白云。

生 6：乌云。

师："云"字里面藏着一个新的笔画，叫撇折。请读读这个笔画的名字。

生齐答：撇折。

师：观察一下撇折，它一笔写成，起笔稍按，向左下行，至左下格顿笔向右上折。伸出右手，架起小黑板，我们一起来写一写撇折。先左下撇，后右上折，一笔写成撇折。

（学生书空撇折）

师：请跟老师在田字格里写一写撇折，起笔稍按，向左下行，至左下格顿笔向右上折。这个笔画叫——

生齐答：撇折。

师：云是一座大房子，看看图片，你们能说说这座房子里住着谁吗？

生齐答：雨。

师：云里面住着很多小水滴，它们一遇到冷空气就落下来，变成雨。观察图片，说一说，你们发现了什么？

生 7："雨"上面的那个横是天，下面的那个框像一朵乌云，里面的四个点就是雨滴。

师：你说得真好！其实，"雨"也是象形字，是由我们的祖先根据图画创造出来的。你们知道雨有哪些朋友吗？

生 8：雨点。

生 9：雨夹雪。

师：雨夹雪是指雨中夹带着雪珠，天气变冷了，温度降低了，一定少不了——

生 10：风。

师：看看图片，风是怎么吹的？请你们做做动作。轻轻吹，是什么风？

生 10：微风。

师：用力吹，是什么风？

生 11：狂风。

生 12：大风。

生 13：龙卷风。

师：春天的风叫——

生齐答：春风。

师：秋天的风叫——

生齐答：秋风。

师：冬天的风很冷，人们叫它寒风。它从北边刮过来，也叫北风。你们看，北风吹，雪花飘，冬天已来到。刚刚我们学习了几个字，分别是——

生齐答：云、雨、风、雪。

师：看看这四个字，你们发现了什么？

生 14：它们可以组成两对对子。

师：是的，分别是——

生 14：云对雨，雪对风。

师：你们还发现了什么？

生 15：它们都与天气有关。

师：你真会思考！对子前后的内容也是相关的。我们一起来读一读、对一对。

（二）学习课文的第二句

师：刚刚学习的对子与天气有关，现在我们来看看下面的对子与什么有关？

生齐答：植物。

师：花是植物，上面有草字头。你们知道哪些花的名字？

生 1：桃花。

生 2：玫瑰。

生 3：月季。

师：我们在一年四季能见到不同的花。春天到了，果园里的桃花开了，一片粉红；田野里的油菜花也开了，金灿灿的，真美啊！你们能说说自己在什么地方看到过什么花吗？

生 4：春天，小区里的白玉兰开放了。

生 5：冬天，校园里的蜡梅花开了，可香啦！

生 6：我在辰山植物园看到过樱花，它是粉红色的。

师：花很美，我们再来看看树，这是什么树？

生 7：柳树。

师：春天，桃花盛开的时候，柳树也会长出嫩绿的小芽。花和树都属于——

生 8：植物。

师：对对子的时候要注意天气对天气、植物对植物，那动物该对——

生齐答：动物。

师：是的。现在我们一起来看看这个字，你们能猜到它是指什么动物吗？

生 9：鸟。

师：你是怎么猜到的？

生 10：它的上半部分像小鸟的头，下半部分像小鸟的身体和爪子。

师：是的，这个字读鸟，它长得就像小鸟，也是象形字。现在这个字演变成了这样，我们一起来找找小鸟的头和身体。

（师生共同寻找）

师：我们一起来看看图片，认识一些小鸟。

生齐答：百灵鸟、画眉鸟、啄木鸟。

师：鸟喜欢吃——

生齐答：虫。

师：我们一起来看看“虫”字是怎么演变的吧！你们发现了什么？

生 11：古时候的“虫”字看起来像蛇。

师：虫在过去可以指蛇，蛇长长的，我们也说蛇是长虫。“虫”字中有一个新的笔画，叫提。请一起读读新笔画的名字。

生齐答：提。

师：观察一下“提”是怎么写的。

生 12：从左往右写。

生 13：起笔稍按，收笔向上提。

师：跟老师在田字格里写写，边写边读新笔画。

生齐答：提。

师：通过刚刚的学习，我们知道了对对子时要植物对植物、动物对动物，内容是相关的，植物和动物都与大自然相关。通过学习，你们知道了对子的哪些特点？

生 14：对对子时字数要相同。

生 15：对对子时内容要相关。

师：今天我们除了知道对对子的一些知识外，还认识了很多字。其实，很多汉字都是我们祖先根据见到的事物绘制图画再变成汉字的，是象形字，特别有趣。中国汉字是世界上为数不多的仍在使用的象形文字系统，所以我们要学好它。

［意图说明］

识字教学是本课的重点和难点，教师在教学中根据低年级学生喜欢听故事的特点，巧妙利用对子字词相对应的特点，创编小故事，引导学生在情境中识字。教师还根据汉字特点采用多种方法指导识字，既有充分使用多媒体的看图识字法，也有给生字找朋友、用生字说话、做动作感受、观察汉字演变过程等方法，激发了学生的学习兴趣，让学生进一步了解了象形字的特点，感受到汉字的博大精深，同时产生民族自豪感。

四、指导书写，反馈后修改

师：今天我们要来学习“虫”和“云”两个字。请观察一下这两个字的笔顺，试着写一写。谁来书空一下“虫”字？

生 1：“虫”字这样写，竖、横折、横、竖、提、点。

师：谁来说说在田字格里写的时候要注意什么？

生2："口"的最后一横要写在横中线上，竖要写在竖中线上。

师：伸出小手，跟老师一起在田字格里写一写。注意"虫"字的"口"要写得扁一些。

师：谁来书空一下"云"字？

生3："云"字这样写，横、横、撇折、点。

师：写"云"字时要注意什么？

生4：第一个横短，第二个横长，要写在横中线上。

师：伸出小手，跟老师一起在田字格里写一写。注意在中心点起笔写撇折，调整好握笔姿势和坐姿。

（学生练习）

师：我们一起来看看这个小朋友写的"虫"和"云"。

生5："虫"字的"口"写得扁扁的，"云"字第二个横写在了横中线上，竖也写得很直。

生6："云"字的撇折是从中心点起笔的。

师：这两个字的位置找得很好，笔画也写得很工整，我们把掌声送给她。现在请小朋友们检查一下自己写的字，看看自己写得怎么样。

［意图说明］

在书写环节，引导学生观察笔顺和位置，逐步引导学生在写正确的基础上写工整。书写反馈能及时对学生书写中存在的问题进行指导，帮助学生写好汉字。

【专家点评】

没有文明的继承和发展，没有文化的弘扬和繁荣，就没有中国梦的实现。践行文化自信，感受语言文字的魅力，是语文课堂义不容辞的责任。

《对韵歌》是以对韵歌形式编写而成的韵文，以自然景物为题材，音韵和谐。这一课的教学设计紧扣文本特点，紧抓学生特点，通过多种形式的对读引导学生初步感受汉语的音韵节奏，了解中国特有的对联文化，通过创编小故事引导学生在情境中识字，感受汉字的魅力与我们祖先的智慧。

本课的教学设计先由生活出发，从春联讲到楹联，告诉学生对联无处不在，让学生初步感知对联是中国古代重要的文学形式，是中华传统文化的瑰宝；接着引导学生朗读儿歌，观察文本的特点，让学生知道对联是要上下联相对的，明白对联在相对时要字数相等，进一步感受藏在对联中的奥妙；最后，在识字学文中，启发学生感受上下联在内容上的关联，让学生初步懂得对联要上下联对好，体会藏在对联中的文化趣味。这样循序渐进的教学，让对联这一中国古代重要的文学形式逐步在一年级学生的心中生根。

本课共有七个生字需要学生学习掌握，其中有六个生字与自然景象和动植物有关。教学设计根据低年级学生喜欢听故事的特点，巧妙地利用对子的字词相对应的特点，创编了几个小故事，然后在故事情境中开展生字教学。如学习“云”字后，先引导学生说一说“云这座房子里住着谁”，再通过图片生动而准确地讲清了云和雨两种自然景象之间的关系，并巧妙地让学生通过观察图片记住了象形字“雨”。

优秀的传统文化能增强做中国人的骨气和底气，是我们最深厚的文化软实力，积淀着中华民族最深沉的精神追求。语文课作为学习和继承中华传统文化的载体之一，更应时时、处处注意在学生心中播撒中华优秀传统文化的种子。

（上海市青浦区教师进修学院　李永元）

潜心会文意，燃民族自信
——《赵州桥》课堂教学实录

上海市青浦区教师进修学院附属小学　陆梅

（本课荣获上海市中小学中青年教师教学评选活动一等奖）

教师简介：陆梅，中学高级教师。曾获青浦区第四至六届名优教师“学科带头人”称号。执教的课曾荣获2014年“一师一优课、一课一名师”活动部级“优课”、上海市中小学中青年教师教学评选活动一等奖。撰写的论文多次获上海市小学语文教学优秀论文评比一、二等奖。

【德育理念】

常怀爱生之心，常思为学之道。

【设计说明】

这是一篇介绍古建筑的说明文，作者主要从赵州桥的概况、建筑特点、历史价值等方面介绍了这座在中外桥梁史上占有突出地位的石拱桥。对于四年级的学生，教学重点应由段的学习向篇章过渡，让学生掌握一些结构典型的文章。这有利于学生阅读和写作能力的提升，也有利于学生在把握行文思路中发展语言素养。

归纳课文主要内容这项技能性表达训练，有一定的难度。因此，教师引导学生在理解课文内容的过程中，逐步梳理文章各板块的关键信息，初步掌握归纳这一类文章主要内容的方法，从而突破难点，获得概括技能，在归纳训练中发展语言素养。

文章的描写淋漓尽致地体现了赵州桥在中国建桥史上的重要地位，这些都足以体现中国古代劳动人民的智慧与才干。因此，在教学中，教师逐步引导学生去体会建筑特点，激发学生的民族自豪感。

【教学实录】

一、揭示课题，明确学习目标

教师揭示课题，引导学生明确学习目标。

［意图说明］

本文是一篇介绍古建筑的文章，条理清楚，对于学生学习概括此类文章主要内容的方法具有一定的意义。因此，教师在教学伊始让学生明确本课学习的重点目标，做好心理上的准备，有助于他们接下来的学习。

二、学习第1自然段，了解赵州桥的概况

学生自主学习第1自然段，提炼信息要点，了解赵州桥的概况。

［意图说明］

四年级的学生已具备一定的信息提炼能力，因此，教师让学生自主学习并提炼信息要点，从整体上把握赵州桥的概况。

三、研读第2至3自然段，了解赵州桥的建筑特点及作者的写作特点

（一）抓关键句，把握第2至3自然段的主要内容

学生品读关键句，理解第2至3自然段的主要内容，逐步学习通过抓关键句理解语段含义的阅读方法。

［意图说明］

阅读教学中，教师应引导学生关注各自然段的开头句和结尾句。这些句子往往是文章的关键句，或总起概括，或转承启合。教师在教学时要引导学生学会运用这样的关键句来读懂语段的意思，掌握这种阅读方法。

（二）学习第2自然段，理解赵州桥雄伟、坚固的特点及作者的写作方法

学习目标：（1）通过具体的数字体会赵州桥的雄伟；（2）了解赵州桥坚固的原因。

师：第2自然段具体写了赵州桥的什么特点？

生齐答：坚固。

师：谁来说说坚固的意思？

生1：坚固就是牢固。

师：你找了近义词，还有谁想补充吗？你说说看。

生2：坚固形容结合紧密，不容易破坏；牢固；结实。

师：你是从字典上了解到的。同学们，到底是什么样的设计使赵州桥的结构如此坚固，千百年来屹立不倒呢？要解决这个问题，老师先请同学们圈出一个重要的词语——

创举，我们一起来读这个词语。

生齐读：创举。

师："创"是什么意思？谁来说说自己的理解？

生1："创"是指从来没有过的。

师：对，"创"的意思是从来没有过的。"举"字在字典上有如幻灯片所示的这么几种含义。在本文中，"举"是哪种含义？

幻灯片：

举的含义
1. 往上托
2. 举动
3. 兴起
4. 推选
5. 提出
6. 全
7. 养育
8. 姓

生齐答：举动。

师："举"在本文中指一种设计的举动，那么，"创举"在本文中的意思是什么？你说说看。

生2：从未有过的设计。

师：那么，文中的哪种设计是从来没有过的？找到的同学请举手。好，我们听同学来说说。

生3：大桥洞顶上的左右两边，还各有两个拱形的小桥洞。

师：你们同意吗？

生齐答：同意。

师：好，请用括号把这句话括出来。我们一起来读读这句话。

生齐读：大桥洞顶上的左右两边，还各有两个拱形的小桥洞。

师：其实，在赵州桥建造之前，这种单拱的设计已经非常普遍了，而在它的上面左右两边各有两个小桥洞这样的设计是从未有过的，所以称之为——

生齐答：创举。

[意图说明]

引导学生抓住"创举"这一关键词，理解赵州桥"大桥洞顶上的左右两边，还各有两个拱形的小桥洞"这一设计的独创性，从而感受古代劳动人民的智慧，产生民族自豪感。

师：设计这四个小桥洞究竟有什么好处呢？请读读这段话，找到相关句子。

生 4：我找到的句子在第 2 自然段——平时，河水从大桥洞流过，发大水的时候，河水还可以从四个小桥洞流过。

师：你刚才读到的这个句子告诉我们这四个小桥洞是用来干什么的，没有说清楚它的好处到底是什么。请其他同学来补充。

生 5：这种设计在建桥史上是一个创举，既减轻了流水对桥身的冲击力，使桥不容易被大水冲毁，又减轻了桥身的重量，节省了石料。

师：你们找的跟她找的一样吗？

生齐答：一样。

师：请找错的同学马上纠正。这样设计有几种好处？

生齐答：两种。

师：第一种好处是什么？

生 6：减轻了流水对桥身的冲击力。

师：说完了吗？

生 6：使桥不容易被大水冲毁。

师：下次要说得完整一些。同学们看，像这么长的单拱桥如果没有四个小桥洞的话，到了发大水的时候，汹涌的洪水很有可能就把桥身给冲毁了。而设计了这样四个小桥洞，洪水便可以从小桥洞流过，这样就减轻了洪水对桥身的——

生齐答：冲击力。

师：使桥——

生齐答：不容易被大水冲毁。

师：这就是它的第一种好处。谁来说第二种好处？

生 7：第二种好处是减轻了桥身的重量，节省了石料。

师：对。作者用了哪一组关联词将这两种好处连接起来？

生齐答：既……又……。

师：作者用这组关联词写出了四个小桥洞的作用。让我们来读读它的好处，这种设计，既——

生齐答：减轻了流水对桥身的冲击力，使桥不容易被大水冲毁，又减轻了桥身的重量，节省了石料。

师：同学们，就是这四个小桥洞使得赵州桥的结构如此坚固，千百年来屹立不倒。让我们一起来记住这种设计。

生齐读：大桥洞顶上的左右两边，还各有两个拱形的小桥洞。

师：多么了不起的设计啊！这样的设计出自谁之手？

生齐答：李春。

师：对，李春是一位普普通通的石匠，这是多么不容易啊！

［意图说明］

引导学生抓住关键词“创举”，理解赵州桥的设计特点及其好处，读懂作者说它坚固的原因。在这一环节的教学中，引导学生了解第 2 至 3 自然段写了什么，指向的是内容的理解，但更重要的是引导学生知道作者怎么介绍这些内容，这是阅读教学的根本。同时，让学生通过阅读深刻体会古代劳动人民的智慧。

（三）学习第 3 自然段，在阅读中感受背诵方法及作者的写作特点

教师引导学生理清作者的写作思路，掌握科学的背诵方法。

［意图说明］

作者介绍赵州桥的美观时，语言生动，条理清楚。本环节的教学基于学生的认知起点，旨在帮助学生理清作者的写作思路，掌握科学的背诵方法，从而在积累语言材料的过程中感受雕刻技艺的精湛。

（四）总结第 2 至 3 自然段

略。

四、学习第 4 自然段，了解赵州桥的历史价值

略。

五、总结全文

首先，整合信息。其次，借助表格，了解古建筑的介绍方法，指导学生归纳文章的主要内容。

［意图说明］

《赵州桥》一文篇幅不长，所传递的信息却非常丰富。为了在有限的教学时间内引发学生与作者的共鸣，让学生体悟文本的内涵，教师应努力挖掘文本背后的资源，结合教学设计，采用恰当的多媒体技术，提升课堂效益。如介绍赵州桥在中国建桥史上的重要地位时，教师可以结合建筑特点，引导学生逐步体会，激发学生的民族自豪感；在引导学生理解赵州桥雄伟的特点时，教师可以适时补充资料，让学生明白它的单拱跨径在当时是世界第一。

【专家点评】

陆梅老师执教的《赵州桥》一课把“归纳课文主要内容”这一技能性表达训练与培育

学生民族自豪感、增强学生文化自信自然融合，很好地彰显出语文课程的育人价值。

陆梅老师在深入解读文本的基础上，根据单元重点训练目标和学生学习实际情况，设定本课教学目标，并站在了解归纳一类文章主要内容方法的高度去设计学习活动。

陆梅老师通过唤醒学生已有的学习经验，引导他们根据文章结构整体把握文章从哪几方面介绍赵州桥及重点介绍的内容；接着抓住“创举”这一关键词，引导学生在准确提取信息的基础上说清赵州桥设计的独创之处，以及这样设计能使桥变得坚固的原因，从而使学生在提炼归纳这部分内容的过程中，不仅了解了这座举世闻名的石拱桥的设计情况，还了解了它在中外桥梁史上占有突出地位的原因，使学生逐步体会古代劳动人民的智慧和才干，从内心生发出强烈的民族自豪感。学生在重点理解“创举”一词、归纳课文主要内容的过程中，质疑能力、词语理解能力、联系课文内容解决问题的能力、语言表达能力都得到了实实在在的锻炼。学生也在这一过程中了解了中华民族灿烂的文化遗产，增强了民族自信心。

陆梅老师在教学中始终把学习的主动权交给学生，通过组织生生互动交流，引导学生发表自己读文章时的独特感受。她通过即时评价给予学生适时的点拨和及时的鼓励，不仅注意对学生的学习成效进行评价，还注意评价学生的学习态度和学习方法，让评价充分融入教学过程，充分体现了对人的全面培育。

（上海市徐汇区教育学院　高永娟）

初　中

一首爱的赞歌
——《祖国啊，我亲爱的祖国》课堂教学实录

上海市青浦区崧泽学校　李慧慧

（本课为区级公开课）

教师简介：李慧慧，中学高级教师，第四期“上海市普教系统名校长名师培养工程”攻关计划成员，上海市青浦区崧泽学校语文教师。曾获上海市中小学中青年教师教学评选活动一等奖。

【德育理念】

语文教学不仅体现语文工具性，更凝结着古今中外熠熠生辉的思想精华。

【设计说明】

《祖国啊，我亲爱的祖国》采用第一人称，以“我”向“你”（祖国）倾诉，将个体的“我”融入祖国的大形象中，并承担起为祖国取得“富饶”“荣光”“自由”的重任，表达了抒情主人公强烈的爱国之情和历史责任感。

全诗语言凝练，形式精致，情感上先抑后扬，体现出一种由舒缓到急促、由低沉到高亢的语言节奏，其中大量生动的意象赋予诗歌极强的表现力。阅读这首诗歌，要在体会诗歌韵律和节奏的基础上，把握诗歌中出现的大量意象，分析诗人的情感脉络，体会诗人深沉真挚的爱国情感。

围绕这首诗歌的文本解读，在教学路径的转化中，我主要思考了这样几个问题：

核心问题：诗人如何表达自己对祖国的这份深情？

下位问题：（1）每一小节分别塑造了祖国怎样的形象？（2）作者是怎样塑造祖国形象的？（3）不同小节中所表现的祖国形象之间有怎样的联系？（4）通过这样的祖国形象，作者表达了对祖国怎样的情感？

当然，不论哪一种文体的教学，其价值都在于学习语言，培养思维。所以，课堂上教师引导学生沉浸于语言文字本身，关注语言形式的表达，探究语言形式，通过语言的体验和思辨，理解诗歌中句与句、段与段之间的关联，培养学生的语言感受力，丰富他们的语言学习经历，帮助他们构建一定的诗歌学习路径。

【教学实录】

一、课题导入，提出核心问题

师：今天我们一起学习一首诗歌，请同学们大声、有感情地朗读标题。

生齐读：祖国啊，我亲爱的祖国。

师：从标题中你们能感受到诗人对祖国怎样的情感？

生 1：爱。

师：你从哪些语言中感受到这种深情？

生 1：亲爱的。

师：你从称呼上感受到亲密的关系。还有哪些语言也能表现这种深情？

生 2："啊"这个感叹词，"祖国"两个字重复性的咏叹。

师：的确，这是一首抒情诗，对象是祖国，诗歌每一小节最后一句话也与文题相照应。那么，每一小节最后一句话蕴含的感情是否一样呢？

生 3：我觉得不太相同。

师：你的直觉不错。虽说语言类似，但感情未必相同。读懂文章内容，才能读懂这四句话，进而真正读懂诗人是如何表达这份爱的。这是我们今天要解决的核心问题。现在，我们一起进入诗歌，细细品读诗人对祖国爱的内涵。

［意图说明］

引导学生通过解析标题、抓住关键句来体会诗歌的情感脉络，从而提出核心问题，明确学习任务，引发质疑思考。

二、反复朗读，深入解读意象

（一）品析第 1 小节

师：请课代表为我们朗读诗歌的第 1 小节，注意停顿，读出节奏。其他同学注意倾听。

生 1：读第 1 小节。

师：你读得很有感情。能不能说说你为什么用这么低沉的语气来读最后一句？你从诗句中哪些事物的描写上感受到这种情感？

生 1：我想表现作者对祖国的爱。破旧的老水车、熏黑的矿灯等可以体现这种情感。

师：我们把老水车、矿灯、稻穗、路基、驳船这些寄托了作者主观情感的客观事物统称为意象，（板书：意象）读懂意象，才能读懂诗歌。请大家结合这五种意象的修饰词及画波浪线的承接句展开想象，说说这些意象让你仿佛看到了一幅怎样的画面。我们先从老水车这个意象说起。

幻灯片：

> 我是你河边上破旧的老水车，
> 数百年来纺着疲惫的歌；
> 我是你额上熏黑的矿灯，
> 照你在历史的隧洞里蜗行摸索；
> 我是干瘪的稻穗；是失修的路基；
> 是淤滩上的驳船
> 把纤绳深深
> 勒进你的肩膊；
> ——祖国啊！

生 2：我仿佛看到一架破旧的老水车在田地里发出吱吱呀呀的声音。

师：这位同学很聪明，他提取老水车的所在地点、外形、功能，丰富了想象的画面，这个方法值得学习。我们在这个画面稍作停留。河边的老水车是用来做什么的？

生 3：灌溉田地。

师：它是一种农业灌溉工具。现在田间劳作还用这种工具吗？

生 3：不常用，现在大多是机械化劳作。

师：老水车是一种传统的农业生产工具。我们把这个画面放在当时整个社会大背景下，作者借用老水车这个典型形象仅仅是为了表现农业灌溉工具的落后吗？她通过这个画面力图折射的是什么？

生 4：中国整个农业的落后。

师：你很善于动脑筋。作者用这个具体、典型的事物来表现当时中国农业的凋敝和落败。谁来说说熏黑的矿灯这个意象？

生 5：熏黑的矿灯让我想到一群挖矿的工人在昏暗的煤洞里艰苦劳作的画面。它凸显的是当时中国工业的艰难和窘迫。

生 6：我看到了一艘深陷淤泥之中停滞不前的货轮。

师：驳船指的是没有动力装置，由拖轮带动的船，专门装运泥沙、石块、各种构件、材料和机械设备。它表现的是中国经济的闭塞和故步自封。诗歌言有尽而意无穷，诗人用凝练的语言让我们想象出一幅幅鲜活的画面。这一幅幅画面组合起来，展现了当时中国怎样的一种状态？请试着在这一小节最后一句的“祖国”前补写一个修饰语。

生 7：贫穷、悲哀的祖国。

生 8：落后、百废待兴的祖国。

生 9：负重前行的祖国。

师：在大家的描述中，我们感受到祖国贫穷但坚强的形象。如果用一组关联词，可以表达为“一个满目疮痍但负重前行的祖国，一个贫穷落后但艰难前行的祖国，一个百废待兴但顽强不屈的祖国”。看到这样的祖国，诗人内心自然是沉痛悲哀的。所以，大家在读最后一句时，语调要自然下降，语速上可以放缓一些，通过声音的延长读出内心的迷惘和忧虑。我们试着一起读最后一句。

生齐读：——祖国啊！

师：请大家注意看，这一小节中，诗人通过“我是你……”“我是……”的句式向祖国倾诉，有些意象后面有补充的承接的句子，有些却没有。（出示幻灯片）老师试着对缺少承接语的句子进行了补充，请一位同学来读一下。

幻灯片：

> 我是你河边上破旧的老水车，
> 数百年来纺着疲惫的歌；
> 我是你额上熏黑的矿灯，
> 照你在历史的隧洞里蜗行摸索；
> 我是你田间干瘪的稻穗，
> 滋养你被劳作压弯的身躯；
> 我是你城市里失修的路基，
> 承载你坎坷蜿蜒的前行；
> 是淤滩上的驳船
> 把纤绳深深
> 勒进你的肩膊
> ——祖国啊！

（生 10 朗读）

师：补充后的诗句内容完整、结构工整、句式整齐，请大家评价一下改过的诗和原诗。

生 11：我感觉原诗更好。改过的诗虽然内容完整，但显得冗杂，缺少了想象的空间和诗的韵味。由于句式太整齐，让人感觉少了诗句长短交错、松紧有致的节奏感，缺少了诗的韵律。短句更容易抒发情感，改后，情感力量变弱了。

师：（板书：句式、节奏）长句容易蕴藏、积蓄情感，而短句短促有力，更易于抒发情感。“我是干瘪的稻穗”“是失修的路基”“是淤滩上的驳船”三个短句中，三种意象重叠在一起，构成情感上的推进，感情逐步加深。我们读的时候可以一气呵成，而到后面的承接语时，语速可以变缓，突出重音，感受诗歌跌宕起伏的节奏和韵律美。我们试着读一下这几句。

（师生试读）

师：读得真好！大家都是天生的诗人。这一小节，我们读出了一个百废待兴但顽强不屈的祖国。句式的变化形成了情感上回环跌宕的节奏美，也通过适当的留白，带给我们想象的空间。后面几节诗中也有类似的情况，请大家注意体会。我们来小结一下刚才学习诗歌的方法。我们通过想象品读意象，通过句式的变化感受诗歌节奏，体会诗歌情感。

（二）学习第2至3小节

师：请大家结合刚才学习诗歌的方法，四人一组合作学习，品读第2至3小节，并尝试用带有转折的修饰语补写每小节末句“祖国”前的留白，说明理由。

（第1至3组研读第2小节，第4至6组研读第3小节，用“虽然……但……”句式表达）

生1：虽然贫穷但不失希望的祖国。

生2：虽然历经苦难但终于迎来新生的祖国。

生3：虽然历经沧桑但终于冲破束缚的祖国。

生4：虽然历经苦难但开启新征程的祖国。

生5：虽然历经苦难但充满希望的祖国。

师：大家的分析很有价值，看来大家已经掌握了一些解读意象的方法。如果把前3小节诗连在一起看，我们还发现第3小节描写意象的修饰语与前面的第1至2小节有明显的反差。大家找找看，有没有新的发现？

生6：破旧——簇新，熏黑——雪白、绯红，失修——新刷。

师：色彩的对比与新旧状态的对比，都体现了挣脱困境、迎来新生的祖国的巨变，也表达了见证祖国风雨，终于看到祖国焕然一新的诗人内心的喜悦与欢欣。看来，我们还可以通过前后联系的方法学习诗歌。（板书：前后联系）面对旭日东升的祖国，诗人内心充满了欣慰。我们在读第3小节时，语速应该稍快一些，语调要上扬，语气上也要变得热烈。试着读一读第3小节。

［意图说明］

通过反复诵读，引导学生深入品读诗歌中的意象群，进而分析祖国的形象，读懂在文字中隐含的诗人对祖国的深层情感。

三、品析语言，梳理情感脉络

师：接下来我们一起学习第 4 小节。请一位同学为我们朗读，其他同学注意倾听。

（生 1 朗读第 4 小节）

师：你读得很有感染力。大家在这一小节中感受到诗人内心有怎样的情感在涌动？

生 2：想为祖国献身的热情。

师：奉献自己生命的担当和责任。你是从哪些句子的表达中感受到的？

生 2：那就从我的血肉之躯上去取得你的富饶、你的荣光、你的自由。

师：为什么“我”要倾尽所有，哪怕是生死相依呢？请用原句来回答。

生 2：我是你的十亿分之一……

生 3：你以伤痕累累的乳房喂养了迷惘的我、深思的我、沸腾的我。

师：（补充）那就从我的血肉之躯上去取得你的富饶、你的荣光、你的自由。这两组句子在内容上构成了因果关系。看来，诗歌不仅是感性的抒情，背后也蕴含着作者理性的表达。我们再来仔细观察这两组句子。请大家运用前后联系的学习策略，联系前面的诗句，思考这两组句子中“迷惘”“深思”“沸腾”三个词语的顺序能否调整，“富饶”“荣光”“自由”三个词语的顺序能否调整。

生 4：不能，这两组句子不仅内部互为因果，与前面诗节的内容也一一照应。

师：对，以前“我”和祖国风雨同舟，以后“我”将和祖国生死相依。第 4 小节的内容进一步把诗歌的情感推向了高潮。细心的同学可能还会发现，这两组句子的主语变成了“你”，而之前诗句中的主语都是“我”。“我是你……”“我是……”是慢慢地向祖国倾诉。在表达效果上，哪一种表达的情感更强烈？

生 5：作者运用主语“你”，变为直接告白，情感表达也更为直接和强烈。

师：纵观全诗，诗人的情感层层递进，逐步蓄势，在第 4 小节达到了高潮。我们一起朗读这两组句子，感受诗句中所蕴含的荣辱与共、唇齿相依的深情。

（女生读第一组，男生读第二组）

师：同学们，祖国养育了诗人，诗人和祖国血肉相连，他们一起见证风雨，走过迷惘，一起迎接未来，荣辱与共，唇齿相依，这样的情感怎能不热烈、不高亢呢？这才是诗人在诗歌中所表达出的这份赤子之情的内涵，是对祖国最深情的爱的告白。让我们带着这份深情，再一次朗读标题！（略）诗歌中的“我”仅仅指诗人自己吗？

生 6：“我”既指诗人自己，也指所有的祖国儿女；同时，一个个“我”构筑成祖国的形象，化身为祖国自身。

师：“我”和祖国合二为一，不可分割！今天的课就到此为止，希望通过今天的学习，大家不仅读懂了这一首诗，也学会了一点读诗的方法。

［意图说明］

通过引导学生探究第 4 小节在内容和表达形式上的特点，梳理诗人的情感脉络，让学生感受诗人对祖国热烈而深沉的爱；同时，引导学生探究诗中“我”的形象，理解“我”与祖国合二为一、无法割舍的关系，感受诗人和祖国荣辱与共、唇齿相依的深情。

【专家点评】

《祖国啊，我亲爱的祖国》是当代诗人舒婷于 1979 年创作的一个作品。当时的中国进入改革开放的历史新时期，诗人面对祖国过去、现在与未来，以自己独特的语言形式写下了这首抒情现代诗。全诗共四小节，每小节最后都以“祖国啊”与题目呼应，从一个“啊”字就可以看出浓浓的抒情色彩。这首诗歌是统编教材九年级下册的课文，该单元的教学目标是领略作者的情思，触摸时代的脉搏，受到精神的感染和美的熏陶；要在反复朗读、感受诗歌韵律的基础上，进一步把握诗歌的意象，体会诗人的情感。如何落实单元教学目标呢？如何在语言学习过程中实施德育呢？

诗歌的学习需要关注读。这堂课读的层次很清晰，有疏通文字的读；有理解性的读，带着问题走进文本，通过比较、揣摩、辨析、质疑、想象，深入地解读诗歌；有理解基础上带有感情的读，“激昂处还它一个激昂，委婉处还它一个委婉”，务期表达出作者的心意。李慧慧老师借助朗读指导，帮助学生体会诗歌语音的轻重、节奏、音韵以及关键词的处理，给学生留下诗歌“情寄于形”的清晰印象，让学生体会诗歌独特的艺术感染力。在词语、句式的比较中，学生体会了诗人的思想情感和诗歌的语言特点，感受了诗歌的语言形式对于表达思想情感所起的作用。如指导学生朗读第 1 小节时，李老师关注“老水车”“矿灯”“稻穗”“路基”“驳船”等意象，分析了这些意象的修饰语，引导学生体会句法结构的变化。

李老师执教的这堂课还重视指导学生梳理思路。优秀的诗歌往往有一个精巧的结构。解读诗歌时要把握住诗歌的结构，进而体会作者的思想情感。在这堂课中，李老师指导学生关注每小节最后一句“祖国啊”，引导学生体悟其在不同语境中的不同意味，理解诗人思想情感的变化过程——从最初的迷惘到陷入深思，在新时代来临之际，曾经迷惘的诗人经过深思，情感已沸腾，愿意为祖国的富饶、荣光、自由奉献一切，将带着“簇新的理想”与祖国一起奔跑。节末的一句将全诗的情感推向了高潮。这样的教学有助于学生建立阅读的整体感、前后联系的意识，也有助于培养学生的逻辑思维能力。

在这堂课中，李老师为学生创设了有效的学习情境。这一过程，既是教学生如何读诗，又潜移默化地给予学生情感的熏陶、思想的启迪。这堂课将语言学习与德育较好地融合在一起，很好地落实了单元教学目标。

（上海市教委教研室　曹刚）

关注诗歌语言，感悟亲情之美
——《游子吟》课堂教学实录

上海工程技术大学附属松江泗泾实验学校　汤英

（本课为上海市“两纲”现场会展示课）

教师简介：汤英，上海师范大学文学硕士，上海市松江区初中语文骨干教师，上海工程技术大学附属松江泗泾实验学校语文教师。承担的市级、区级公开课深受好评。《游子吟》微课教学曾获2019年“迦陵杯·诗教中国”诗词讲解大赛上海赛区一等奖和全国赛区三等奖。

【德育理念】

践行“文以载道，以道育人”的德育理念，力求在课堂教学中，通过语言文字的品味，引导中学生发现人性的美好、生命的光辉和文化的光芒，让语文课充满情感的体悟、文化的熏陶和价值的认同。

【设计说明】

《游子吟》是唐代诗人孟郊的名作，现编入部编版（五·四学制）六年级下册课外古诗词诵读部分。此诗语言质朴，情感真挚自然，千百年来广为传诵。全诗共六句三十字，采用叙事和抒情结合的表达方式，通过白描手法，回忆了游子临行前所见的慈母缝衣的场景，歌颂了母爱的伟大和无私，表达了诗人对母爱的赞美和感激。就六年级学生而言，要理解本诗的内容和情感不难，而要了解诗歌传达情意的方式则需要教师引导。

因此，本课教学将在知人论世和诵读诗歌的基础上，从诗歌语言形式的特点出发，引导学生关注诗歌物象，根据诗歌中人物的不同角度梳理诗歌的感情脉络，感悟慈母和游子之间的亲情美，提升学生的诗歌鉴赏能力，培养学生的感恩情怀。

【教学实录】

一、知人论世，导人新课

师：同学们，在中国数千年的历史文化长河中，有一块文学天地是那样的璀璨夺目，它以含蓄而精练的语言传递着人类最真挚的情感，那就是唐诗。这节课我们将一起跨越千年的时光，共同探析唐代诗人的情感世界。首先，让我们来看一首诗。（幻灯片出示）有哪位同学知道登科的意思？

幻灯片：

登科后

昔日龌龊不足夸，

今朝放荡思无涯。

春风得意马蹄疾，

一日看尽长安花。

（生 1 回答）

师：唐朝科举中，考生考中进士后被授予官职称为登科。接下来，汤老师为大家朗诵一下这首诗……谁来说说诗人当时的心情？

生 2：高兴、愉悦、扬眉吐气、心情放松……

师：你很会读诗，读出了诗人登科后无比欢快的心情。大家能猜一猜这位春风得意的诗人是谁吗？诗人写这首诗时是多大年龄呢？

生 3：孟郊，20 多岁。

生 4：30 多岁。

师：你们比较赞同谁的观点呢？请结合诗句来说一下。

（学生结合诗句说理由）

师：孟郊写这首诗的时候已经 40 多岁了，这是他第三次参加科举考试，在经历了多年的困顿漂泊生活后，终于考过了，实在太不容易了。他一时情难自制，便写下了生平第一首快诗。在这个过程中，他的母亲一直在默默地支持和鼓励他。走马上任后，孟郊马上将母亲接到住所，他会用怎样的言语去表达对母亲的真情呢？今天让我们学习他的另一首诗《游子吟》。

［意图说明］

关注诗歌语言特点和情感抒发，借助诗人的生平经历，激发学生的学习兴趣，为下一个朗读环节做准备。

二、诵读诗歌，读出诗味

幻灯片：

登科后	游子吟
昔日龌龊不足夸， 今朝放荡思无涯。 春风得意马蹄疾， 一日看尽长安花。	慈母手中线，游子身上衣。 临行密密缝，意恐迟迟归。 谁言寸草心，报得三春晖。

师：请两位同学来朗读，其他同学说说这两首诗中诗人在情绪表达上的差异。

（生 1 朗读《登科后》，生 2 朗读《游子吟》）

生 3:《登科后》肆意欢快，而《游子吟》缓和深情。

师：两位同学读《登科后》与《游子吟》的语速一样吗？

生 3：不一样，《游子吟》要读得慢一点、深情一点。

师：原来同一位作者在不同年龄阶段的情感不同，语言形式也不一样。接下来，我们请一位同学带着深情来朗读《游子吟》。

（生 4 朗读《游子吟》）

师：这位同学一下子就抓住了读这首诗的要领，语速缓和，饱含深情，仿佛孟郊就站在我们跟前一样。接下来，让我们一起深情朗读《游子吟》。（略）从你们的表情和动作中，我感受到了你们在用心读诗。同学们在朗读时可能已经感受到《游子吟》与《登科后》的语言有一些差异，这种语言差异反映了作者要表达的思想情感的差异。那么，这首诗中，诗人用怎样的语言表达了怎样的情感呢？

［意图说明］

教师指导学生朗读，引导学生初步读出诗歌感情，激发学生学习语言的兴趣，为突破教学重点和难点打下基础。

三、分析物象，品出诗意

师：诗人在诗中用怎样的一种生活场景来表达对母亲的情感呢？

生 1：诗人用了一个慈母为游子缝衣服的生活场景。

师：在这个场景中，诗人把目光聚焦在了哪一种寻常而细小的物品上了呢？

生 2：线。

师：你非常敏锐地抓到了诗中一个重要的物象“线”。从慈母的角度看，这根线承载着什么？从游子的角度看，他想借这根线表达什么？

（学生自学、圈画、思考）

师：（巡视、指导）同学们刚刚圈画得很认真，相信你们有很多观点想要分享。读诗时，我们首先要关注诗的语言，请大家先关注第一至二句，请一位同学来读读这两句。

（生 3 朗读第一至二句）

师：你读得很深情。从他刚刚读的这两句诗中，我们发现慈母手中的这根线缝进了游子身上的衣。缝进衣服的仅仅是这根线吗？还有什么呢？

板书：

慈母 ⟷ 线
游子 ⟷ 衣

生 4：母亲千丝万缕的不舍和思念。

师：原来慈母手中的这根线不仅缝进了游子身上的衣，把慈母和游子紧紧联系在了一起，还承载着她的不舍和思念。我们要把这一句中的哪几个字读得更深情一些？

生 5：手中线，身上衣。

师：让我们带着母亲的这份心意，再来读一读这两句。

（学生齐读第一至二句）

师：你们读得比刚才更有味道了。这根线仅仅承载了母亲的不舍和思念吗？请同学们再往下读一读，说说你们的发现。

生 6：我从“密密缝”中读出母亲在细密地给游子缝衣服，体现了母亲对儿子的牵挂。

师：母亲用这根线将衣服缝得这样细密的目的是什么？

生 7：她希望把衣服缝得结实一些，让儿子穿得暖和一些，体现了母亲的良苦用心和对儿子的牵挂。

师：她把衣服缝得这样结实，是因为预感到了什么吗？

生 8：她预感到儿子会“迟迟归”，要在外漂泊很长时间，从“意恐”一词可以看出母亲对儿子的担忧。

师：（强调会意字“意”的含义，适时介绍古代离别和今天离别的异同）同学们准确地将诗中的“密密缝”和“迟迟归”联系在了一起，读出这根线承载着慈母内心对儿子今后路途艰险、前程未知的无尽担忧。除此之外，你们还能感受到母亲怎样的心情？

生 9：母亲担忧儿子“迟迟归”，实际是盼望儿子能早归。

师：母亲盼望儿子能早归，而她面对的现实却是儿子可能在外漂泊很长时间，理想与现实存在矛盾，母亲的内心该有多复杂呀！谁能把刚刚同学们的发言连起来说说看？

生 10：这根平常而细小的线承载了母亲不舍、思念、牵挂、担忧、期盼等复杂的心情。

板书：

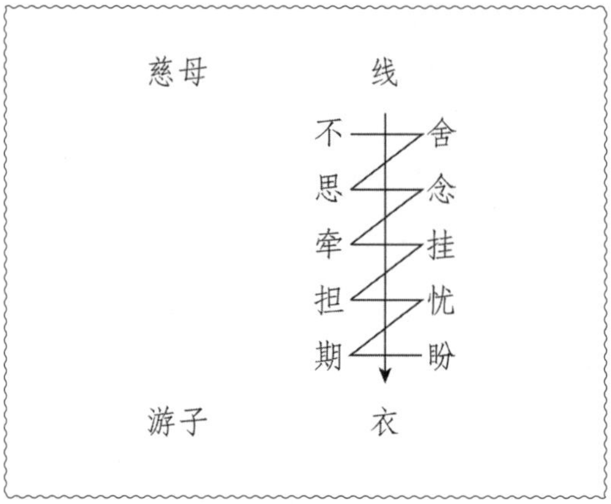

师：你总结得很到位。诗中“密密缝”和“迟迟归”最能体现慈母当时复杂的心情，因为“密密”和“迟迟”是叠音词，能有力地表现慈母的动作和心理，大家可以重读和延长音调，读出母亲绵长的愁思。

（学生齐读第三至四句）

师：这一次大家读得更有感情了。面对远行的游子，慈母的这些心意仅仅出现在用线缝衣的那一瞬间吗？

生 11：不是，其实在孩子漂泊远行的过程中，慈母每时每刻都是心系游子的。

师：因此，儿子在外漂泊多久，母亲的思念就有多久；儿子在外漂泊多久，母亲的担忧就有多深；儿子在外漂泊多久，母亲的期盼就有多强烈。这些心意仅仅出现在缝衣这样的场景中吗？大家可以发挥自己的想象来说说看。

（学生想象其他生活场景并回答）

师：你们的想象都是合理的，虽然诗人没有写，但我们能从诗句中感受到在诗人的成长历程中，慈母的爱是无处不在的，给予诗人无限温暖。请大家读读最后一句，思考诗人把这根线幻化成了什么。

生 12：三春晖。

师：谁来解释一下“三春晖”？

生 13：三春即孟春、仲春、季春，作者用整个春天的光辉象征母爱的宽广、博大、温暖、无私。

师：母亲无声地将所有的爱化为一根平常的线，这根线缝制了温暖的衣服，承载着母亲从缝衣的瞬间到游子在外漂泊这个时间段的复杂心情。这根线还让我们想到了许多充满爱的生活场景。最后，这根线幻化成三春晖，承载着母亲宽广、博大、温暖、无私的爱。正是在慈母爱的沐浴下，孟郊才能在一次又一次科举失败后重新振作，最终实现了自己的登科梦。这样的爱可谓人间“至爱”。请同学们站在母亲的角度把整首诗连起来读一读，注意读出诗中几个关键词的情感来。

（学生朗读）

师：大家读出了诗中真挚的感情。刚刚大家是站在慈母的角度读这首诗的，接下来我们站在游子的角度，想一想他借这根线想对母亲表达些什么。

生 14：作者想表达对母亲的感激、赞美以及无法回报的愧疚。

师：那么，诗中有“感激”“赞美”这两个词吗？他是怎么表达的？

生 15：没有，诗人把自己的孝心比喻为“寸草心”。他认为，相比母亲博大的爱，这样的孝心实在太微不足道了。

师：在如此巨大的对比中，作者认为自己能否报答母亲呢？

生 16：“谁言……”这句话用反问的句式强调子女无法报答母亲的恩情。

师：原来在作者心中，用这根线来表现母爱还远远不够，他将线升华为整个春天的光辉，以表达对慈母的赞美和感激之情。这样的游子可谓“至孝”，这样真挚的亲情可谓“至美”。请大家站在游子的角度，再来深情朗读这首诗，感受一下游子对母亲的这份心意。

板书：

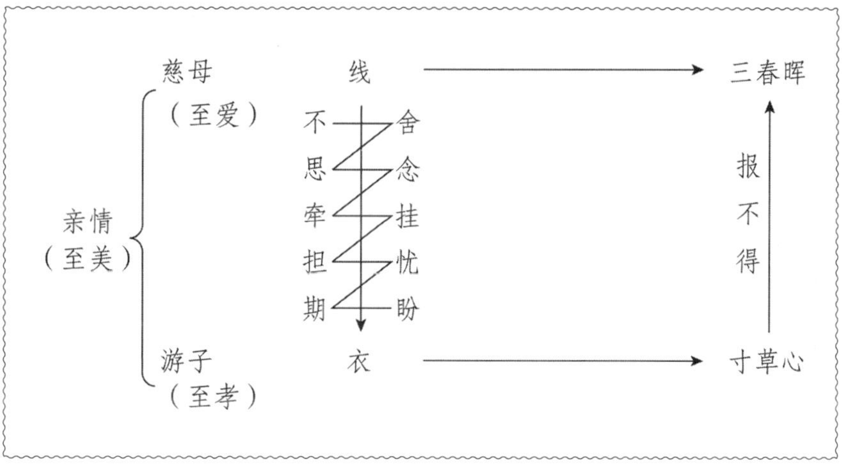

（学生齐读本诗）

师：读诗时，我们不仅要站在慈母的角度进行思考，还要站在游子的角度体会深情，读出慈母对游子的“至爱”和游子想对母亲表达的“至孝”。这节课，我们是怎么一层一层读出这些复杂情感的呢？

（学生尝试说说课堂探究思路）

师：我们从物象“线”出发，通过分析诗句，敏锐地读出了线的含义。我们先站在慈母的角度发现这根线缝进了衣服，又从“密密缝”和“迟迟归”的关系中读出这根线承载着慈母复杂的心情。我们把前四句和后两句相联系，由一瞬间延伸到了更长的岁月，由一个场景想到了更多的场景，进而读出了“线”与“三春晖”之间的关系。最后，我们又站在游子的角度，从这根线体会到了游子对母亲的赞美和感激，由此才真正读懂了诗的情感，感受到了诗的语言魅力。以后，大家读诗时也要善于从诗歌物象和语言艺术两方面去感受诗人细腻的情感。接下来，让我们再次深情地朗读这首诗。

［意图说明］

教师引导学生抓住“线”这一物象，关注诗歌语言，分析重点字句，从慈母和游子的角度感受人物情感，领悟至美亲情，突破教学重点和难点。

四、教师总结，升华诗情

师：读诗时，我们要深刻地揣摩人物情感，站在不同的角度思考，这样才能读出诗句中那触动人心的力量。孟郊笔下这个平常的缝衣场景、这小小的一根线竟让我们如此触动。请你也回忆一下生活中的场景，说说哪些细微物品其实也承载着母亲对你的爱。

（学生各抒己见）

师：从古代到现代，从孟郊到我们，母爱从未改变。亲情可以穿越时间和空间，是人世间最美的情感。如果不是孟郊，不是《游子吟》，我们又怎能感受到母亲深厚的爱就在这平凡琐碎之中？我们现在终于读懂了母亲，原来爱就藏在每天她为我们做的可口饭菜中，每天她为我们倒的热水中。可当我们在她无微不至的爱里慢慢长大的时候，我们或许会因为求学、工作、追求自己的梦想而远行，无奈地把母亲留在家里，给她留下无尽的孤独、担忧、牵挂和期盼。世界上最幸福的事情之一，就是当我们终于懂得母亲并想要报答她的时候，她还在我们身旁。同学们，与其说这节课我们穿越了千年去尝试读懂孟郊和《游子吟》，倒不如说孟郊和《游子吟》穿越千年感动了我们。千百年来，《游子吟》以朴实的语言和真挚的情感感动了多少中华儿女，这也是它能传唱千古、家喻户晓的原因。最后，汤老师想请同学们和我一起把这首饱含至美亲情的《游子吟》送给全天下所有伟大的母亲。

（学生合作吟诵《游子吟》）

［意图说明］

教师引导学生对照自身经历，结合课堂所学所悟，获得情境体验，同时通过配乐吟诵，营造浓浓的感恩氛围，让学生进一步获得情感熏陶，升华母爱。

【专家点评】

语言是思维的本体，是文化的载体，是人类精神的存在和各种精神产品的本体。离开了语言，这些东西都不复存在。可以说，语言，特别是母语，建构了人的整个精神世界。因此，语文课的核心是学习语言，通过语言的学习培养学生的思维，引导学生理解、传承中华民族优秀文化，让学生也用这样的世界观看待世界。《游子吟》是童蒙诗，学生在儿时大都背诵过，意思也大体知道。那么，面对六年级的学生，教师应该如何开展教学呢？关键仍是引导学生学习诗人个性化的语言，把握诗歌的内在思路，通过语言学习，感悟诗人的思想情感，理解民族的优秀文化。汤英老师执教的这堂课就紧扣语言的学习。

汤英老师巧妙地捕捉住了诗中的一个字——线。这个字，切中肯綮！她以此为抓手，引导学生联系诗歌语言体悟这个物象中所承载的慈母的复杂情感——不舍、思念、牵挂、担忧、期盼等。她还启发学生转换角色，透过语言以诗人的眼光审视慈母缝衣的瞬间——这个瞬间凝聚着崇高的母爱，是人类精神的凝结和升华，是悲喜莫名的感激铭刻。她适时补充《登科后》这首诗，指导学生比较《登科后》与《游子吟》在语言风格上的差异，引导学生了解诗人多次进京赶考的人生历程以及慈母对他的支持，进而让学生将“线”与“三春晖”建立关联，从体验一个感人的瞬间，转化为感悟诗人的人生路上慈母无时无处不在的那份情义。这段研读诗歌语言的经历，使学生的心被人间至爱所浸润，令学生渐渐体验到舐犊情深，真正体会到“诗从肺腑出，出辄愁肺腑”。而这一切都紧扣一个“线”字，可谓“一子落而满盘活”。

（上海市教委教研室　曹刚）

悲悯情怀怜兄妹，偶遇知音创佳曲

——《月光曲》课堂教学实录

上海市松江区第六中学　张洁

（本课为语文学科德育展示课）

教师简介：张洁，上海市松江区第六中学语文教研组组长，松江区语文学科名师。曾获松江区中青年教师教学评选二等奖，松江区教师教育教学基本功大奖赛二等奖，上海市中小学优秀作业、试卷案例评选活动三等奖。

【德育理念】

教育应该培养全面发展的人，实现“人的和谐发展”。语文教师要从文本中挖掘德育因子，运用语言文字的魅力，在潜移默化中培植学生的人文情怀，引导学生建构积极向上的价值观。

【设计说明】

《月光曲》是部编版六年级上册第六单元的课文。文章讲述了德国著名音乐家贝多芬因同情穷鞋匠兄妹而为他们弹琴，并有感于盲姑娘对音乐的痴迷而即兴创作《月光曲》的传奇故事，告诉我们美好乐曲的产生不仅要依靠丰富的想象力，更要依靠高尚的心灵和真挚的情感。文章同时反映了贝多芬这样的艺术大师对底层人民的悲悯情怀。

《月光曲》叙事简练，尤其是三组人物对话，内涵丰富，充分体现出人物的性格及情感的变化，教师教学时可以此为切入点，通过多种形式的朗读，引导学生体会人物之间真挚的情感。文章的景物描写优美动人，教师可以引导学生借助语言文字展开想象和联想，体会艺术之美，丰富审美体验，提升审美品位。

【教学实录】

一、单元导入，激发兴趣

师：同学们，这节课我们将开启第六单元的“艺术之旅”。丰富的艺术形式背后有着许多动人的故事与美妙的传说，今天我们要走进的是第一站——贝多芬与他的《月光曲》，请同学们把课本翻到第98页。

［意图说明］

新课程提倡单元教学，立足单元整合，力避教学的碎片化，注重教学的整体性。

二、梳理思路，理解文意

师：文章直接写《月光曲》的段落是第8至10自然段。请同学们跳读课文，根据文意，在《月光曲》前加一个动词，使其变成动宾短语。

幻灯片：

创作《月光曲》的背景缘起	（第2至7自然段）
________《月光曲》	（第8至9自然段）
________《月光曲》	（第10自然段）

生1：第8至9自然段是即兴创作《月光曲》，第10自然段是记录《月光曲》。

师：“作者思有路，遵路识斯真”，我们在阅读文章时要想真正理解作者对事物的真切认识，体会作者表达的真情实感，必须首先理清作者的写作思路。

［意图说明］

本文这几个自然段较为简单，通过填空的方式引导学生理清文章层次，体会作者写作时材料集中，所有材料都围绕着《月光曲》展开的特点。

三、品读对话，挖掘丰富内涵

师：文章第2至7自然段叙述了贝多芬即兴创作《月光曲》的背景缘起，这一部分主要是通过三段对话来推进的，我们来细细地品一品。（略）

幻灯片：

1. 皮鞋匠兄妹俩的对话	（第3自然段）
2. 皮鞋匠与贝多芬的对话	（第4至5自然段）
3. 盲姑娘与贝多芬的对话	（第6至7自然段）

师：首先，我们来细品对话一。（出示幻灯片）请两位同学把对话读一遍，其他同学

思考此时站在茅屋外的贝多芬从兄妹俩的对话中听出了什么。

幻灯片：

> 一个姑娘说：“这首曲子多难弹哪！我只听别人弹过几遍，总是记不住该怎样弹，要是能听一听贝多芬自己是怎样弹的，那有多好哇！”
>
> 一个男的说：“是呀，可是音乐会的入场券太贵了，咱们又太穷。”
>
> 姑娘说：“哥哥，你别难过，我不过随便说说罢了。”

（两个学生朗读对话）

师：刚才两位同学朗读的声音响亮，接下来请同学们品读这段对话。老师提示两点：（1）注意比较不同句式在表情达意上的不同效果；（2）紧抓能体现人物性格的关键词予以分析。

生1：我从这段对话中听出妹妹是一个热爱音乐的人。“这首曲子多难弹哪！”“要是能听一听贝多芬自己是怎样弹的，那有多好哇！”文章用了两个感叹号，既说出了贝多芬的曲子难度很大，也表达了妹妹想亲耳聆听贝多芬弹奏的期盼之情，还表现了妹妹虽然双目失明，家境贫苦，但是从来没有放弃过对音乐的向往与追求。

师：你的解读角度很独特。“标点不是无情物”，从这两个感叹号中我们读出了盲姑娘对音乐的热爱。

生2：我觉得妹妹是一个善良懂事的人。

师：你是从哪里看出来的？

生2：前面是感叹句，后面就改成了陈述句。“哥哥，你别难过，我不过随便说说罢了。”这句话的语气比较平淡，盲姑娘明明内心有强烈的渴望，却压抑自己的情绪来劝慰哥哥，并且说是“随便说说”。这“随便说说”里有对哥哥的理解，还有些许辛酸，表现了盲姑娘不仅热爱音乐，而且十分懂事。

师小结：刚才同学们的解读都很到位，虽然是短短的几句话，但内涵丰富，既点出了两人家境贫寒，又表现了妹妹对音乐的痴迷以及兄妹情深。读文章需要细品慢读，尝试着从看似平淡的文字中读出它的丰富内涵，读出它的言外之意和弦外之音，你会觉得读书很有趣。下面我再请两位同学分角色朗读这段话，读出人物的语气。

（男女生分角色朗读）

师：贝多芬之所以能成为大师级的音乐家，不仅是因为他掌握了弹琴的专业技巧，更是因为他有一种对底层人民的悲悯情怀。贝多芬早年受启蒙运动和法国资产阶级革命的影响，毕生追求自由、平等、博爱。他曾经写下这样的句子——

幻灯片：

> 我的音乐只应当为穷苦人造福。如果我做到了这一点，该是多么幸福！

师：接下来，我们看看对话三。*（出示幻灯片）请两位同学分角色读这段对话，其他同学思考。

幻灯片：

> 盲姑娘听得入了神，一曲弹完，她激动地说："弹得多纯熟哇！感情多深哪！您，您就是贝多芬先生吧？"
>
> 贝多芬没有回答，他问盲姑娘："您爱听吗？我再给您弹一首吧。"

生 3：盲姑娘为什么能猜出他是贝多芬？这说明了什么？

生 4：为什么贝多芬不回答她的问题？

生 5：贝多芬为什么弹完一曲还不够，还要再弹一曲？

师：大家阅读时一定要思考，刚才几位同学从不同角度提出问题，其实也是在帮助大家打开思路，从而更好地体会这段话的深意。老师觉得"贝多芬没有回答"值得玩味，有许多的留白。贝多芬虽然没有说话，但内心一定有许多想法。请大家从贝多芬的角度，联系上下文，补写一段 50 字左右的心理描写。

幻灯片：

> 贝多芬心想，________________________________
>
> ____

（学生片段写作约 5 分钟，教师巡视指导）

师：接下来，我们一起走进贝多芬的内心深处，请同学们来分享。

生 6：贝多芬心想，多么痴迷音乐的姑娘，多么善解人意的姑娘，多么深厚的兄妹情，让我满足这个姑娘的愿望吧，让我为他们献上一曲吧。

师：这位同学仍从被兄妹情感动的角度出发来揣摩贝多芬的心理，情感与第 3 自然段吻合。同学们能不能再进一步，读出不一样的东西？

生 7：贝多芬心想，知音难觅，能听懂音乐的人很多，可是能听懂我心的又有几人？

---

* 对话二相关内容略。

虽然我没有力量让她的眼睛重见光明，但我能用音乐把她的心照亮，这是一首为知音弹的曲子，这时我最幸福。

师：很好，如果之前只是出于一个伟大的音乐家对穷苦人民的悲悯情怀，这一次更多的是两个懂音乐的灵魂的真诚碰撞与交流，是伯牙得遇钟子期的精神之旅。这个典故我们会在《伯牙鼓琴》中学到，偶遇知音，情绪欣然，因为对方爱听，所以再弹。

生 8：贝多芬心想，兄妹俩如此热爱音乐，我不能让他们失望。我要为他们创作音乐，圆他们的梦想。真正的音乐是为知音创作的，真正的音乐会是为知音开的。

师小结：盲姑娘的话表现了她对音乐的热爱程度——她不仅听出了弹奏的熟练度和饱含的情感，还猜出了弹奏者是谁。贝多芬为她如此热爱音乐而感动，为她高超的理解力和领悟力而欣慰，也为遇到知音而高兴。他没有正面回答盲姑娘，而是用“您爱听吗？我再给您弹一首吧”来回答，其实这也是最好的回答。这三轮对话的描写语言简练，内涵丰富，饱含着人物的情感；设计巧妙，揭示了贝多芬弹完一曲又弹一曲的原因，推动了故事的发展。

［意图说明］

解读文本切忌面面俱到，应寻找一个恰当的切入点。本文的语言描写简洁而内涵丰富，引导学生重点品读两段对话，体会人物性格及情感变化。

四、精读段落，体会想象和联想之妙

师：第 8 至 9 自然段写了贝多芬即兴创作《月光曲》的过程，这两个自然段中描写的景物，哪些是真实的景物？哪些是由音乐引起的联想？

生 1：第 8 自然段中写到的风吹烛灭、月光照进窗子是真实的场景，渲染了美妙的、富有诗意的情境。

师：不错，贝多芬正是从这样的情境中产生了创作冲动和创作灵感。

生 2：第 9 自然段中写到的大海、月亮、微云、巨浪等，是兄妹二人由音乐引起的联想。

师：从事实引出联想，课文中用了哪些词语？

生 3：好像、仿佛……

师：皮鞋匠听着贝多芬的曲子，他好像看到了什么？有哪几个画面？老师读，同学们听并思考。

（教师配乐示范读）

生 4：我觉得有三个画面：第一个画面从第 9 自然段开头到“微波粼粼的海面，霎时间洒满了银光”；第二个画面是“月亮越升越高，穿过一缕一缕轻纱似的微云”；第三个画面一直到“一个连一个朝着岸边涌过来”，描绘出风起云涌、波涛汹涌的场景。

师：不同的画面其实体现的是乐曲不同的旋律。结合皮鞋匠听着乐曲想象到的这些画面，同学们能不能猜想一下《月光曲》的旋律和节奏？试试看。请四人一组，分工合作：三人分读，一人解说旋律或在黑板上画出曲线。

（学生小组讨论，教师巡视指导）

生5：刚才我们组的三位同学读出了《月光曲》的旋律变化，即从起初的徐缓平静到旋律逐渐增强，再到最后的高昂激越。

师：这个小组的团队合作意识很强，分工明确，朗读点评也很到位。其他小组有没有补充或纠正？

生6：我补充一下《月光曲》的节奏，按照这三个画面，分别是“节奏平缓，曲调柔和”“节奏加强，曲调升高”“节奏更快，声音更响亮”。

师：刚才同学们理解了画面和节奏，接下来我们来体会这段文字的联想之美。（出示两段文字）如果把联想部分去掉，文章的表达效果会怎样？

幻灯片：

1. 皮鞋匠静静地听着。他好像面对着大海，月亮正从水天相接的地方升起来。微波粼粼的海面上，霎时间洒满了银光。月亮越升越高，穿过一缕一缕轻纱似的微云。忽然，海面上刮起了大风，卷起了巨浪。被月光照得雪亮的浪花，一个连一个朝着岸边涌过来……皮鞋匠看看妹妹，月光正照在她那恬静的脸上，照着她睁得大大的眼睛。她仿佛也看到了，看到了她从来没有看到过的景象，月光照耀下的波涛汹涌的大海。

2. 皮鞋匠静静地听着，曲子起初节奏平缓，曲调柔和，慢慢地，曲调不断升高，节奏不断加快，最后变得高昂、急促、激越。

（男女生分别朗读）

师：联想的作用是什么？

生7：我觉得有了联想，语言更生动，内容更充实，情感更加真切、强烈。如果缺少了联想，就不那么深刻、感人了。

师小结：在阅读时，大家要分清哪里是叙事、哪里是想象和联想，从而更好地理解文章的思想感情。写作时，大家也可以尝试着在记事中恰当地加入联想。这样，文章就会更加生动，表达的感情就会更加丰富、深刻。联想部分，一般用“他想”“好像”“仿佛”一类的词引出来，这些是很重要的标志词。

[意图说明]

借助想象和联想体会艺术之美是本文的难点。教师通过读出画面、读出节奏、比较朗读等层层推进的方式引导学生体会想象和联想之美，从而突破难点，丰富审美体验。

五、总结归纳，简谈收获

师：我们来总结这节课的收获，可从情感、写作等角度来谈，同桌互相补充。

（同桌交流，教师巡视指导）

师：接下来，全班交流。

生1：我从这篇文章中感受到贝多芬不仅在音乐上有极高的造诣，更可贵的是他对底层人民的悲悯情怀。

生2：我被文中的盲姑娘感动了，她虽然身体残疾，却如此热爱音乐，这种精神值得我学习。

师：好的，这两位同学都从思想内容（即“写什么”）的角度谈了谈自己的感想，请其他同学从写作手法（即“怎么写”）的角度谈谈自己的收获。

生3：这篇文章的语言描写非常精彩，语句简短，但很好地表达了人物的思想感情。

生4：我从这篇文章中体会到想象、联想能够让文章更生动。

师小结：这是一篇“美文”。（1）语言美，对话简练、内涵丰富，环境描写生动优美；（2）手法美，想象、联想化无形为有形，生动充实；（3）情感美，兄妹间的体谅、音乐家悲悯的情怀、知己间的默契欣然都让人感动；（4）意境美，如幽静的小路、恬静的脸庞、清幽的月光（月光在音乐世界里有特定的象征意义，即美好、希望）……同学们如果还想更多地了解贝多芬，可以去读罗曼·罗兰写的《贝多芬传》。

幻灯片：

> 贝多芬是一个不幸的人，残疾，孤独，由痛苦造成的人，世界不给他欢乐，他却创造欢乐给予世界！——罗曼·罗兰
>
> 高尚和善良的人，必将超脱苦难！——贝多芬

［意图说明］

“编筐织篓，重在收口”，精巧的课堂小结可进一步引导学生理解文本，进行深度思考，让言语、情感、思想进入学生内心。先发挥学生的主体作用，让他们谈自己的收获、体会，教师再总结，提升、深化学生的学习。

六、 布置作业，巩固提高

必做：（1）朗诵第8至9自然段；（2）推荐阅读罗曼·罗兰写的《贝多芬传》，做好阅读摘抄。（建议阅读时间：两周）

选做（二选一）：（1）从贝多芬的《命运交响曲》和《欢乐颂》中选取自己喜欢的一首聆听欣赏，展开想象和联想，写成100字左右的文字；（2）阅读《贝多芬传》后，以“我眼中的贝多芬”为话题，自拟题目，写200字左右的读后感。

［意图说明］

课后作业要与课堂教学的重难点保持一致，起到巩固、总结的作用，同时注重由课内延展至课外，形成丰富的阅读积累。

【专家点评】

《月光曲》是一篇记叙文，叙述了这部优秀的音乐作品的创作过程。全文的核心句应是“传说是这样谱成的”。这个句子可以转换为一个核心问题，即“《月光曲》是怎样谱成的”。为了解决核心问题，学习者需要思考以下问题：事件发生的时间、地点、场景是什么？创作过程分几个阶段？在每个阶段，人物有哪些表现？人物为什么会有这些表现？这些表现隐含了人物哪些思想认识与情感体验？人物的思想情感发生了哪些变化？作者通过这些内容想表达什么？这些问题有一定的逻辑关联，隐含了解读记叙文的一些思考要素、思考角度。这些问题组合在一起构成了解决核心问题的“问题链”，是解读这篇文章的思考路径。

张老师执教的这节课，试图在这些问题上有所突破。她指导学生提取信息，引导学生抓住记叙文的时间要素划分层次，概括文章的主要内容。她还关注到了人物说话时的措辞、神情举止、语气等，引导学生通过朗读、圈画、品析等方法体会故事的背景、人物的思想情感，读懂作者如何借助对话描写推动情节发展、塑造人物形象。这些活动为学生创设了必要的学习情境，有助于学生学习如何阅读记叙文，同时体会到贝多芬的高贵品质。

张老师还引导学生关注文本中的细小处，从而有所发现，如提示学生关注人物语言中的两个感叹号，让学生通过对标点的推敲揣摩人物的心境。在张老师的引导下，学生细读文本，把前后文联系起来，掌握了文本解读的一些策略，在熟读深思的过程中提升了认识。张老师还紧扣文章的特点，启发学生通过想象、联想体会语言中隐含的画面，感受《月光曲》的特点。

张老师指导学生在解决问题的过程中学习记叙文的阅读策略，同时也让学生得到了情感的熏陶与思想的启迪。建议这节课在教学设计上多关注行文思路的梳理，帮助学生建立阅读的整体感。

（上海市教委教研室　曹刚）

挺直中国的脊梁

——《中国人失掉自信力了吗》课堂教学实录

上海市民办上宝中学　周海燕

（本课为区级公开课）

教师简介：周海燕，上海市民办上宝中学语文教师。曾在《语文学习》等核心期刊发表多篇论文。曾荣获上海市中小学中青年教师教学评选活动一等奖、上海基础教育青年教师爱岗敬业教学技能竞赛三等奖。

【德育理念】

一字一世界，文章大乾坤。植根母语，才能树立民族自信；细读精思，方能提升道德情操。

【设计说明】

《中国人失掉自信力了吗》是一篇时代感很强的驳论文。"九一八"事变三周年之际，一些人对抗日前途持悲观论调，为此，鲁迅先生写了这篇文章，旨在激发读者的民族自尊心与自信力。

鲁迅先生指出，信"地"，信"物"，信"国联"，进而求神拜佛的本质是失掉了"他信力"并发展着"自欺力"，以此反驳对方的观点；接着指出"我们有并不失掉自信力的中国人在"，并列举从古至今堪称"中国的脊梁"式的仁人志士来论证观点。这些人物共同的特点是"被摧残，被抹杀，消灭于黑暗中"，但依旧闪耀着人格的光芒。鲁迅先生以概述方式列举事例，不仅表达了对他们不幸遭遇的不平与愤怒，也流露出对他们深深的敬仰与赞颂。这些情感都需要教师引导学生用心体会，从而达到以情育德的教学目的。

【教学实录】

一、结合背景，导入课文

师：这是一篇时代感很强的驳论文。我们一起朗读文章的第 1 至 2 自然段，思考文中列举了哪些与时代密切关联的事实。

生齐读：两年以前，我们总自夸着“地大物博”，是事实；不久就不再自夸了，只希望着“国联”，也是事实；现在是既不夸自己，也不信国联，改为一味求神拜佛，怀古伤今了——却也是事实。

师：在这样三个事实面前，有人慨叹曰：中国人失掉自信力了。下面我们读一下注释④，这个注释所写的内容就是有些人的慨叹之词。请大家先看第一个事实：两年以前，我们总自夸着“地大物博”，是事实。我记得鲁迅先生说过一句话：“倘是狮子，夸说怎样肥大是不妨事的，如果是一口猪或者一匹羊，肥大倒不是好兆头。”接下来请大家看一则背景资料。（出示背景资料 1，略）自夸得到的是日本帝国主义对我们的侵略！接着我们再来看一则背景资料。（出示背景资料 2，略）

（学生思考）

师：请同学们读一下注释②，了解什么是国联。

生 1：“国际联盟”的简称，第一次世界大战后于 1920 年成立的国际政府间组织。“九一八”事变后，国民党政府多次向国联申诉，要求其制止日本帝国主义的侵略，但国联并没有采取有效的行动。

师：由于国联并没有针对日本帝国主义的侵略采取有效的行动，国民党现在是既不夸自己，也不信国联，改为一味求神拜佛，怀古伤今了。请一位同学朗读注释③。

生 2：当时一些国民党官僚和“社会名流”，以祈祷“解救国难”为名，多次在一些大城市举办“时轮金刚法会”“仁王护国法会”之类。

师：寄希望于国联行不通，那就改为求神拜佛吧。那么，这一行为背后的实质到底是什么呢？这篇文章写于“九一八”事变三周年之际，是抗日救亡的关键时候，这时却有人慨叹：中国人失掉自信力了。在这种悲观论调下，鲁迅先生是要站出来说话的，他是怎么看待这些事实的呢？

［意图说明］

在这个教学环节中，教师结合注释和背景资料，引导学生梳理本文的写作背景，明确国民党反动派的错误论调，为理解下文鲁迅先生的反驳奠定了基础。

二、研读第 3 至 5 自然段，梳理作者驳论证的写作思路

师：请同学们分别朗读第 3 自然段和第 4 至 5 自然段，思考“这两部分内容各自针

对上述哪些事实展开反驳”“这些事实背后的实质各是什么”“鲁迅先生据此得出了什么结论”等问题。

生1：第3自然段针对前两个事实展开反驳：信“地”、信“物”、信“国联”的实质是都没有相信过自己。鲁迅先生据此得出的结论是：他们失掉的是“他信力”。

生2：第4自然段针对第三个事实展开反驳，文中说“一到求神拜佛，可就玄虚之至了，有益或是有害，一时就找不出分明的结果来，它可以令人更长久的麻醉着自己”，所以鲁迅先生认为他们是在发展着“自欺力”。

板书：

由三个事实推导出的结论
1. 失掉的是“他信力”
2. 发展的是“自欺力”

师：作者在第2自然段提出了自己要反驳的观点“中国人失掉自信力了”。接着，作者在第3至5自然段中，分别对应第1自然段列举的三个事实，得出结论，即他们失掉的是“他信力”并发展着“自欺力”。这种通过反驳对方论据无法证明其观点的批驳方式叫驳论证。

［意图说明］

通过梳理作者严密的论证思路，让学生理解作者驳论证的反驳方式和反驳内容。

三、结合论据，梳理作者立论的写作思路

生1：老师，我想补充一下，那些失掉“他信力”并发展着“自欺力”的人，应该是一些国民党官僚和“社会名流”，并非全部的中国人，这可以从注释③中看出来。同时，从文章第6至8自然段来看，鲁迅先生认为“我们有并不失掉自信力的中国人在”。

师：你阅读得很仔细。在抗日救亡的关键时刻，鲁迅先生如何看待中国人自信力的有无这个问题呢？我们读一下第6自然段，作者提出了怎样的观点呢？

生2：我们有并不失掉自信力的中国人在。

师：没有失掉自信力的中国人都是哪些人呢？我们来读一下第7至8自然段，看看作者列举了哪些论据来支撑自己的观点。

（学生齐读第7至8自然段）

生3：第7自然段指出，我们从古以来，就有埋头苦干的人，有拼命硬干的人，有为民请命的人，有舍身求法的人。这些人是我们自古以来就有的，鲁迅先生赞颂他们是中国的脊梁。第8自然段主要列举了现在那些没有失掉自信力的中国人。“他们有确信，不自欺；他们在前仆后继的战斗，不过一面总在被摧残，被抹杀，消灭于黑暗中，不能为大家所知道罢了。”

师：作者列举了从古至今的仁人志士。我们来读一下第 8 自然段第一句话："这一类的人们，就是现在也何尝少呢？"由此可见，鲁迅先生把古代那些堪称"中国的脊梁"的人和现在的"这一类的人们"看作同一类人。这两类人有哪些共同的特点？

生 4："他们有确信，不自欺"这句话与前文第 5 自然段中提到的"中国人现在是在发展着'自欺力'"形成了鲜明的对比。有确信就是相信自己的力量，并愿为祖国和人民献身，与第 7 自然段提到的"为民请命的人"是一类人。

生 5：我想说一下"中国的脊梁"这个短语中的"脊梁"两个字。脊梁是可以支撑住整个人体的，腰杆是硬的、直的，所以作者说他们埋头苦干、拼命硬干，他们都有一种很顽强的毅力。

生 6：我还发现作者在第 7 自然段中提及"虽是等于为帝王将相作家谱的所谓'正史'，也往往掩不住他们的光耀"。从这里的"掩"字可以看出，这些人并没有被正史记载下来。第 8 自然段中说："……不过一面总在被摧残，被抹杀，消灭于黑暗中，不能为大家所知道罢了。"对照着来看，他们有一个共同的特点，即都是被摧残和被抹杀的对象。

师：从同学们的回答来看，他们有两个共同点：（1）他们身子正，骨头硬，为百姓前仆后继、舍身忘我，都是中国的脊梁；（2）他们总在被摧残，被抹杀，消灭于黑暗中。第 7 自然段提到了四种"中国的脊梁"式的人物，有同学为这四种人补充了具体的事例，请大家发表看法。

幻灯片：

1. 埋头苦干的人→李时珍默默钻研，写成《本草纲目》
2. 拼命硬干的人
   - 苏秦学习时引锥刺股，保持头脑清醒
   - 光绪帝变法革新，与朝中守旧派斗争
3. 为民请命的人
   - 杜甫为百姓疾苦写"三吏三别"
   - 邹忌为治理好国家讽齐王纳谏
4. 舍身求法的人→谭嗣同为变法革新英勇就义

（学生小组讨论）

师：哪些例子是不合适的？

生 7：我觉得苏秦引锥刺股的故事不合适，因为他勤奋学习不是为了百姓疾苦，而是为了自己的名利。

生 8：我认为邹忌讽齐王纳谏也不合适，建议改为林则徐虎门销烟。邹忌进谏只是尽了一个大臣该尽的义务，是为了使得国家大治，算不得是为民请命。

生 9：我觉得“光绪帝变法革新，与朝中守旧派斗争”这个例子不合适，因为光绪帝是清朝皇帝。

师：同学们辨析得很好，都能抓住“这一类的人们”的共同特点来思考论据的合理性。上述例子大多是古代的，同学们能补充几个现代的例子吗？

生 10：老师，我从您让我们阅读的文章中看到，刘和珍、杨德群等为了反抗段祺瑞执政府卖国求荣而请愿，被政府军枪杀而死，而且他们还被说成暴徒。

生 11：左联五烈士在上海龙华国民党淞沪警备司令部被秘密枪杀。

师：大家补充得非常好，这些人都是为了国家和人民前仆后继的人，又都是被摧残、被抹杀、消灭于黑暗中、不能为大家所知道的人。刚才大家举了很多有说服力的例子证明了鲁迅先生的观点。作者为什么不用具体的事例，反而用高度概括的例子来论证自己的观点呢？

生 12：这些例子都只是个例，其实“这一类的人们”在中国从古到今有很多，就像《七根火柴》中提到的无名战士一样，有千千万万人。

生 13：我觉得还有一种原因，鲁迅先生当时所处的时代是有口难言的。如果鲁迅先生真的指名道姓地骂国民党官僚，很有可能被摧残、被抹杀。

师：你补充得很好。我们一起读一下注释①：“文中加点的语句，最初发表时被国民党书报检查机关删去了。”为什么会被删去？因为这些语句所包含的讽刺力量已经触到了国民党官僚的痛处。所以，鲁迅先生只能在第 7 至 8 自然段里用高度概括的事例表达自己对当局所作所为的愤怒和不满。我们一起读一下文中这几句话，注意把感情读出来。

幻灯片：

1.（这些人）虽是等于为帝王将相作家谱的所谓“正史”，也往往掩不住他们的光耀，这就是中国的脊梁。

2.（这一类的人们）不过一面总在被摧残，被抹杀，消灭于黑暗中，不能为大家所知道罢了。

3. 说中国人失掉了自信力，用以指一部分人则可，倘若加于全体，那简直是诬蔑。

（学生朗读）

师：鲁迅先生写到这里，他的情感达到了不可遏制的愤怒。文章从盛赞中国的脊梁，写到他们被摧残、被抹杀，最后指出“那简直是诬蔑”。同学们，你们认为是谁在诬蔑？

生 14：我觉得诬蔑的人是国民党政府内部那些掌握话语权的人，比如注释④里提到的《大公报》的这些编辑。像刚才提到的刘和珍、杨德群等被段祺瑞执政府枪杀之后还被说成暴徒，这就是诬蔑。

师：你发言的内容指向了第 2 自然段提到的“于是有些人慨叹曰：中国人失掉自信力了”，这里的“有些人”就是你刚才提到的国民党“御用文人们”。要论中国人自信力的有无，鲁迅先生给出了答案。

（学生齐读第 9 自然段）

师：第 9 自然段提到的“状元宰相的文章”指的是哪些人的文章？结尾这句话与前文哪段文字相呼应？

生 15：第 1 至 2 自然段中提到的“公开的文字”。

师：第 9 自然段中的“地底下”指向了哪几段的内容？

生 16：第 7 至 8 自然段的内容。

师：文章读到这里，我们就明白了，作者在结尾把批驳的矛头指向了第 1 至 2 自然段的内容，在第 7 至 8 自然段把由衷的赞颂送给了“中国的脊梁”。这就是鲁迅先生杂文的力量。

幻灯片：

> 鲁迅先生的杂文是匕首，是投枪，就这样直刺入敌人的心脏。
>
> ——茅盾
>
> 对于有害的事物，立刻给以反响或抗争，是感应的神经，是攻守的手足。
>
> ——鲁迅《且介亭杂文·序言》

［意图说明］

分析论据，理解观点；进一步分析作者用概括论据代替具体论据的原因，理解文字背后凝聚着的作者的强烈情感。

【专家点评】

《中国人失掉自信力了吗》是一篇驳论文。文章先指出对方的错误，即部分人感慨“中国人失掉了自信力”，然后分两个层次批驳。第一个层次指出对方“先前信‘地’，信‘物’，后来信‘国联’，都没有相信过‘自己’”，由此推论“假使这也算一种‘信’，那也只能说中国人曾经有过‘他信力’，自从对国联失望之后，便把这他信力都失掉了”，又进一步指出这部分人发展出的是“自欺力”。第二个层次列举了“从古以来，就有埋头苦干的人，有拼命硬干的人，有为民请命的人，有舍身求法的人”，指出“这一类的人们，就是现在也何尝少呢？他们有确信，不自欺；他们在前仆后继的战斗”，证明了从古至今都存在有自信力的中国人。批驳了对方的论证谬误后，作者针锋相对地提出了自己的正面观点。

这篇驳论文以论述为主，但在严密的论证背后，又蕴含着作者复杂的情感。周海燕老师执教的这节课较好地引导学生梳理了鲁迅的论证思路，让学生体会到作者严密的论证过程。这样的教学设计有助于依托语言的学习，训练学生的逻辑思维能力，培养学生的理性精神与反思意识，即不迷信、不盲从、不凭经验随意判断，重视证据和推理，将之视为发现真相的主要手段，借助真实的证据与良好的推理来得出合理的结论，把正确的推理作为接受或拒绝某一观点的基本标准。这是语文学科德育的主要内容，也是育德的重要方法。周老师还适时补充了一些背景资料，启发学生在梳理作者论证思路的同时，感受作者遣词造句中寄寓的思想情感，如对敌人的嘲讽和痛恨、对先贤的敬仰、对今天战斗着的人们的赞赏。这样的教学设计，有助于学生体会鲁迅杂文的语言特点，拉近学生与作者的心灵距离，令学生与作者产生共鸣。这个过程，恰恰就是育德的过程。

（上海市教委教研室　曹刚）

紫藤萝静放，传递生命的力量

——《紫藤萝瀑布》课堂教学实录

上海嘉定区世界外国语学校　白晓阳

（本课荣获2020年嘉定区中青年教师教学评选活动二等奖）

教师简介：白晓阳，上海嘉定区世界外国语学校语文教师。曾参加嘉定区“幸福课程”八年级教材的编写工作，参与“义务教育教科书语文练习部分”九年级命题工作，参与上海市空中课堂八年级语文的课程录制。曾被评为市级优秀指导教师。

【德育理念】

“以我真心换你真心”，语文课堂是文化传递、思想碰撞、情感交融的场所，教师只有真正用心去研究学情、思考文本、理解作者，才能引发学生的共鸣和共情。

【设计说明】

《紫藤萝瀑布》是一篇状物散文，从被紫藤花吸引驻足到被紫藤花鼓舞前行，从紫藤萝的命运变迁到对人生遭遇的思考，作者借紫藤萝瀑布展现了自己对个体、群体、时代发展以及生命价值的理解。浅淡的语言引发深刻的哲思，平静的叙述包含欢欣的感悟。进行教学设计时，教师不仅要引导学生认识与思考生命本质、个体价值，还要引导学生感受蓬勃的时代精神，树立积极、健康的人生观和价值观。

这堂课主要采用“问题链”的形式推进文本整体解读；强化朗读教学，赏析散文语言；解读相关资料，理解作者情感；抓住语言细节，深挖主旨内涵。

【教学实录】

一、复习导入，营造散文学习氛围

师：“每个人一辈子都有许多不顺心的事，一件完了一件又来。所以丁香结年年都有。结，是解不完的；人生中的问题也是解不完的……”这是哪篇课文中的句子？

生齐答：《丁香结》。

师：对，这是宗璞《丁香结》中的句子。宗璞在《丁香结》中领悟到了什么？

生1：人生总有许多不顺心的事，就像丁香结一样，我们要豁达。

生2：我们既要有赏花的情调，也要有解结的心志，不怕问题。

生3：正是一个又一个“遇见丁香结、解开丁香结”的过程成就了人生的丰富和美好。

师：同学们说得很好，丁香结象征着人生的问题、愁怨。我们不仅要用豁达积极的心态去面对它们，还要认识到正是这些问题、愁怨，丰富了我们的人生经历。今天，我们将学习宗璞的《紫藤萝瀑布》。

［意图说明］

教师诵读导入，营造散文学习氛围；相似的核心问题有助于学生抓住散文学习的关键；通过哲思的巩固，引领学生关注宗璞温婉细密的语言风格中蕴含的文化质感和温暖内涵。

二、研读第1至6自然段，赏读瀑布之形，发现作者之喜

师：文章开头提及“我不由得停住了脚步”，“不由得”是什么意思？

生1：它是不禁的意思，体现了作者的不由自主。

师：什么让作者“不由得停住了脚步”？

生2：紫藤萝瀑布。

生3：紫藤萝。

师：究竟是紫藤萝还是紫藤萝瀑布？为什么？

生2：紫藤萝瀑布，因为紫藤萝不能体现“花开如瀑”的状态。

师：请结合文本谈谈“花开如瀑”是一种怎样的状态。

生2：“像一条瀑布，从空中垂下，不见其发端，也不见其终极。”花很多，看不到首尾，像充沛的水流一样“盛”，是繁盛、茂盛。

生4：“花朵儿一串挨着一串，一朵接着一朵，彼此推着挤着，好不活泼热闹！”藤萝开花，好像是水流在倾泻，热闹非常。“‘我在开花！’它们在笑。‘我在开花！’它们嚷嚷。”藤萝花也好像瀑布“哗啦啦”的水声。

师：化静为动，花瀑就好像水瀑一样，有声音，有动作，有热闹活泼的氛围，流动着

旺盛的生命力，确实是“花开如瀑”。

生 5：“紫色的大条幅上，泛着点点银光，就像迸溅的水花。”作者把花朵比作迸溅的水花，让我感受到花朵在阳光下闪耀的样子，写出了花朵流动的生命力。

师：所以，“我不由得停住了脚步”的原因是什么？

生 6：作者被繁盛的、充满生命力的紫藤萝瀑布吸引，不由自主地停住了脚步。

师：那么美的紫藤萝瀑布带给作者怎样的感受？

生 7：喜悦！

师：理由呢？

生 7：“彼此推着挤着，好不活泼热闹”“它们在笑”“它们嚷嚷”，这些拟人手法不仅生动形象地写出了花的繁盛之态、蓬勃之姿，也展现了作者内心的喜悦之情。

生 8：“每一朵盛开的花……像一个忍俊不禁的笑容，就要绽开似的。”这里把盛开的花比作忍俊不禁的笑容，也能表达作者的喜悦。

［意图说明］

解读课题的浅层含义，引导学生理解紫藤萝瀑布所蕴含的繁盛花态和蓬勃生机，感受作者的喜悦之情，引出情感冲突。

三、研读第 7 自然段，补充相关资料，解读作者之悲

师：课文中有没有直接表达作者情感的句子呢？

生 1：别的一切暂时都不存在，有的只是精神的宁静和生的喜悦。

师：“别的一切”指什么？

生 2：这些时一直压在我心上的关于生死的疑惑，关于疾病的痛楚。

师：这两句话中有一组意思相对的词，能展示作者的内心世界。谁找到了？

生 3：“暂时”和“一直”。

师：再结合句子，你们发现了什么？

生 4：宁静和喜悦是暂时的，疑惑和痛楚是一直存在的。

师：美丽的花瀑，旺盛的生机，为什么只带来了暂时的宁静和喜悦呢？请大家来读几段文字。

资料补充：

> 小弟去了。……但是现在怎么轮得到小弟！他刚五十岁，正是精力充沛、积累了丰富的学识经验、大有作为的时候。有多少事等他去做啊！医院发现他的肿瘤已经相当大，需要立即做手术，他还想去参加一个技术讨论会，问能不能开完会再来。他在手术后休养期间，仍在看研究所里的科研论文，还做些小翻译。直到卧床不起，他手边还留着几份国际航空材料，总是"想再看看"……
>
> 可是他去了，过早地去了。这一年多，从他生病到逝世，真像是个梦，是个永远不能令人相信的梦。我总觉得他还会回来，从我们那冬夏一律显得十分荒凉的后院走到我窗下，叫一声"小姊——"。

师：这两段文字选自《哭小弟》，写于 1982 年 10 月，而《紫藤萝瀑布》的写作日期是同年 5 月，也就是小弟重病期间。把这两段文字结合起来看，你们发现了什么？

生 5：小弟是一个优秀的航天人才，他无私奉献，时刻把工作放在首位。为什么他会得肿瘤？为什么他那么早就去了？这就是作者"关于生死的疑惑"吧。

生 6：作者与小弟的感情很深，写《紫藤萝瀑布》时，看到小弟重病的样子一定非常痛苦，所以才会有"关于生死的疑惑，关于疾病的痛楚"一直压在心上的沉重感。

师：至亲身患绝症对每个人来说都是极大的痛苦，这也是为什么紫藤萝瀑布虽然吸引人，但只给作者带来暂时的宁静和喜悦。

［意图说明］

关注反常之处，引发学生对"暂时"和"一直"矛盾背后情感的思考。补充相关资料，提炼关键信息，让学生深入理解人的不幸，为解读作者情感转变背后的理性思考做铺垫。

四、研读第 8 至 11 自然段，解读瀑布之神，再看作者之喜

师：整篇文章都在讲作者暂时的宁静和喜悦吗？

生 1：不是。

师：你是从哪里看出来的？

生 1："在这浅紫色的光辉和浅紫色的芳香中，我不觉加快了脚步。""不觉"是不由自主的意思，这里让人有一种发自内心的加快速度的感觉。

生2：这句话有一种积极、昂扬的感觉，给人一种被鼓舞、被激励的感受。

师：作者被什么鼓舞、激励了呢？

生3：紫藤萝。

师：文中出现了两处：一处是回忆中稀落、伶仃、没了、拆了、再也看不见了的紫藤萝；另一处是眼前那么盛、那么密的紫藤萝瀑布。究竟是哪一处紫藤萝鼓舞了作者？

生4：我觉得是眼前的紫藤萝瀑布，它展现的那种生机和活力影响了作者。

生5：我不同意，如果只是花瀑影响了作者，第6自然段就不会写暂时的宁静和喜悦。我觉得回忆中的紫藤萝也有一定的作用。

生6：我觉得紫藤萝的重生影响了作者。紫藤萝遭遇磨难后再次繁盛，这种生生不息的生命力量鼓舞了作者。

师：作者也用自己的思考表达了这种感受，是哪一句？

生7：花和人都会遇到各种各样的不幸，但是生命的长河是无止境的。

师：花和人都会遭遇各种各样的不幸，花的不幸是遇到砍伐，不能自由生长；人的不幸是弟弟得了绝症，"我"要看着至亲被病痛折磨。那么，生命的长河是什么？

生8：生命的长河是所有生命的集合，不是某一棵树、某一个人，而是紫藤萝这个物种的延续，是族群生生不息的力量。

师：花与人的不幸是个体的，而生命的长河是群体的，生命的长河不会因为个体的痛苦而停止。那我的疑问就更深了：那个遭受不幸的个体是"我"，是"我"的弟弟，"我"怎么就被群体的力量鼓舞、激励了呢？

生9：个体构成群体，作者感受到了生命个体对于群体来说的力量。

师：生命个体对于群体来说有什么力量？

生10："我抚摸了一下那小小的紫色的花舱，那里满装生命的酒酿，它张满了帆，在这闪光的花的河流上航行。"它虽然只是小小的一朵花，一个微不足道的个体，但也鼓足了生命的能量，绽放自己的生机与活力，在这闪光的花的河流上航行。

师：所以，一朵花的价值是什么？

生11："它是万花中的一朵，也正是一朵一朵花，组成了万花灿烂的流动的瀑布。"每朵花都是瀑布的组成部分，正是每一朵花的生机与活力组成了花瀑的"盛"，所以每一朵花的价值就是绽放自己。

师：这一朵一朵的紫藤萝象征着什么？对上述两句话还能怎样解读？

生12：这一朵一朵的紫藤萝象征着一个一个人，哪怕再弱小都要扬帆远航，都要盛满生命的力量。这就是花和人的价值，一朵一朵花的灿烂构成了整个瀑布的灿烂辉煌，一个一个人的精彩构成了人类历史的璀璨。

师：所以，真正鼓舞、激励"我"的是什么？

生 13：是生命的价值！对于每朵花来讲，就是盛放；对于每个人来讲，就是积极生活。

生 14：对于生命群体来讲，是生生不息、灿烂辉煌；对于生命个体来讲，是活出自我、绽放生命华彩。

师：作者的小弟虽然遭遇了不幸，但他曾在这世上绽放了生命的力量，他曾为这万花灿烂贡献了自己的力量，他是这流动的群体中那璀璨的一朵！想到这些，你觉得作者还需要一直沉浸在关于生死的疑惑和关于疾病的痛楚中吗？

生 15：不需要。

师：她该怎么做？

生 15：她应该像小弟一样努力绽放属于自己的生命华彩，变成万花灿烂中的一员。

［意图说明］

深入解读个体与群体之间的关系，明确个体对于群体的价值和意义，了解生命的意义就是努力绽放。引导学生学习作者面对不幸时积极、昂扬的人生态度，努力提升自己的生命能量，积极投身万花灿烂的时代洪流。

【专家点评】

许多写景散文有一个共同的特点，即写景实际上是写“我”，重在表达“我”在某种特定情境下的情感或思想，于是有了借景抒情和托物言志等表现手法。读这样的散文必须从“景”读到“人”，从语言表层的含义读到语言深层的情感与思想。《紫藤萝瀑布》就是这样一篇散文。因此，本文的教学重点不是作者写了什么，而是作者为什么写这些、为什么这样写。白晓阳老师的课，在这方面进行了有益的探索。

教师在课堂导入部分抓住《丁香结》，不只是为了复习，更重要的是给了学生一个心理暗示：丁香结的背后是人生的心态，是如何在解结的过程中成就“人生的丰富和美好”，暗示了本文合理的阅读路径。由此自然入题，抓住“不由得”一词，把这一路径显化，让学生也“不由得”从通常的关注花转向了首先关注人，一下子就把学生的思维从是什么转向了为什么。小小一招，四两拨千斤，胜却言语无数。

接下来的赏花，也就自然地从怎样的花转向为什么抓住花的这一特征以及这一特征的背后是什么。“究竟是紫藤萝还是紫藤萝瀑布”“‘花开如瀑’是一种怎样的状态”“那么美的紫藤萝瀑布带给作者怎样的感受”等问题，轻松带着学生从语言表层走向情感深层，引导学生思考“为什么写紫藤萝瀑布”和“为什么写这样的紫藤萝瀑布”，从景走向了人。

再往下，教师扣住“暂时”和“别的一切”的发问，让学生迅速从眼前的场景进入特定的生活情境，即作者的现实处境：既然“精神的宁静和生的喜悦”只是暂时的，那么“别的一切”指什么？是小弟的病危带来的一种生命的困境。虽然眼前充满蓬勃生命活力的紫藤萝瀑布深深感染了“我”，让“我”暂时忘却了“关于生死的疑惑，关于疾病的痛楚”，但问题又来了：美丽的花瀑，旺盛的生机，为什么只带来了“暂时的”喜悦和宁静呢？学生“不由得”向更深处走去。

于是，在紫藤萝两种命运的对照中，作为文本核心的对于个体生命与群体生命、生命磨难与生生不息的力量、生命哲理的思考等都有了答案——花和人都会遇到各种各样的不幸，但生命的长河是无止境的。明白了，释然了，于是，作者不再是暂时忘却，而是“不觉加快了脚步”。学生跟着作者完成了一次情感与思想的蜕变。

对学生而言，整堂课是一段自然轻松而又真正获益的思维和思想的旅程，他们会体悟到怎样读散文、怎样读这样的写景散文，更会明白应该怎样去看待生活，看待人生，看待我们自己的生命。

（上海市复旦中学　孙宗良）

生命的沉思
——《猫》课堂教学实录

上海市新杨中学　李小凤

（本课荣获上海市初中语文统编教材专题研究课优秀案例征集活动二等奖）

教师简介：李小凤，上海大学古代文学专业硕士，上海市新杨中学语文教师，第十届上海市语文大讲堂“语文教学之星”。主持市级、区级课题四项。执教的《外婆的手纹》一课荣获 2016 年“一师一优课、一课一名师”活动部级“优课”。曾获上海基础教育青年教师爱岗敬业教学技能竞赛二等奖。

【德育理念】

语文教学在学科德育中有着不可替代的优势，是学生核心价值观形成的重要途径。语文课程中所蕴含的智慧、自由、公正、爱的种子启迪和滋养着每一个生命个体。语文教学就是要让学生从中汲取力量，在熏陶渐染、潜移默化中浸润和成就生命。

【设计说明】

《猫》是部编语文教材七年级上册第五单元的课文。本单元课文描绘了人与动物相处的情形，引导学生认识生命、尊重生命，增进对人与大自然关系的理解，加强自我反思，健康身心，从而提高生命质量。《猫》表面上描写了家庭中的养猫琐事，但三只猫有三种命运。作者是前两只猫的悲剧的见证者，又是第三只猫的悲剧的主要制造者。他的喜怒哀乐和自责反省，都给予我们深深的启迪。基于以上理解，再结合单元学习要求，教师把教学目标确定为：理解“我”对三只猫的不同情感，以此梳理文章思路；分析三只猫的详略安排，领会文章主旨。

【教学实录】

一、检查预习，导入新课

师：猫是温顺乖巧的动物，与人类的关系尤为密切，很多人通过写猫来书写自己丰富的人生体验，郑振铎也是如此。他为我们讲了三只猫的故事。老师在预习作业中让大家根据表格的提示来比较三只猫。现在请同学们来交流一下比较的角度。

	第一只猫	第二只猫	第三只猫
来历			
			毛色花白，不好看，烧脱了几块毛之后，样子更难看了
	很活泼，很有趣		
		丢失	
“我”对活着的猫的感情			
“我”对亡失之后的猫的感情			

生1：三只猫的外形。

生2：三妹对猫的感情，还有失去三只猫的原因。

生3：三只猫的性情。

生4：三只猫在家中的表现。

生5：三只猫的结局。

师：梳理完比较点后，请大家思考“我”对活着的猫的感情和对亡失之后的猫的感情有什么不同。

生6：“我”非常喜爱前两只猫。在第一只猫亡失之后，“我”非常怜惜。

师：文中作者用了什么样的表述呢？

生6：一缕的酸辛。

师：第二只猫呢？

生6：更喜爱。在它亡失之后，“我”觉得好像亡失了一个亲爱的同伴。

师：你能用文中的词语来表述吗？

生6：怅然、愤恨。

师：谁来说说第三只猫？

生 7：在第三只猫活着的时候，“我”不是非常喜欢它；在它亡失之后，“我”十分难过。

师：很好，现在大家来看看我们梳理的情感。你们有没有发现有违常理的地方？请就此提出一个问题。

生 8：“我”不喜欢第三只猫，为什么在它死后那么难过？

师：非常好，这位同学提出了本节课最核心的问题——作者不喜欢第三只猫，为什么在它死后那么难过？作者为什么要花那么多的笔墨去详写第三只猫呢？让我们带着这些问题来探究课文。

［意图说明］

由检查预习导入新课，以默会知识的能力去探究生成性知识，有效了解学生学习文本的难点，以便有的放矢，调整教师的教学过程。

二、初步理解，理清思路

师：要解决核心问题，应先从梳理“我”的情感入手。三只猫亡失后，“我”的情感有一个共同点——都很难过，但每一次难过的原因和内涵不尽相同。老师给大家提供两个句式，请大家根据句式来概括“我”对前两只猫的情感。大家可以从“我”为什么喜欢这只猫和这只猫最终的结局入手来完成。

幻灯片：

1. 第一只猫亡失后，“我”心里感着一缕的酸辛，因为________________________________。

2. 第二只猫亡失后，“我”感到__________，但程度不同，因为________________________________。

生 1：第一只猫亡失后，“我”心里感着一缕的酸辛，因为它有着花白的毛，很活泼，但后来它突然变得很忧郁，最后生病死掉了。

师：你的表述遗漏了“我”喜欢这只猫的另一个理由，可以补充一下吗？

生 1：它能给“我”带来生命的新鲜与快乐。

师：非常好，请你完整地陈述一遍。

生 1：第一只猫亡失后，“我”心里感着一缕的酸辛，因为它有着花白的毛，很活泼，能带给“我”生命的新鲜与快乐，但是后来它不知怎的生病死掉了。

师：你能结合课文解释一下“酸辛”的意思吗？

生 1：“酸辛”指这只猫本来很活泼，突然死了，让人感到悲伤与无奈。

师：很好，我们再来看看第二只猫。

生2：第二只猫亡失后，“我”感到怅然和愤恨，但程度不同，因为它活着的时候非常活泼，一点也不怕生人。它亡失后，我们好像亡失了一个亲爱的同伴。

师：它是怎么亡失的？

生2：它被一个不知名的人捉去了。

师：在刚刚的回答中，你忽视了第二只猫招人喜欢的另一个原因，谁来补充？

生3：第二只猫还捉到过一只肥大的老鼠，解决了我们家的烦恼和忧虑。

生4：第二只猫亡失后，“我”感到怅然和愤恨，但程度不同，因为它活着的时候非常活泼，一点也不怕生人，还可以帮我们捉住老鼠，解决我们家的烦恼和忧虑。

师：在梳理的过程中，我们能感受到猫亡失后“我”内心的伤痛。所以，在第二只猫亡失后，作者说：“自此，我家好久不养猫。”“好久不养”说明一段时间内连续失去两只爱猫，让“我”内心的伤痛难以释怀。我们再回头看看第一只猫亡失后作者说了什么。

生5：“不要紧，我再向别处要一只来给你。”

师：你是怎么理解这句话的？

生5：这句话说明这只猫在作者的心中没有那么重要，是可以被替代的。

［意图说明］

从理解和体会语言背后的情感到转换成自己的语言表述，在这样的语言转换中，学生能更好地理解作者对三只猫情感的差异，体会作者的写作意图。

三、分析材料安排，明确写作意图

师：两只爱猫的亡失给“我”带来的伤痛是一时半会难以释怀的，当张妈将第三只猫捡进来，它在“我”家会有怎样的命运？会得到优待吗？请大家快速阅读相关段落，思考问题：“我”的家人对第三只猫有着怎样的态度？你从中能读出怎样的情感态度呢？

生1：文中说连三妹那样爱猫的对它也不大注意，因为它平时很不活泼，有着忧郁的个性，所以三妹不喜欢它。

师：这种不喜欢是从什么时候开始的？

生1：一开始就不喜欢。

师：还有没有表明“我们”一家人一开始就不喜欢它的句子？

生2：“如此地，过了几个月，它在我家仍是一只若有若无的动物。”它的地位很低，是若有若无的。“仍”字说明几个月以来都是如此，没有改变过。

师：很好，请大家把“仍”字圈出来。

生3：“毛色是花白的，但并不好看”，“但”字表现了“我们”一家人不喜欢这只猫。

师：第三只猫跟第一只猫很像，都是花白的毛，但大家觉得第一只猫很活泼，都不喜欢第三只猫。我们把“但”字圈出来，联系之前圈的“但、仍”等字，说说你从中感受到了什么。

生4：我觉得大家不仅不喜欢这只猫，还有一些厌恶它。

师：作者为什么要花这么多笔墨来写大家不喜欢它呢？

生5：因为要为后文写鸟死了之后，大家一致认为是第三只猫吃了它做铺垫。

师：很好，这种不喜欢导致鸟死了之后，“我们”全家人一致认定就是这只猫把它吃掉了。所以，大家一定要注意连词、副词和微妙的语意差别。我们再来看看妻子的爱鸟死了之后，家人有怎样的表现。

生6：“三妹在楼上叫道：‘猫在这里了。’”三妹是一个很爱猫的人，她没有包庇它，反而让“我”找到它，让它受到惩罚。

师：除了三妹之外，文中还提到了哪些人的表现？

生7：“我很愤怒，叫道：‘一定是猫，一定是猫！’”“一定”表示非常肯定，“我”认定这只猫咬死了鸟。

生8：“真是‘畏罪潜逃’了，我以为。”

师：请大家齐声将这句话读一遍。（略）谁来说说自己的理解？

生9：作者认定这只猫犯了罪，因为害怕被他们惩戒，就先逃跑了。

师：这句话在句式上有什么特殊之处呢？

生10：用了倒装句，更能突出“我”对它的厌恶，因为“畏罪潜逃”这个词往往用在犯了罪的人身上，这里却用在了猫身上。

生11：我觉得作者本来就是没找到，并且把这种没找到想成这只猫“畏罪潜逃”。所以，“我以为”强调的是“我”的自以为是和妄下断语。

师：很好，这是“我”的反应，其实还有妻子的反应，因为时间关系，请大家课后再去探究。“我们”全家人因为之前的偏见冤枉了第三只猫。当真相大白了之后，“我”的内心掀起了轩然大波。请同学们再来默读第30至34自然段，说说你从中体会到了什么，可以抓住具体的句子来表达。

生12：“我的暴怒，我的虐待，都是针，刺我良心的针”，针虽然很小，但刺人很深、很疼。这表达了“我”在冤枉了这只猫之后良心很痛，对自己妄下断语的这种行为感到后悔。

生2：“补救”这个词，体现出我非常想向它道歉，对自己的行为感到后悔。

师：很好，这只猫能否感知到这种抱歉呢？

生13：不能，因为它死去了。

师：通过思考，我们理解了“我”的这种情感宣泄。自责、愧疚和对自己行为的反思深深地刺痛着“我”。我们发现第三只猫亡失的时候，作者的情感与之前已经有了实质上的不同。老师再出示一个句式，请大家来说说第三只猫亡失后“我”的内心感受。

幻灯片：

> 3. 第三只猫亡失后，“我”感到________，但所指的感情不一样了，“我”有一种深深的自责和忏悔，因为____________________________。

生 14：第三只猫亡失后，“我”感到难过得多，但所指的感情不一样了，“我”有一种深深的自责和忏悔，因为“我”冤枉了一只不能说话、不能辩诉的动物，而它却对“我”没有抵抗，只是逃避，更加使“我”感到“我”的暴怒，“我”的虐待，这使“我”的良心受到谴责。

师：非常好。我们感受到了第三只猫的亡失深深地刺痛着“我”，所以“我”会在它亡失之后决绝地说：“自此，我家永不养猫。”请大家联系前面的“自此，我家好久不养猫”，谈谈对这两句话的理解。

生 15：第一句“自此，我家好久不养猫”，说明“我”家还是想要养猫的，只是有一段时间没有养。所以，“我们”难过是因为失去了猫。

生 16：第二句“自此，我家永不养猫”是作者的决定，因为他冤枉了一只不能说话、不能辩诉的动物，所以觉得很惭愧，这里是对猫亡失的惭愧。

生 17：我还有补充。我觉得第二句中作者由于自己的偏见，冤枉了这只猫，这里的难过主要是对自己行为的难过。

师：你们回答得很好，这两句话是作者的情感一步步深入的表现。作者之前难过是因为失去了自己养了很久的爱猫，而此时是对自己暴虐行为的反思。作者用了第 15 至 34 自然段这么多的笔墨来写很讨厌的猫，这是为什么呢？给大家 4 分钟时间，小组讨论讨论。

生 18：我们组认为第三只猫的亡失是由作者一家的偏见和对它的冤枉导致的，跟前两只猫亡失的原因不同，所以作者要详写。

生 19：因为第三只猫给“我”的印象最为深刻，“我”的错误行为导致了这样一个无法挽回的结局，给“我”的良心造成了很大的伤害，而且没有办法补救。我们组认为作者想要借第三只猫来表达中心思想，那就是不要用自己的偏见去看待和伤害别人，应该公平公正地对待别人。

师：你们组认为作者之所以详写第三只猫是为了表达中心思想，非常好。除此之外，还有没有要补充的小组？

生 20：我们组认为作者写前两只猫是为了给第三只猫不断蓄势，与第三只猫形成强烈的对比和反差。前两只猫带给“我”的是一种快乐美好的感受，第三只猫带给“我”的是良心的痛，这与前两只猫已经有了本质区别，所以要详写。

师：很好，正因为作者对三只猫的情感不同，造成三只猫悲剧命运的原因也不同，所以作者在材料安排上有了特别的思考。这里的“猫”不仅仅是宠物，也可能是自然界的其他动物，还有可能是像它一样生存的弱者。

［意图说明］

理解“自此，我家好久不养猫”与“自此，我家永不养猫”在结构和内容上的作用，理清行文思路。通过分析材料间的关系和详略安排，明确材料为文章主旨服务。

四、理解写作意图，引发自主思考

师：这篇文章让你们对人与动物、人与人之间的关系有了怎样的思考？

生1：无论做任何事情，都不能凭个人的好恶、私心和偏见，否则就会出差错，甚至造成无法补救的严重过失。

生2：对弱小者要仁爱，要尊重，不要暴虐地予以对待。

师：很好，这体现在作者对人性的思考层面。

生3：我们人类要热爱和尊重生命，同情弱小者，与自然和谐相处。

师：很好，你的回答指向了对人与动物之间关系的思考。

生4：我认为这是作者对自己暴虐行为的自责、对自己永无弥补和改正机会的深深遗憾、对与猫一样的没有辩诉机会的底层生活者的反思。

师：非常好，你的回答指向了作者对自我灵魂的叩问。这篇文章也反映了一个善良、正义、严于自省、富有良知的知识分子的情怀。

［意图说明］

明确文章的写作意图，在深层思考中塑造健康人格，理解中国知识分子的反省意识。引导学生多方位思考，懂得与自然和谐相处，懂得思考人性，更懂得自我反省。

【专家点评】

郑振铎先生的《猫》在主旨理解上是存在分歧的，因而如何基于文本所表达的思想情感，从学生成长的角度，让他们从文本中获得有益的养分，形成合理的价值取向，并且能够自圆其说，是本文教学必须解决的问题，也是对教师与课堂的重要考量。

李小凤老师的教学定位于“人类要热爱和尊重生命，同情弱小者，与自然和谐相处”与“作者对自我灵魂的叩问……反映了一个善良、正义、严于自省、富有良知的知识分子的情怀”是可以接受的。从文本的角度看，作者之所以写三只猫的生命悲剧以及作者对此的不同态度，正是要在比较中凸显第三只猫的死因并由此体现作者自身的性格缺陷与生命思考，凸显我们要树立的生命价值观念。从学生成长的角度看，积极健康的生命意识、对弱小者的同情、生命平等以及基于此的生命反思，是初中生必须建立的观念。因此，这一核心价值的确定体现了教师的文化理解与学生意识。

要实现这一核心价值，课堂上必须形成有效的思维过程，达到逻辑自洽的要求。本课形成了这样一个认知过程：三只猫的基本情况—它们不同的结局—“我”对这结局的不同情感—第三只猫死亡前后“我”的态度的比较—第三只猫死亡原因与“我”的态度的关系—生命意识的建立与自我反思。整个过程层次清晰，逐层推进，形成严谨的逻辑推演，使主旨的证明体现出一种必然性，结论也由学生自主建构形成，而不是教师硬性给予。课堂上，学生的这些自主生成确实难能可贵。

当然，仅仅有逻辑建构对于作品阅读是不够的。本课教学中，教师不断引导学生进行语言品析，发挥了很好的作用。如对“一缕的酸辛”“自此，我家好久不养猫”“自此，我家永不养猫”的比较品读，对“但、仍、也”等学生容易忽略的字词的意义挖掘，都是很有价值的。这也说明，语文课首先是语文的。也只有这样，课堂才会丰满起来，学生的感悟才能丰富并深刻起来。

（上海市复旦中学　孙宗良）

无为治世，有为立心
——《记承天寺夜游》课堂教学实录

上海市松江区小昆山学校　栗锐锋

（本课荣获上海市中小学中青年教师教学评选活动二等奖，入选2018年上海市中小学学科德育精品课程）

教师简介：栗锐锋，上海市松江区小昆山学校副校长，中学高级教师，松江区先进德育工作者、松江区第六届学科名师、第四期“上海市普教系统名校长名师培养工程”攻关计划后备人选。曾获上海市中小学中青年教师教学评选活动二等奖、松江区中青年教师教学评选一等奖、松江区班主任竞赛一等奖。

【德育理念】

融合师生情感，开启智慧之门；拓展文化视野，传递中国精神。语文学科要通过创设真实情境、设计驱动问题、构建表达场域，激趣、融情、汇智，努力塑造学生的品格、品行，提升学生的品位。

【设计说明】

《记承天寺夜游》记述了苏轼和好友张怀民月下同游承天寺的情景。全文仅八十余字，却被后世誉为“神品”。苏轼在文章中表达出洒脱的人生态度和自我超脱的人生境界，这是弥足珍贵的传统文化资源，更是丰厚的德育资源，可以为学生的成长提供无尽的滋养。

苏轼是中国文人的典型代表。本课教学从标题文字入手，搭建学习支架，引导学生回顾苏轼的文学成就和人生经历，凸显黄州对苏轼思想和人格的提升作用。教师抓住“闲人”这一关键词，深入探究本文的文学价值，激发学生的学习兴趣，使学生产生共鸣，真切地感受苏轼的思想和情怀。从品味文字到理解文章，再到亲近文化，顺利达成品质培养和人格塑造的目标。

【教学实录】

一、设疑引思

师：这节课，我们来学习苏轼的一篇名作《记承天寺夜游》，请大家齐读标题和作者。

（学生齐读）

师：从标题中可以看出，这篇文章记叙了苏轼夜游承天寺的经过，它的体裁是游记。我们还学过哪篇游记？

生齐答：《小石潭记》。

师：《小石潭记》的景物描写丰富而精彩，给人留下了很深的印象。请自读一遍文章，找一找写景的地方。

生 1：庭下如积水空明，水中藻、荇交横，盖竹柏影也。

师：一篇游记如此短小，写景的文字也不多，却被公认为苏轼的代表作之一，更被看作中国散文的经典，它的魅力究竟来自何处呢？这节课，我们就来深入探究一下。

［意图说明］

让学生关注标题，把握文章内容，并从文体入手，引导学生发现本文作为“游记”的特殊之处；点出它在中国文学史和文化史上的地位，聚焦苏轼其人其文，激发学生学习兴趣。

二、移情入境

师：苏轼是在什么情况下出游的？

生 1：月色入户，欣然起行。

师：出游前，他的状态如何？当时是什么季节？

生 2：他的状态是解衣欲睡。农历十月十二已经是冬天了，冬夜寒冷，冬衣层层叠叠，脱了又穿非常麻烦。

师：按常理讲，一般人此时不会出行，是一种怎样的情感驱使苏轼出门夜游？这时他处于怎样的境地？

生 3：被贬。

师：他因为什么被贬？被贬后的状况如何？

生 4：元丰二年，苏轼由徐州贬调湖州。他上表发牢骚，被诬写诗诽谤朝廷，获罪入狱，这就是历史上有名的“乌台诗案”。后来他死里逃生，被贬流放到黄州，任团练副使，生活艰难，衣食不给。其间，他三次搬家，先居寺庙，再借住驿站，最后自己盖了几间房子，还在城东的一块土地上垦荒种田，所以自号“东坡”。

师：苏轼当时正处于人生的冬夜。在这样的处境下，他的内心会有怎样的感受？

生 5：悲哀、愤怒、郁闷、失意、忧伤。

师：这时看到月色入户，苏轼的内心有了怎样的触动？面对这样的现实处境，突然，月光照进来了，他被贬的郁闷、忧伤、愤怒，因这明净的月色，得到了净化，得到了释放。

（学生朗读第一句，体会见月之情）

师：已经欣然了，已经快乐了，为什么他还要去找张怀民？

生 6：因为这快乐要与人分享。

师：要与人分享，再一次说明他的快乐很强烈。其实，在这个过程中，苏轼的快乐进一步得到了加强，这体现在几个很平常的字上。读读这一句，你们能找到这几个字吗？你们能体会苏轼的心情吗？

生 7："遂"和"亦"两个字最能体现苏轼的喜悦。"遂"说明自然而然，苏轼赏月最想找的就是张怀民。"怀民亦未寝"，苏轼兴冲冲去找张怀民。与自己志同道合的朋友一同赏月，这快乐一定更强烈了。

（学生朗读第二句，通过"遂""亦"两个字，体会寻友之情）

［意图说明］

本环节教学应适时补充必要的历史背景和文化背景知识，为学生搭建学习支架，使学生先发现反差，应"悲"却"乐"，再理清"乐"的内容，产生共鸣，真切地感受苏轼的思想和情怀，亲近传统文化，体验独立自由人格。

三、深入研读

师：苏轼和友人"相与步于中庭"，共赏月下之景。此时此地的景物有什么特点？

生 1：月光皎洁，松柏轻轻摇动，环境清雅幽静。

师：这画面带给人怎样的感受？

生 2：景语即情语，苏轼写月光和竹柏，其实也在写自己内心的宁静、空灵、闲适，还在写自己和张怀民的悠闲自得。

师：《小石潭记》在移步换景中描写了多种景物，景物多姿多态。而本文写景只有一句，只写了两种景物，景物像一幅静态的水墨画，作者的视线也没有变化。人移步，景却不换，这是为什么呢？

生 3：苏轼陶醉在景物中，心与景合，他想要表达的东西通过这样的景物就能够充分体现出来。

师：写景即写心。环境的宁静、空明体现了作者内心的宁静、空明，人景交融，物我两忘。我们现在再来思考，本文写景只有一句，你们觉得够不够？还能再写吗？

生 4：一句景物描写已经把作者想要表达的内容都表达出来了。行于当行，止于当止，再写就是一种破坏了。

（学生朗读第三句，体会赏月之情）

［意图说明］

引导学生关注景物的特点——空明澄净，理解作者的情感与景物之间的关系。感受苏轼对现实处境的超越，眼前景净化为笔下景，原因在于他对自然进行了重新塑造，写景即写心，这就是人格的力量。

四、整体提升

师：请连读第三、四句，你们发现矛盾了吗？苏轼把月光和竹柏之影描摹得如此美好，下面却说“何夜无月”“何处无竹柏”，又把美好消解了，他究竟想表达什么心境呢？

生 1：我觉得他要体现自己是个闲人，从“但少闲人如吾两人者耳”可以看出来。

师：“闲”究竟意味着什么？可以纵观全文回答。

生 2：无事可做。

生 3：因无事可做而生活困苦。

生 4：空有能力和抱负，却无用武之地。

生 5：欣赏自然美景，心情愉悦。

生 6：不为现实烦恼羁绊，自在洒脱。

师：所以，“闲”有两层含义：一是现实的闲、客观的闲，被贬的、有职无权的、处于生活困境的、没有用武之地的闲；另一个则是心灵的闲，愉悦的、宁静的、洒脱的、达观的、心灵自由的闲。苏轼是在书写自己的心境，从现实的闲走向心灵的闲，在困境中妙悟，发现自我的美好，提升了生命的境界。苏轼在这一刻走出了现实的困境，走向了心灵的自由；而柳宗元则走不出现实的困境，最后无法摆脱孤独和忧伤。文章虽言简意赅，但苏轼的心境和胸襟已经表达得淋漓尽致。冬夜的月光照亮了苏轼，而苏轼的冬夜则照亮了千百年来每一个读懂这篇文章的人。

板书：

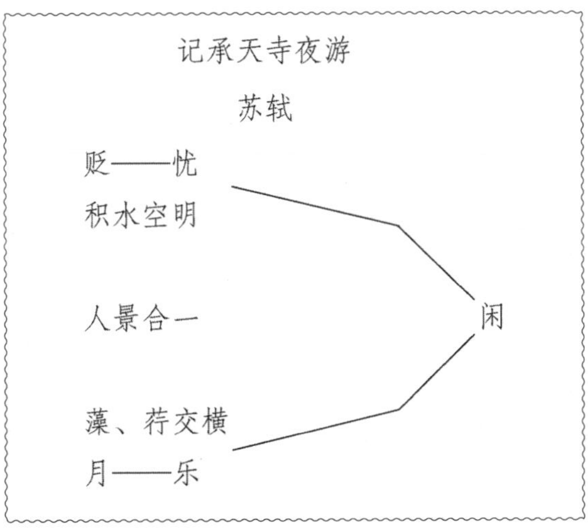

［意图说明］

此时的苏轼已经达到了超脱和自由的境界。境由心生，苏轼不羁于外物，找到了自己内心的宁静自由。这是人生的顿悟，是人格由依附到自在的飞升。

引导学生发现矛盾，纵观全文，理解“闲人”的内涵，感受苏轼从现实的闲走向心灵的闲的过程。从学生的学习经历中挖掘资源，《小石潭记》等都是作者遭遇贬谪后即景抒情的文章，可作为学习本文的辅助，通过比较联系、触类旁通，更能映照出本文的特点和价值。闲而有为正是苏轼生命境界对中华文化的贡献——不以仕宦得失为人生旨归，拒绝传统的依附性人格。这是对现实世界功利的一种反抗，对学生来说，则是清洁精神的一次洗礼，是自由精神的一次洗礼。

【专家点评】

语文学科和德育水乳交融。不管是“文以载道”，还是“诗以言志”，都说明在立德树人方面，语文学科有着天然的优势。如何彰显语文学科的德育价值，挖掘文本的思想内涵，传承文化，塑造人格，是语文教师应该思考的问题。我觉得“文道结合”“情志交融”是重要路径，只有抓住语文学科的特点，从品味文字入手，由理解文章再到亲近文化，才能真正使教育润物无声，顺利达成品质培养和人格塑造的目标。栗锐锋老师执教的《记承天寺夜游》基本达到了这个目标。

栗老师在初步梳理文章内容的基础上，聚焦对“闲人”的理解，建构解读文本的核心问题。理解文章，理解“闲人”，要关注文脉。“闲人”的内涵，必须综合全文内容才能理解。

如此，自然要推敲文字，梳理情感。“遂至承天寺”写出苏轼去“寻张怀民”的自然而然，而“怀民亦未寝”则显示出两人心有灵犀，具有共同的情怀和心志。二人的惺惺相惜则通过“相与步于中庭”得到充分体现。副词与语气词连用，更是相得益彰。“盖竹柏影也”，写恍然大悟的欣喜，极具情态感；“但少闲人如吾两人者耳”，自豪自赏之情溢于言表，更将内心的旷达融于幽默自嘲中，令人不禁莞尔。

教学还关注了景物描写。夜游承天寺，只写“庭下如积水空明，水中藻、荇交横，盖竹柏影也”，呼应上文“月色入户，欣然起行”，具体展现月色美好。“空明”不仅刻画出皎洁的月光，还透露出作者空旷澄澈的心境。“水中藻、荇交横”，写出月色如水之真切，与“盖竹柏影也”相联系，更增强了高洁自赏之感。后文“但少闲人如吾两人者耳”之自豪自赏由此水到渠成。

玩味文字是学生的薄弱点。学生很有可能只关注“欣然”“乐”等能明显体现作者心情的字词，而忽略“念”“遂”“亦”这样看似平淡无奇却意蕴丰厚的字词。所以，教师在推敲时给学生铺设阶梯，引导学生从明显的文字入手把握情感，再就看似平易的地方细细体会，然后关注前后文的关联，读出简单文字背后的丰厚意蕴。教师从易到难，从扶到放，培养学生品读文字的能力。另外，教师还从学生的学习经历中挖掘资源，借助《小石潭记》等文章，映照出本文的特点和价值。

最后，通过理解“闲人”，引导学生亲近传统文化，塑造现代人格。“闲人”既是一种自嘲，也是一种自我解脱，从自嘲到自我解脱正是苏轼“闲”的特殊之处。“闲”即无为，无所依，无所附，自本自根，自为主宰，永恒真实，圆满逍遥。此时的苏轼已经达到了超脱和自由的境界。这是人生的顿悟，是人类的大自信，是人格由依附到自在的飞升。这是中华传统文化的一次嬗变，是文人从现实生活中的“无为”走向人生境界的“有为”的一次超越。苏轼在超越自我的同时，也超越了以往固化的以仕途成败定论人生的知识分子心态。这对学生面对逆境，保持乐观平和的心态，正确处理与自然、社会、他人的关系，保持心灵的自由具有极其重要的意义。本节课实现了德育与学科教学的深度融合，达成了教学目标。

（上海市复旦中学　孙宗良）

传统与革新的取舍
——《敬业与乐业》课堂教学实录

华东师范大学松江实验中学　林超

（本课荣获松江区中青年教师教学评选二等奖）

教师简介：林超，华东师范大学松江实验中学语文教师，第四期“上海市普教系统名校长名师培养工程”攻关计划成员，松江区第六届语文学科名师，2018—2019年松江区学科中心组成员。课例入选2018年上海市中小学学科德育精品课程、2017年“一师一优课、一课一名师”活动部级“优课”。

【德育理念】

学科德育是“随风潜入夜，润物细无声”的过程，只有深度理解文本，关注教学过程，关注学生经历，才能够真正实现学科德育。

【设计说明】

这篇文章是梁启超先生面向上海中华职业学校学生的一篇演讲稿。梁启超是中国近代维新派的代表人物，拥有丰富的人生经历和广阔的文化视野，其阐述的观点具有深刻的哲理性，闪烁着智慧的光芒。

九年级的学生已经有了一定文化积淀，对于梁启超文化价值观有一定程度的理解。教师希望凭借当时的历史大背景，让学生从作者的思想转变中感受传统文化的独特魅力，辩证地思考东西方文化，通过理解作者对传统文化的推崇来获得文化自信，面对不同的文化能够做到“取其精华，去其糟粕”。

【教学实录】

一、导入新课，思考文体

师：今天我们要学习梁启超先生的一篇演讲稿。他是维新派的代表人物、戊戌变法的领导人物，也是著名的教育家。我们先来读一读文章，说说这篇文章与普通的议论文相比有什么特别的地方。

生 1：“我”“你”比较多。

师：你发现了人称上的特点，这样表达有什么好处呢？

生 1：能够拉近演讲的人与听众的距离，更加吸引人。

师：你讲得很好，还有需要补充的吗？

生 2：这篇文章浅显易懂，口语化的表达比较多。如作者说：“今日大热天气，我在这里喊破喉咙来讲，诸君扯直耳朵来听，有些人看着我们好苦；翻过来，倘若我们去赌钱去吃酒，还不是一样在淘神费力？难道又不苦？”

师：这的确是演讲稿的特点。让我们深入学习，总结这类文体的特点。

［意图说明］

本文是梁启超先生的一篇演讲稿，对于这种文体，学生是较为陌生的。所以，教师从较为接近的议论文入手，引导学生进行比较，体会本文在形式上的独特之处。

二、整体感知，了解背景

师：为深入了解这篇演讲稿的创作背景，请大家自由朗读课文，快速思考课件上的三个问题：演讲的听众是谁？演讲的地点在哪里？演讲的大致时期是什么？可以在文中找出关键词。

（学生自由朗读课文并思考、圈画）

生 1：演讲的听众是学生。

师：请说具体一点。

生 1：演讲的听众是上海中华职业学校的学生。我是从注释 1 中找到的。文章还提到“今日所讲，专为现在有职业及现在正做职业上预备的人——学生——说法”。

师：你既联系了文章内容，又借助了注释，这种阅读习惯很好。接着，我们来思考第二个问题。

生 2：演讲的地点自然就是上海中华职业学校。

师：这位同学反应迅速，让我们一起了解一下这所学校。（出示幻灯片）我们可以看到，这所中等专业学校在职业教育领域有很大的影响力，而且它的校训也与文章的标题有一定的关系。让我们继续思考第三个问题。

幻灯片：

> 该校是中国近现代史上以试验、总结、推广职业教育著称的一所中等专业学校，由黄炎培发起的中华职业教育社创办，“敬业乐群”为其校训。

生 3：从注释里发现，演讲的时间是 1922 年 8 月 14 日。

师：那是什么时期？

生 3：民国时期。

师：这位同学的历史知识很扎实。我们还应该注意具体的时代，当时正处于新文化运动时期，这场以“反传统、反孔教、反文言”为口号的思想文化革新在中国文化思想史上有巨大的影响。文中有没有相关的语句？

生 4：第 7 自然段中“我信得过我当木匠的做成一张好桌子，和你们当政治家的建设成一个共和国家同一价值”，这句话里的“共和”是那个时代的热门词语。

生 5：第 6 自然段中“当大总统是一件事，拉黄包车也是一件事”，从“大总统”和“拉黄包车”的讲法都可看出那个时代的特点。

师：这两位同学都很有眼光，也能够用一定的历史知识来佐证，非常好。了解时代背景后，我们需要理清文章的结构。

［意图说明］

通过朗读，筛选信息，明确演讲的听众、地点和时期，先从文章中梳理本文的微观历史背景——本文是梁启超先生面向上海中华职业学校学生的一篇演讲稿；再补充当时的宏观历史背景——新文化运动时期，在此基础上让学生快速找到本文作者的观点，体会演讲稿的初步特点。

三、细读课文，理清结构

师：作者在这篇演讲稿中提出了哪些观点？

生 1：第 6 至 7 自然段提出我们要敬业，第 8 自然段提出我们要乐业。

师：这位同学讲得很清晰。这两个部分告诉我们要敬业与乐业，正好呼应了题目。文章其他部分还论述了什么内容？

生 2：从第 2 自然段最后一句话开始到第 5 自然段，作者论述了“有业之必要”。

师：你能不能用自己的话来表述？

生 2：作者论述了我们每一个人都应该先有业。

师：这位同学有了新的发现。演讲的题目是《敬业与乐业》，作者为什么用较长的篇幅来论述有业？

生 3：先有业才能敬业，所以讲敬业之前要讲有业，而乐业是建立在敬业基础上的。这与课文第 9 自然段“今天所讲，敬业即是责任心，乐业即是趣味”相呼应。

师：这位同学把文章的脉络和逻辑关系梳理得十分清晰。这三个部分是层层递进的关系。

［意图说明］

通过分析与解读语句，让学生理清层层递进的结构和演讲稿的逻辑关系，体会演讲稿的独特之处。

四、拓展迁移，深入思考

师：在梳理好文章结构后，我们结合同学们课前的疑问，深入思考文章细节。（出示幻灯片）我们按顺序思考这三个问题。第一个问题应该怎么理解？

幻灯片：

1. 第 6 自然段中说“人类一面为生活而劳动，一面也是为劳动而生活。人类既不是上帝特地制来充当消化面包的机器，自然该各人因自己的地位和才力，认定一件事去做”，这句话的含义是什么？

2. 第 7 自然段中说“我信得过我当挑粪的把马桶收拾得干净，和你们当军人的打胜一支压境的敌军同一价值”，作者不是挑粪的，学生也不是打仗的，文章为什么这么写？

3. 新文化运动是有选择地向西方学习的思想文化运动，在这里为什么只引用了中国的传统典故与名言？

生 1：这句话的前半句是指人类为了美好的生活而劳动。

师：说得好，哪位同学可以说一下自己对后半句话的理解？可以结合这句话之后的句子来理解。

生 2：劳动也可以被当作人类的目标。就像后面所写的那样，“人类既不是上帝特地制来充当消化面包的机器，自然该各人因自己的地位和才力，认定一件事去做”。

师：这位同学理解得很到位，劳动本身也可以当作人生的目标和人类存在的理由，所以为生活而劳动、为劳动而生活是一组辩证的存在。这一段强调的是后者还是前者呢？

生 3：“一面也是为劳动而生活”强调了劳动的价值，从而推论出“凡职业没有不是神圣的，所以凡职业没有不是可敬的”，进而论述了第 7 自然段的内容。

师：非常好，这位同学已经读懂了作者论述敬业的思路。顺着这位同学的思路，我们继续思考第二个问题。

生 4：这段话论证了第 7 自然段的论点，即只要忠实于自己的职业就能够做到敬业。

师：为什么这里写到了挑粪与打仗？

生 4：作者联系了当时的社会背景，让当时的学生更有代入感，用“你”和“我”也更能引发听众的思考。

师：你讲得很到位，不仅理解了文章的论证思路，也体会到了演讲稿的特点。大家可以感受到，这段话十分口语化，如“我信得过……”。我们可以总结一下演讲稿的特点。

生 5：演讲稿的特点是作者观点明确、关注听众感受、语言浅显易懂。

师：你的归纳很到位。发现了演讲稿的特点后，我们结合时代背景思考第三个问题。大家可以先讨论一下。

生 6：全文引用了大量的儒家经典名句，从中可以看出作者对于传统文化的推崇。

师：这位同学从一个很好的角度来理解作者，如果我们细心读文章，还可以发现道家的思想，如庄子的话。儒释道是我们传统文化的精髓，作者用这些思想来引导当时的年轻人。梁启超先生的主张值得我们关注。

生 7：老师，那作者对西方文化是排斥还是接受呢？

师：文中有没有西方文化的影子？

生 7：有，从刚才提到的“共和国”“大总统”，还有我们读到的“消化面包的机器”，都可以看到西方文化对中国的影响。

师：你抓住了细节，分析得很到位。所以，我们可以真切地感受到，那是一个中西文化交流碰撞的时代。让我们来看看当时梁启超个人的思想变化——梁启超是中国近代维新派的代表人物，原本对于西方文化持推崇的态度，倡导文体改良的“诗界革命”和“小说界革命”，自 1899 年起提倡的文学革命开创了近代文学理论探索和文学创作的新局面。后来，梁启超经历数次政治风波后退出政坛，赴欧洲考察，了解到西方社会的许多问题和弊端。回国后，他提出西方文明也有很大的不足，主张光大传统文化，用东方的“固有文明”来拯救世界。

生 8：我感受到了梁启超先生对于中西方文化的态度和对传统文化的推崇。

师：所以，面对西方思想和传统文化，我们切不可盲目批判或全盘接受，应该在切身体验的基础上，学会辩证思考，试着做到“取其精华，去其糟粕”。请大家对照板书来梳理一下本文的思路。（出示板书）最后，我们来看一下今天的课后作业：（1）结合前文分析的方法，理清“乐业”部分的思路结构；（2）阅读闻一多《最后一次演讲》，比较两篇演讲稿的异同，体会演讲的独特魅力。

板书：

敬业与乐业

有业 ——基础——→ 敬业 ——前提——→ 乐业

西方观念　　　　东方思想

对传统文化的推崇

演讲稿的特点：作者观点明确　关注听众感受　语言浅显易懂

［意图说明］

引导学生思考阅读中的疑难点，结合补充的背景知识和文章关键词句，深入理解文章内容与作者观点，理解作者在新文化运动背景下依然对传统文化充满自信的原因，从而让学生对于中国传统文化与西方文化有更为辩证的思考，同时让学生在文本的赏析过程中体会演讲稿的独特之处。

【专家点评】

梁启超是中国特定历史时期的一位具有巨大认知价值的杰出人物，又是中国由近代走向现代的文化转折时期的一位思想大家，他的《敬业与乐业》就是发表于那个时期的一篇演讲稿。文章所表达的基本思想，在今天看来，已经可以归为“常识”一类，而且以演讲的语言形式表达，阅读难度似乎不大。因此，让学生明白本文在那个特定时期的思想与文化价值，以及如何去认识，就成为一个教学难点。林超老师在这方面下了很大功夫，而且卓有成效。

一是背景策略的合理运用。课堂中，教师不断唤醒学生的已有积累，用“那是什么时期”“文中有没有相关的语句”等问题，帮助学生了解文章背后的时代与文化背景，为他们搭建合理的思维平台，于是学生明白了“‘当大总统是一件事，拉黄包车也是一件事’，从‘大总统’和‘拉黄包车’的讲法都可看出那个时代的特点”，从而形成文化与价值判断的前提意识。

二是形成整体观照下的思辨方式。课堂教学既注重引领学生去体悟作者思想表达中所呈现的中国传统文化的渊源及其重要意义，又强调西方文化对中国、对梁启超的影响，从而凸显时代特征与对这一特征的合理认识。这种文化判断力的培养，会让学生终身受益。

林超老师的课堂告诉我们，语文教学中的价值观教育绝不仅仅是提炼一些概念，让学生得到一些显性的结论，这是难以让学生真正接受并认同的。因此，文化判断能力的培养至关重要。在这个过程中，判断的依据、思维的策略及由此形成的价值观念，就成为语文教学与学习中值得我们高度重视的东西，并且这些是在过程中养成的。

（上海市复旦中学　孙宗良）

品春日中散步，悟生命的责任
——《散步》课堂教学实录

上海市松江区泗泾实验学校　潘丽华

（本课为语文学科德育展示课）

教师简介：潘丽华，中学高级教师，松江区语文学科中心组成员。论文发表于全国中文核心期刊等，曾荣获区级说课评比一等奖。

【德育理念】

语文学科具有重要的育人价值，母语教育可以让学生在学习、品味本民族语言中传承民族文化、积累人生经验、彰显人性美德。教师在教学设计中要渗透“两纲”精神和学科育人思想，丰富学生学习路径，挖掘语文学科的育人价值。

【设计说明】

莫怀戚于1985年写此文，当时他的父亲刚去世，母亲处在丧偶伤痛中，身体状况不佳。那次散步，就是一次陪伴。在此过程中，他对生命展开了一次思考。他在母亲、儿子发生分歧的过程中，本着对生命的尊重、爱护，借着一家人之间温暖的亲情，感悟到了中年人的那份责任感和使命感，体会到了中华文化中尊老爱幼的传统美德。

本文是一篇散文，作者在个性化的记叙、描述中渗透了自己的思想感情。学生阅读文本时，也应从精准的言语表达中体会作者在文字间流露出的人生感悟，进而有多元化、个性化的解读。本节课中，教师要引导学生品味重要语句，抓住契合点整体理解文本，有意识地培养学生的批判性思维和辩证性思维，让学生感受体会作者作为中年人在故事中要表达的那份责任感和对生命的珍重。

【教学实录】

一、提问导入，创设情境

师：同学们平时会和谁出去散步？散步时发生过什么？

生 1：和家人一起散步，散步时会发现一些平时没注意到的景色。

生 2：和小狗一起散步，散步时会发生一些有趣的事情，有时会偶遇同学。

师：这些事为什么让你记忆深刻？

生 1：平日里难得散步，这些事让我感受到了家人之间的美好。

师：散步是生活小事，但也能让我们从中感悟生活的真谛。今天，让我们一起学习莫怀戚的《散步》，看看作者想通过散步表达什么。

［意图说明］

通过唤醒学生的生活体验，加深他们对亲情的回味、体悟及对“孝行”的思考，为本文的学习奠定情感基调。

二、散读概括，整体感知

师：请用简洁的语言概括故事情节。

生 1：母亲生病了，我们全家一起出来散步。

师：这是事件的起因，后面是怎么发展的？

生 2：我们一家人在田野散步，在发生走大路还是走小路的分歧后，最后决定走小路。

师：作者为什么决定走小路？这样的选择和作者想表达的主旨有什么关联？

生 3：从表面看，这个想法是“我”儿子提出的，实际上母亲最终的决定反映了她对孙子的关爱。这也正是作者要表达的亲情。

师：概括叙事类文本，要围绕叙事六要素展开，重点关注“谁、做了什么、结果怎么样、作者想表达什么”。

幻灯片：

> 我们一家人在初春的田野上散步，后来发生了分歧，“我”最终决定顺从母亲，母亲却顺着孙子走小路。在难走的地方，我和妻子分别背起了母亲、儿子稳稳地走着。

［意图说明］

在自由散读中，引导学生结合具体学习目标沉浸文本，培养学生整体性阅读的习惯，让学生通过初步感知、修改概括，体会文中一家人之间温暖的亲情。

三、品读讨论，质疑理解

师：作者一家人为什么要去散步？

生1：母亲身体不好，又熬过了一个严冬，一家人陪母亲去田野上散步。

生2：初春的田野景色优美，很有生机，全家踏春散心。

师：同学们找得很仔细，这两方面的原因促使全家一起去散步。这些内容该怎么读？

生3：第1至3自然段写出了“我”对母亲的关心，读起来要轻柔，用陈述性语气。

生4：第4自然段描写了初春田野景色，读起来要有诗意，让人感受到大自然的生命力。

师：散步时发生的分歧是怎么解决的？

生5：分歧是母亲要走大路，大路平顺；儿子要走小路，小路有意思。“我”犹豫之后决定听母亲的，母亲却顺了孙子，大家一起走小路。

师：作者为什么详写这部分内容？

生6：作者面对分歧犹豫、为难，是源于亲情、孝心。

师：作者在陪伴家人散步时有着对生命的思考。怀着对生命的敬重，整个分歧的解决过程让作者对自己在家庭中的位置认识更深了，背后的责任感隐隐加重了。我们对分歧的理解，不能仅仅停留在尊老爱幼的传统美德上，还应该借助文本深入体悟。对此，你们有其他问题吗？

生7：母亲决定走小路后，为什么眼睛顺小路望过去？

生8：为什么一霎时“我”感到了责任的重大？

［意图说明］

在多种形式的朗读中，学生自主地与文本进行情感交流，沉浸其中，自我体味。这一教学策略旨在让学生进一步理解作者对于“生命”的感叹。

本环节旨在通过文本前后关联，引导学生理解文字背后作者内心矛盾点的根源，理解作者对生命的敬重、对亲情的爱护，也鼓励学生质疑传统教学中尊老爱幼的主旨，培养学生的问题意识，发展学生的批判性思维。

四、默读探究，把握主旨

师：在文章最后一段，作者想表达什么？

生1：“但我和妻子都是慢慢地，稳稳地，走得很仔细……”这句话表达了作者身为家中顶梁柱的一份责任心。

生2：文中的“我”和妻子作为中年人，体会到要赡养老人（生命的过去）、抚养孩子（生命的未来）的责任感，体现了对家庭和生活的一种使命感。

师：你觉得这句话该怎么朗读？

生2：读到“这样”“到了一处”“但”等处要稍稍停顿，前面可以语速较快，最后一句要读得缓慢、深沉。

师：最后一句与前面对生命的感叹有何关联？

生3：“整个世界”是大词小用，读起来让人感受到作者在字里行间流露出对生活的热爱和对生命的珍视。

师：是啊，生命就这样一代一代不断延续、传递。

板书：

副板书（概括）　主板书　散　步

时间、地点　莫怀戚

谁　散步　初春田野+熬过严冬　生命的美好

做了什么　↓

（为什么）　分歧——母亲走大路／儿子走小路　“我”犹豫→决定（尊老爱幼、和睦亲情）

结果怎么样　↓ 走小路　“我”和妻子背着整个世界　↓

作者想表达什么　中年人高度的责任感、使命感

［意图说明］

以结尾句为抓手，借助分析、比较等教学策略，挖掘文本的核心价值，引导学生研读文本，理解生命、亲情、责任三者的关联，把握作者的写作意图。课堂中，允许学生结合生活体验对主旨有多元解读，培养学生的责任意识，引发学生对生命的思考，加深他们对生活的热爱之情。

【专家点评】

莫怀戚的《散步》一文，从生活中常见的“一次陪伴”入手，抓住“走小路”还是“走大路”的细节，于细微处发力，导入家庭成员间关于亲情与孝心的道德选择，进而引发关于人生责任与生命传承的哲理性思考，从而形成了文本关于文化理解与德行养成的独特价值。这一小中见大的思维方式与语言张力，给文本教学带来挑战，潘丽华老师的课堂很好地应对了这一挑战。

1. 教师对文本的内涵进行了有意义的深度挖掘。初中生容易理解事件中蕴含的亲情与孝心，再往下则有难度。教师引导学生质疑思考，深入挖掘，感受并理解“‘我’和妻子作为中年人……对家庭和生活的一种使命感”，进而明白“生命就这样一代一代不断延续、传递”，这让学生得到了一次非常有益的情感熏陶，进行了一次非常有益的生命思考。

2. 课堂中学生的思维建构是成功的。文本从生活细节到道德选择，再到生命体悟，中间有较大的跨越。因此，如何自然而顺畅地应对这种跨越，使学生完成思维的整体建构，形成真正有效的学习经历，是课堂教学的难点。本课从唤醒学生的生活经验，到发现思维的聚焦点，再到语言背后的情感浸润，最后到文本质疑和大词小用的语言品读，学生正像文本中人物的行为描写一样，“慢慢地，稳稳地，走得很仔细”，并在这样的行走中实现了语文能力发展与思想提升的有机融合。

3. 这样一种对责任与生命的理解不能仅通过显性的说理实现，必须有学生的情感介入，必须有情感的体验过程，这才是价值形成的重要路径。因此，教师带着学生进行诵读感悟、场景还原、语言品析等，使学生在理解中体验，在体验中体悟，在体悟中实现对生命价值的认同。经过这样的体验过程，学生的收获是“我得到的”，而不是“你给我的”。

总之，虽然课堂还存在着一些不足，但这样的课堂追求是值得我们倡导的。因为在这样的课堂中，学生获得的不只是知识、方法或者一些关于价值的概念，而是融语言、思维、审美、文化于一体的核心素养。

（上海市复旦中学　孙宗良）

深沉母爱启悟生命真谛

——《秋天的怀念》课堂教学实录

上海市三新学校　施媛媛

（本课被评为2019年“一师一优课、一课一名师”活动部级“优课”）

教师简介：施媛媛，上海师范大学汉语言文字学硕士，上海市三新学校语文教师，对语文教育事业有执着的理想和追求，努力把“语文之美”播撒进孩子心中。曾荣获上海市第十二届十大“语文教学之星”称号，并多次于课堂教学评比和论文撰写中获奖。

【德育理念】

德育与语文教学互相促进、共同发展，语文教学的目标是提升学生的语文核心素养，为其终身学习和个性发展奠定坚实基础。语文教师要结合语文学科特点，在课堂教学中融合德育，致力于面向立德树人的语文学科探索。

【设计说明】

《秋天的怀念》是史铁生的一篇叙事类散文。通过品析，学生能够从作者所描绘的场景和母亲的言行中感受到那份无私而伟大的母爱，也能从作者的表达中读出他对母亲的深深怀念和愧疚之情。由于日常没有养成整体阅读文本的习惯，学生较难把文中所描述的三个生活场景联系起来，无法理清作者隐含在文字背后的情感态度变化的文脉，也很难读懂最后一段作者借菊花的风姿表达的对生活和生命的感悟。

因此，本节课紧扣文本内容和文体特征设计“问题链”，引导学生抓住显性语言标志，梳理行文思路，关注语言表达形式，通过理清句群之间的逻辑关系，提炼要义，把握情感。教师充分关注学生的学习经历，使学生逐渐明确思维路径，从而提升语文学习能力和语文素养。通过学习本文，学生能在品读中进一步体悟亲子感情，并通过分析人物形象，了解不同时代、不同领域的人的不同人生态度，认识生命的价值，树立积极向上的人生观。

【教学实录】

一、朗读课题，导入新课

师：你们觉得该怎样读课题？

生 1：强调“秋天”，因为秋天常给人萧瑟之感，奠定本文的情感基调。

生 2：强调“怀念”，因为这可能是作者在本文中主要表达的情感。

师：文章主要写了什么内容？作者想要表达怎样的思想感情呢？我们一起走进课文。

［意图说明］

引导学生分析课题，思考朗读重点，激发学生对文章内容的兴趣和对作者情感的思考。

二、初读课文，概括内容

师：请同学们朗读课文，并概括文章的主要内容。

（请 1 至 2 个学生概括，均缺乏主次）

师：记叙文都有叙事的顺序和线索，抓住这两个关键信息，内容和情感自然就会明朗。根据同学们刚刚的概括，我们明确本文主要按照时间的推移，描述了发生在母亲和“我”之间的故事。文章有一个非常重要的情节，谁来说说？

生 1：看花。

师：课文几次提到看花？它们分别对应了哪些段落？

生 2：3 次，分别对应第 1 自然段、第 2 至 5 自然段、第 6 自然段。

师：作者对看花的态度发生了怎样的变化？

生 3：断然拒绝—勉强答应—主动提出。

板书：

秋天的怀念

第1自然段	第2至5自然段	第6自然段
双腿瘫痪后	那天	又是秋天
断然拒绝看花	勉强答应看花	主动提出看花

师：根据刚刚梳理的思路，谁能把文章内容概括得更加准确、完整、凝练？

生 4：“我”双腿瘫痪后，脾气暴怒无常，母亲提出带我去看花，“我”断然拒绝；当“我”终于勉强答应母亲去看花，母亲却去世了；最后，“我”主动提出和妹妹一起去看菊花。

师：在阅读叙事类文本时，我们可以抓住显性语言标志来梳理文章层次和把握文章内容。

［意图说明］

通过朗读课文、概括文意，让学生初步感知作者在字里行间流露出的对母亲的怀念之情以及对自己当初的表现的悔恨之意。

三、研读课文，品味母爱

师：请同学们想象一下，一个21岁的小伙子，正值风华正茂的年龄，双腿忽然瘫痪，这无疑是一场巨大的人生灾难！双腿瘫痪后的“我”有怎样的表现？

生1：“脾气变得暴怒无常”，也就是没有任何征兆地发火、发脾气。

师：请同学们用横线画出“我”暴怒无常的具体表现，并结合具体词句分析“我”这些表现背后的心理。

生2画的句子：望着望着天上北归的雁阵，我会突然把面前的玻璃砸碎；听着听着李谷一甜美的歌声，我会猛地把手边的东西摔向四周的墙壁。

生2的分析：“望着望着”“听着听着”比单独的“望着”“听着”持续时间更长，说明“我”暂时沉浸在这些美好的景致和甜美的音乐声中，心里或许还有些许放松和享受。但当突然想到这些自由、快乐、美好都是别人的，自己只能一辈子束缚在轮椅上时，“我”心里顿时被绝望、痛苦填满，于是有了突然砸玻璃、猛地摔东西等异常举动。这种安静与后面突然的暴躁形成鲜明的对比。

生3画的句子：“不，我不去！”我狠命地捶打这两条可恨的腿，喊着，“我可活什么劲儿！”

生3的分析：母亲只是提议“我”去看花，正常人的反应是开心地同意或客观地解释不想去的原因，但“我”狠命捶打双腿，反应异常激烈，大发脾气，甚至还喊出“我可活什么劲儿”这样的话。这样反常的表现背后是悲观绝望，觉得生活失去了所有的意义。

师：面对儿子这样的状态，母亲是怎样表现的？请同学们用波浪线画出来，品读母亲形象。

生4画的句子：母亲就悄悄地躲出去，在我看不见的地方偷偷地听着我的动静。当一切恢复沉寂，她又悄悄地进来，眼边儿红红的，看着我。

生4的分析：母亲看到“我”暴怒无常的表现后，她心里其实比“我”更伤心难过。“悄悄地躲出去”写出了母亲强忍自己内心的悲伤，让“我”尽情地发泄心中的痛苦，表现出母亲对儿子的理解和体贴；“偷偷地听着我的动静”是因为她一直不放心“我”，牵挂着“我”的一举一动，在旁边默默观察“我”；“又悄悄地进来”，是因为她怕自己的情绪影响“我”，只能小心翼翼地躲在“我”看不见的地方默默流泪。这里的每一处细节都表现了母亲伟大无私的爱。

生5画的句子：母亲扑过来抓住我的手，忍住哭声说：“咱娘儿俩在一块儿，好好儿活，好好儿活……”

生 5 的分析：当听到“我”有轻生的念头，她再也克制不住，不顾一切地扑过来安慰、鼓励“我”，她心里所有的牵挂都是儿子。

师：用一句话来概括这部分的主要内容，即“我”双腿瘫痪后，脾气变得暴怒无常，但母亲却不顾一切地悉心照顾和安慰“我”。整篇文章是按照时间顺序来写的，但有些句子似乎跳出了这个顺序，你们发现了吗？

生 6：可“我”却一直都不知道，她的病已经到了那步田地。后来妹妹告诉“我”，她常常肝疼得整宿整宿翻来覆去地睡不了觉。

师：作者通过这样的表达想要表现什么呢？

生 7：母亲忍住自己身体的病痛，唯一的希望就是儿子能够活下去。我感受到了浓厚深沉的母爱，也读出了作者对母亲的怀念、愧疚之情。

师：我们在品读这类文章时，要学会关注语言的表达形式，通过理清句群之间的逻辑关系，提炼要义，分析人物形象，把握作者情感。

［意图说明］

引导学生品词析句，品读作者笔下的母亲形象，感受母亲的艰辛和坚韧，领悟母爱的无私和伟大，在此基础上体会作者内心的悔恨，为下一步理解他生活态度转变的原因做铺垫。

四、读法迁移，理解转变

师：请同学们默读文章第二部分（第 2 至 5 自然段），思考作者要表达的内容。

（学生默读并交流）

生 1：“母亲进来了，挡在窗前”，一个“挡”字写出了母亲的细心和体贴，她怕“我”触景伤情，又萌发出不好的念头，表现了母亲对“我”的爱以及“我”对母亲的感念。

生 2：“她憔悴的脸上现出央求般的神色……她高兴得一会坐下，一会站起……她也笑了，坐在我身边，絮絮叨叨地说着……她忽然不说了”，这段话中用很多篇幅描写母亲的动作、神态和语言。“我”只是答应她去看花，她却欣喜若狂，这是因为她深知自己时日无多，迫切地希望自己在离开人世前能看到儿子走出阴霾！我读出了作者对母亲的怀念和心疼，还有作者对自己当时不懂母亲心意的懊悔和愧疚。

师：课文中前后两次写到母亲出去了，这一次与前一次有什么不同？

生 3：母亲两次出去的原因是不一样的：第一次是“我”发脾气，母亲不想打扰“我”而出去；第二次是母亲意识到自己说错话而出去。

生 4：母亲第二次出去后就病逝了，再也没有回来。

师：作者为什么不用“病逝”“去世”这样的词语？

生 5：作者太难过，不愿相信这样的事实。第 5 自然段中连用了两个“没想到”，说明母亲去世的消息对作者来说实在是太突然了。

生 6：第二次写母亲出去了是单独成段，起到突出作者情感的作用。

师：是啊，作者多么希望母亲还像以前一样，出去，回来，出去，再回来。可是，这一次，她出去了，就再也没有回来。作者想要突出强调什么？

生 7：一种“子欲养而亲不待”的深深自责和悔恨。

板书：

秋天的怀念

感恩、怀念、愧疚

第1自然段	第2至5自然段	第6自然段
双腿瘫痪后	那天	又是秋天
断然拒绝看花	勉强答应看花	主动提出看花

我：绝望、厌世、消沉、痛苦……

［意图说明］

在师生共读的基础上，引导学生带着问题默读课文，有助于其静心品读文字，逐渐形成思考路径。让学生结合具体词句，读出散文中两个不同的“我”：母亲在世时和母亲去世后，“我”有着不同的情感和态度，为下一步解读作者对生命的全新领悟做铺垫。

五、析读菊花，领悟内涵

师：母亲留给这个世界的最后一句话是“我那个有病的儿子和我那个还未成年的女儿……”，母亲没有说完的话是什么？

生 1：希望他们好好儿活！

师：那怎样活才是好好儿活呢？作者读懂了吗？

生 2：最后一个自然段中写到不同颜色的菊花在秋风中开得泼泼洒洒、无比烂漫。作者懂得了生命的意义就是像这些菊花一样不畏严寒、迎风傲霜，像紫红色的花一样热烈而深沉地绽放。

生 3：像黄色菊花那样淡雅地活着，平平淡淡才是真。

生 4：像白色菊花那样高洁地活着，虽然双腿瘫痪，但仍要活出属于自己的尊严。

师：原来，这就是母亲总要“我”去看花的良苦用心！在整个过程中，“我”改变的不仅是对看花的态度，还对生命意义有了新的思考和领悟。标题中的“秋天”“怀念”不仅有作者对母亲离世的哀伤、怀念和歉疚，还有自己在母亲浓浓的爱和牵挂下，拥有的能够面对人生困境的希望和勇气，以及对好好儿活的真正理解。

板书：

秋天的怀念

对母亲的感恩、怀念、愧疚
对生命意义的思考和领悟

第1自然段	第2至5自然段	第6自然段
双腿瘫痪后	那天	又是秋天
断然拒绝看花	勉强答应看花	主动提出看花

我：绝望、厌世、消沉、痛苦…… ——母亲的爱——→ 好好儿活（菊花）

［意图说明］

母亲去世后，作者走出了阴影，能积极面对生活。引导学生重点领悟最后一个自然段作者借菊花所传递出的对生命意义和价值的全新领悟。

六、梳理关系，明确路径

（师生共同回顾叙事类散文的学习路径）

生 1：在阅读叙事类文本时，我们可以抓住显性语言标志来梳理文章层次，把握文章内容和作者行文思路。

生 2：在具体品读中，我们要关注语言表达形式，通过理清句群之间的逻辑关系，提炼要义，分析人物形象，把握作者情感。

［意图说明］

引导学生梳理文本材料间的关系，理清文脉，帮助学生建立文本阅读时的整体感。回顾学习路径，主要是让学生懂得散文阅读的基本方法，从而由一篇走向一类。

七、作业布置，学以致用

1. 词语积累：课后读读写写，每个词语抄写两遍。
2. 用课堂所学方法自主品读《生日卡片》。
3. 选做题：参照课文内容，叙述描绘一个体现母爱的感人场景。（200 字左右）

［意图说明］

增加词语积累，提升学生品词析句的能力，培养学生的感恩情怀。

【专家点评】

《秋天的怀念》是史铁生写的一篇篇幅不长却很耐读的散文。施老师通过巧妙的问题设计，引导学生一步步领悟文章的意蕴。下面以两个问题设计为例简要评析。

例 1：文章有一个非常重要的情节，谁来说说？

这个问题切口小，起点低，但着眼面广，概括力强。学生通过捕捉“看花”这一重要情节，既了解了本文构思的独特之处，又把握了文章的基本内容，明白了“我”对看花的态度变化。这就为进一步把握全文意蕴和情感打下了基础。

例 2：请同学们用横线画出“我”暴怒无常的具体表现，并结合具体词句分析“我”这些表现背后的心理。

这个问题以“暴怒无常”为切入点，让学生画出作者的具体表现，并分析作者的心理。通过这个问题，引出“面对儿子这样的状态，母亲是怎样表现的”这个问题，让学生深入品读母亲的形象，环环相扣，在把握人物心理和形象的同时，巧妙地引导学生品味文章语言。后面的问题“课文中前后两次写到母亲出去了，这一次与前一次有什么不同”与此相呼应，让学生在关联中看到不同，在不同中看到关联。这对培养学生良好的阅读习惯很有帮助。

好的问题能化难为易，由点及面，由表入里。这节课设计的几个问题就具有这样的效果，不再一一列举。

当然，在问题设计和运用上，还可以进一步完善。如例 1 中“情节”一词的使用就值得商榷，因为前两次只是母亲提到看花而已，情节本身并不能用看花来概括。这个问题如果表述为“文章有一个不断出现的话题”，指向就更为准确具体。

例 2 设计得很巧妙，但教师运用得不充分。学生对“我”和母亲的分析很精彩、很到位，但教师没有及时总结归纳和点拨提升，也没有及时给予表扬和鼓励，而是急于转到“整篇文章是按照时间顺序来写的，但有些句子似乎跳出了这个顺序，你们发现了吗”这个问题上来。这也是个好问题，但已经是另一个问题了。对于前一个问题，教师只是简单概括。这样简单的一句话就把学生的精彩分析一带而过，实在太可惜，因为这样的结论根本不需要分析，学生自己就可以说出来。

（上海市长宁区教育学院　魏新磊）

体悟民族精神，树立文化自信

——《壶口瀑布》课堂教学实录

上海市天山初级中学　项晓红

（本课为云南支教展示课）

教师简介：项晓红，中学高级教师，长宁区初中语文中心组成员，初中语文学科带头人，曾获上海市“园丁奖”。

【德育理念】

语文具有工具性，更具有人文性。语文教学如果只停留在教书、教文、教应用的层面，则空有躯壳，失去了语文的灵魂。美语可润心，美言可养德，美文可育人，以文载道，以教育人，是语文教学应承担的责任。

【设计说明】

《壶口瀑布》是一篇比较典型的游记散文。作者以优美的语言，记述了自己两次游览壶口瀑布的经历，描写了黄河水的各种形态，赞美了黄河水“博大宽厚，柔中有刚”的个性，并以此象征中华儿女“挟而不服，压而不弯；不平则呼，遇强则抗；死地必生，勇往直前”的伟大精神。阅读此文，既可以感受到汉语言文字之美，又有感人奋发的民族精神，能激发学生的文化自信。

作者以游踪架构全文，视角多变，详略有致，通过整体感知，赏析结构之美，是教学目标之一。本文语言畅达，凝练而带有古典气息，有韵味，耐咀嚼，通过品读语言体会意境之美，是教学目标之二。文章的字里行间，尤其是文章的结尾，包含着催人奋进的力量，通过诵读感悟意蕴之美，是教学目标之三。

【教学实录】

一、解释课题，知晓文体特点

师：今天我们来学习梁衡的《壶口瀑布》。先请大家朗读一下这段话。

生齐读：壶口瀑布，国家级风景名胜区，国家地质公园，中国第二大瀑布，世界上最大的黄色瀑布。

师：这段文字在表达上与课文《壶口瀑布》一样吗？

生1：不一样。这段文字用的是说明的表达方式，而课文用的是描写和抒情。

生2：这段文字是说明文，而课文是一篇游记。

师：什么是游记？请大家翻开“单元提示”，摘录相关信息，给游记下个定义。

生3：游记就是记述游览见闻、描摹山水风光、吟咏人文胜迹、抒发作者情思的一类文章。

［意图说明］

引导学生关注说明性文字和描述性文字的区别，从而初步了解游记散文的特点，为之后学习游记散文的结构美、语言美、情感美奠定基础。

二、分析篇章，赏读结构之美

师：请大家快速浏览课文，思考文中的哪句话可以总领全文。

生1：文章第一句话总领全文。

师：作者是哪两次到过那里？请画出关键句。

生2：第一次是雨季，写在文章的第2自然段；第二次是枯水季节，写在文章的第3至5自然段。第2自然段的第一句和第3自然段的第一句交代得很清楚。

师：由此，你们可以划分这篇文章的层次结构吗？

生3：这篇文章是“总分总”的结构，第1自然段总写，第2至5自然段分写，第6自然段总结。第2自然段写雨季观瀑，第3至5自然段写枯水季节观瀑。

师：很好！这篇文章的整体结构清晰，同学们的阅读思路明晰。我们先来看第2至5自然段，作者写两次观看壶口瀑布，有没有详略之分？

生4：有，作者略写了雨季观瀑，详写了枯水季节观瀑。

师：为什么这样安排详略呢？

生5：因为雨季的壶口瀑布不太像瀑布，而像“一锅沸水”，令人害怕；枯水季节的壶口瀑布才是真正的瀑布，雄浑壮阔，多姿多彩，是作者最有感悟的。

生6：写雨季的壶口瀑布，其实就是为写枯水季节的壶口瀑布做铺垫的。

师：你的意思是，枯水季节的壶口瀑布才是作者想要重点描述的内容，对吧？

生 6：是的。

师：我们再来阅读作者详写的第 3 至 5 自然段。这部分除了写瀑布之水，还写了石头。哪几个自然段写水，哪几个自然段写石？

生 7：从第 5 自然段的第一句“看罢水，我再细观察脚下的石”中可以看出，第 3 至 4 自然段写水，第 5 自然段写石。

师：作者为什么要写石头呢？

生 8：因为一直写水比较单调。

生 9：因为作者先放眼看水，最后收回视线，看脚下的石。

生 10：壶口一下子集纳了所有水的形态，兼容了人的各种情感，就是因为石头对水的约束才形成的。

生 11：写石头其实还是在写水，用写石头来侧面写水。

师：同学们阅读得非常仔细！文章写水、写石，其实都是在写壶口瀑布。作者通过视点的变化，用侧面映衬的手法来写景，层次丰富，不单调。这也是文章结构之美的体现。我们来看文章最后一段。这一自然段体现了游记散文的什么特点？

生 12：游记散文记述游踪，描写所见，抒发所思。最后一段议论、抒情，体现作者的思想。

师：对，最后一段是这篇文章的灵魂。我们来归纳一下梳理文章结构的方法。我们通过找文章的总写句，把握了整篇文章的大致框架；通过抓段落的关键句，了解了文章内容的详略；通过找过渡句，分析了文章视角的变化。这篇文章结构严谨且富有变化之美，值得同学们好好学习。

［意图说明］

学习通过抓关键句梳理文章脉络的方法，了解文章结构之美，感受语言文字的魅力。

三、品读语言，体会意境之美

师：这篇游记不仅结构错落有致，语言表达也非常精彩。老师最喜欢第 4 自然段。请一位同学朗读，其他同学听读、品味，然后我们一起交流一下。

（学生朗读）

师：这一段很长，但长而不乱，语言表达非常有层次感。同学们可以找出关键词语，通过关键词语的提示，思考这一段写了哪些内容。

生 1：我找出了“当然”“尽管这样”“我突然陷入了沉思”等。这一自然段写了冲入龙槽的水、涌向两边轰然而下的水、在滩壁上散开来的水，还有作者的思考。

师：很好。这些关键词语使这一自然段语言层次清晰，节奏明快。

生 2：动词的使用也很准确传神。作者用了五个“跌”字和三个“碎”字，强调了水的力度，还有音节效果。

生 3："汩汩""潺潺""哀哀"等叠词，让人如闻其声。

生 4：这一自然段还运用了一些修辞手法，比如作者把罩在彩虹中的水雾比作交响乐、写意画，有声有色，真美；把向两边涌去的水比作"一卷飞毯从空中抖落"和"一卷钢板出轧"，形象生动地写出了黄河水的凝重猛烈和气势磅礴，读起来给人一种力量。

生 5：作者写滩壁上的水时用了排比、比喻、拟人的修辞手法，写出了水的各种形态，如泉、成溪、如丝如缕，形象生动，如在眼前。

师：这一自然段用词准确，修辞生动，节奏鲜明，传神地描写出枯水季节壶口瀑布的动态之美、声音之美、色彩之美，字里行间包含了作者的情感。除了第 4 自然段，同学们还有没有喜欢的段落呢？

生 6：我觉得第 5 自然段也写得特别精彩。"切"和"剁"两个动词生动地写出了水的力量之大，可以切开、剁碎石头，太厉害了！

生 7：写雨季壶口瀑布的这段话中运用了很多短句，语气急促，给人一种紧张的感觉。

师：是的，这就是语言的魅力。一个个方块字组合起来就是图像、声音，比图像更清晰，比声音更动人。有人说，好的散文，如果用诗歌的结构来表达，它就是诗。我们来读一读："一川大水 / 硬是这样被跌得粉碎 / 碎成点 / 碎成雾 / 从沟底升起一道彩虹 / 横跨龙槽 / 穿过雾霭 / 消失在远山青色的背景中。"多有意境的一首诗！

生 8：我也可以写一首诗："小小的壶口 / 集纳了海、河、瀑、泉、雾 / 所有水的形态 / 兼容了喜、怒、哀、怨、愁 / 人的各种感情 / 难道 / 是要在这壶口中 / 浓缩一个世界。"

师：不错，这是一首哲理诗。

［意图说明］

赏读句段，品味语言，让学生了解语言之美在于用词，在于修辞，在于这些词句所创设的意境和表达的情感，从而提升对祖国语言的审美与感悟能力。

四、诵读文段，感受意蕴之美

师：美丽的风景之所以使人感动，不是由于它给人或多或少舒适的感觉，而是由于它引起人们的思想。作者一边描述所见的景象，一边表达自己的思想。请同学们找出作者表达思想的文字，说一说自己的理解。

生 1：第 4 自然段结尾句，作者由水的各种形态联想到人的各种感情，是由自然到人生的思考。人生也是千姿百态的。

师：水的种种形态正是人生百态的象征，所以作者在这一自然段的结尾反问："造物者难道是要在这壶口中浓缩一个世界吗？"

生 2：第 5 自然段，作者在写脚下的石时，感慨"原来这柔和之中只有宽厚绝无软弱，当她忍耐到一定程度时就会以力相较，奋力抗争”，既是在写水的力量，也是在写自己的思想。

师：水的坚韧刚烈、勇往直前的品格，正是作者赞美的一种精神。

生3：最后一段是作者思想的表达。

师：请大家先大声诵读最后一段，再说说自己的思考。

生4：这一段赞美了黄河博大宽厚、柔中有刚、不屈服、勇于抗争、不怕牺牲等精神。这是本文的中心。

师：黄河的这些精神是如何铸就的呢？

生5：这是被两岸的山、地下的石逼得忽上忽下、忽左忽右时铸成的。

师：黄河在形势的逼迫下铸就了伟大的性格。作者写这些只是在赞美黄河吗？

生6：作者还在赞美那些历经磨难后铸就了自己个性的人。

生7：作者是在赞美我们中国人。黄河是中华民族的象征，是中国的象征。我们中国人就有“挟而不服，压而不弯；不平则呼，遇强则抗；死地必生，勇往直前”的伟大精神。

师：你们是如何理解这些伟大精神的呢？

生8：“挟而不服，压而不弯”是指面对敌人无理的要挟和武力的镇压，我们不会屈服，如文天祥的“人生自古谁无死，留取丹心照汗青”。

生9：黄河水遇到龙槽的束缚，却更加汹涌澎湃地向前，这就是“不平则呼，遇强则抗”，即遇到不公正的事情会大声疾呼，遇到强权会奋力反抗，我们中华民族历史上有很多这样的事例。

生10：“死地必生，勇往直前”让我想起了“置之死地而后生”，就是不怕牺牲、遇到危险勇往直前的精神，我们中华民族历史上有很多这样的人和事。

师：是的，我们中华民族历经磨难，每一次的磨难都铸就了一个更加强大的中国。作者是在赞美黄河之水，更是在赞美中华民族百折不挠、自强不息、坚韧刚强、无往不胜的民族精神。请同学们齐声诵读最后一段，读出黄河之水磅礴的气势，读出中华民族勇往直前的精神。

［意图说明］

通过朗读体会，将壶口瀑布的特点与中华民族的危难历程相联系，引导学生进一步理解作者不仅是在赞美黄河之水，更是在赞美中华民族坚韧刚强、无往不胜的民族精神，从而激发学生对中华民族的热爱之情。

五、回顾所学，激发民族自豪感

师：我们来回顾一下学习过程。我们抓关键句，分析了文章的结构之美；通过语言的品读，赏析了文章的意境之美；通过诵读思考，感悟了文章的意蕴之美。这也是游记散文的阅读路径。最后，请同学们观看壶口瀑布的视频，跟着视频一起诵读《黄河颂》，听一听那振聋发聩的声音，看一看那奔腾不息的巨浪。

［意图说明］

回顾整节课的学习过程，归纳游记散文的学习路径；在感受文字之美的基础上，通过视觉和听觉的冲击，让学生直观地感受壶口瀑布磅礴的气势，体悟中华民族勇往直前的精神，增强学生的民族自豪感。

【专家点评】

这节课从结构、意境、意蕴三方面分析课文，层次清楚，重点突出，不仅透彻地分析了文章，而且融入了品德教育，体现了立德树人的学科追求和责任担当。

教师从文体比较入手，巧妙借助有关壶口瀑布的说明性文字，既介绍了壶口瀑布，又对比了文体特点，引入对本文结构美、意境美、意蕴美的分析。

赏读结构美，从篇章入手，着眼全文，通过抓关键句，理清文章结构，明确文章详略安排及其原因，给学生指明了解读本文的方向。

体会意境美，把重点放在了“品读语言”上，这也是散文教学的重点。教师引导学生有选择地品读了第 4 至 5 自然段。学生从修辞、动词、叠词等角度品味语言，感受本文语言的魅力。如学生对文中五个“跌”字、三个“碎”字、“切”和“剁”两个动词的分析很到位，显示出良好的语言感知能力，可以看出教师在平时教学中对语言品味的重视。

感受意蕴美，教师采用的方法是“诵读文段”。教师引领学生在诵读中理解景与情的关系，领悟作者寄托在文中的深层思考。师生重点品读了最后一段，这是文章的核心所在，也是作者的寄托所在。学生在反复诵读中理解了主旨，得到启示，受到激励。

本节课立意高远，但在落实上还要进一步想办法。如“品读语言，体会意境之美”这一环节，学生分析了相关词、句、段的妙处，解读出蕴含其中的意义，是不是就等于体会到了文章的意境？另外，教师在教学设计中不必刻意追求语言的整齐划一，否则一不小心就会陷入表意不明或不当。如本节课的三个主要环节——“分析篇章，赏读结构之美”“品读语言，体会意境之美”“诵读文段，感受意蕴之美”，结构一致，层次分明，但在每个环节中并没有把分析篇章、品读语言和诵读文段完全分开，也不可能分开，因为意境和意蕴密不可分。再者，“美”字在这里是否可以通用？如“结构美”，本文的结构是否称得上“美”，什么样的结构称得上“美”，都值得进一步探讨。

（上海市长宁区教育学院　魏新磊）

一景一物皆关情

——《昆明的雨》课堂教学实录

上海市奉贤区奉城第二中学　岳芙蓉

（本课荣获奉贤区中青年教师教学评选三等奖）

教师简介：岳芙蓉，上海市奉贤区奉城第二中学语文教研组组长，奉贤区初中语文中心组成员。曾获“奉贤区卓越教师培养工程骨干教师”荣誉称号，主持和负责完成区级课题一项，多篇论文发表在区级刊物上。

【德育理念】

为人求真，为学求实，语文课堂要以学生为主体，以教师为主导。教师通过选择恰当的教学内容和适宜的教学方法，潜移默化地引领学生内化知识、锻炼能力、提升素养，激发学生对生活的热爱和对真善美的追求。

【设计说明】

《昆明的雨》是一篇写景抒情的散文，文章通过描写昆明的雨及雨中特有的景、物、人、事等，表达作者对昆明生活的喜爱和怀念之情。作者曾在昆明度过了一段美好的时光，其笔下昆明雨季的景、物、人、事皆凝聚了他的深情，朴实的语言彰显了他对美的追求和对生活的热爱。本堂课的教学可以引领学生发现和感受日常生活中的美，助力学生用美的语言描写生活中发现的美。

因此，本课主要采取“问题链”形式，帮助学生把握文章内容，品味文章不同的语言形式，梳理文章思路，在此基础上引导学生理解本文表达方式变化背后的情感变化。

【教学实录】

一、题目设疑，激发阅读兴趣

师：大家了解昆明吗？

生1：不了解。

师：今天我们就跟随作家汪曾祺的脚步走进《昆明的雨》，了解他眼中的昆明。

（学生齐读课题）

师：昨天我们已经预习过这篇文章了，读了文章题目，大家有什么疑问吗？

生2：文章题目是《昆明的雨》，但文章真正写雨的部分却很少，这是为什么？

生3：“我想念昆明的雨”这句话在文中出现了两次，这两次作者想念的程度一样吗？

师：你们很会读文章，读思结合，才能逐渐读明白文章真正要表达的内容。

［意图说明］

通过题目设疑，既能初步把握学生对文章内容的了解程度，又激活了学生的思维，激发了学生阅读本文的兴趣。

二、把握雨季特点，初步体会作者的情感

师：文章哪些部分写到了昆明的雨？

生1：第4至5自然段。

师：这两个自然段写了昆明雨季的什么特点？

生2：第4自然段写了昆明的雨季虽然很长，但因为是下下停停的，让人感觉很舒服。

生3：第5自然段第一句话总体概括了昆明雨季的特点，即“明亮的、丰满的，使人动情的”。

师：如何理解明亮和丰满？

生4：我认为明亮是因为雨季的植物茂盛，色彩浓绿，给人的视觉感受很美、很亮。丰满指的是雨水比较充沛。

师：昆明的雨季是使人动情的，从中你们读出了作者怎样的感受？

生5：我觉得作者很喜欢昆明的雨季。

师：是啊，第2自然段也直接表达了这种情感，我们一起读出来。

（师生齐读）

师：文章的题目是《昆明的雨》，但作者一开始并没有写雨，而是先写了什么？

生6：课文第1自然段写了“我”画的一幅画，画上有倒挂着的仙人掌、几朵青头菌和牛肝菌。

师：这一部分与昆明的雨有关系吗？

生 7：有关系。从画上的题字可知，倒挂的仙人掌能存活开花，主要是因为雨季的空气湿润。青头菌和牛肝菌也是雨季常见的。

师：由此可见，课文第 1 至 5 自然段先从带有昆明特点的一幅画写起，引出了“我”对昆明之雨的想念，在此基础上概述了昆明雨季的特点。

[意图说明]

聚焦昆明雨季的特点，初步理解作者的情感。通过梳理第 1 至 5 自然段的关系，理清文脉，帮助学生强化散文学习的重点。

三、研读第 6 至 9 自然段，进一步体会作者的情感

师：这一部分有没有直接写雨季？

生 1：没有，这一部分主要写了仙人掌、各种菌子、火炭梅以及昆明的人。

师：这些景、物、人在作者眼中有着怎样的特点？请按照在文章中出现的先后顺序来说。

生 2：第 6 自然段中指出，这里的仙人掌不仅可以辟邪，还可以保护菜园，吓走猪和羊，很实用。

师：仙人掌能吓走猪和羊是因为它多且极肥大，为什么它能肥大到代替篱笆？

生 3：因为昆明的雨水多。

师：昆明的菌子有什么特点？

生 4：多，而且比较美味。

师：你是从哪里读出来的？

生 4：“牛肝菌色如牛肝，滑，嫩，鲜，香，很好吃。”这句话中，“滑、嫩、鲜、香”四个字直观地表达了牛肝菌味道鲜美。

生 5：还有鸡枞菌，它味道鲜浓，无可方比。

生 6：干巴菌也很好吃，从“入口便会使你张目结舌：这东西这么好吃”便可读出。

师：张目结舌是什么意思？

生 6：瞪着眼睛说不出话来，形容很震惊。

师：也就是说，干巴菌好吃到让作者震惊了。作者在写干巴菌时，前后有两句话的标点符号相同，但表达的情感各异，你们发现了吗？

生 7：“这种东西也能吃？！”和“这东西这么好吃？！”两句话都用了问号和感叹号，前一句话表达了人物怀疑、否定的心理，后一句话则表达了人物怀疑、赞叹的心理！

师：这种不同的心理，你是如何读出来的？

生 7：第一句话中，“也”和“？！”组合在一起，写出了作者的怀疑和否定；第二句话中，“这么”和“？！”组合在一起，写出了作者的怀疑和赞叹！

师：你在读文章时不仅关注了标点，还注意到了关键词语，很棒！好吃的东西除了各种菌子外，还有什么？

生 8：还有杨梅。第 8 自然段中，作者把昆明的火炭梅与苏州洞庭山的杨梅、井冈山的杨梅进行比较，突出了昆明的杨梅好吃。

师：你不仅读出了杨梅的好吃，还关注到了对比手法，真棒！这部分不仅写到了好吃的菌子和杨梅，还写到了昆明的人。作者笔下昆明的人有什么特点？

生 9："卖杨梅的都是苗族女孩子，戴一顶小花帽子，穿着扳尖的绣了满帮花的鞋，坐在人家阶石的一角，不时吆喝一声：'卖杨梅——'声音娇娇的。她们的声音使得昆明雨季的空气更加柔和了……"这里描写的卖杨梅的苗族女孩子打扮很美。她们的声音也很好听！

生 10："她大概是怕房客们乱摘她的花，时常给各家送去一些。有时送来一个七寸盘子，里面摆了满满的缅桂花！""时常""各家""满满"几个词语写出了房东的热情、友善。

师：房东为什么要给各家送花？

生 10：房东担心房客们摘花时弄坏了花，所以主动送给各家。

师：你读出了房东的什么特点？

生 10：她很爱惜花。

师：句中的"摆"字能否改为"堆"字？

生 11：不行，"摆"字体现出房东很讲究细节，也体现出她爱花、惜花的特点。"堆"字则不能体现。

师：是的，作者作为一位语言大师，往往能做到一字传神。通过刚才的交流，我们发现作者笔下描写的都是日常生活中常见的景、物、人等，这些与雨有关系吗？

生 12：有关系，仙人掌因为雨季而更加肥大；菌子因为雨季更加多产，随处可见；卖杨梅的苗族女孩子的吆喝声使得雨季的空气更加柔和。雨季的缅桂花也让作者感受到了房东热情、友善与爱花、惜花的特点。

师：由此可见，雨不仅串起了前 5 自然段的内容，也串起了这部分文字，是行文线索。从这部分文字中，你读出了作者怎样的情感？

生 12：作者不仅喜欢昆明的雨，也喜欢雨中的景、菌子和杨梅，还喜欢昆明的人。

[意图说明]

语言是作者情感的密码。该部分无一词诉说情感，但又处处流露着作者的情感。本环节通过品读不同的语言形式，引导学生感受作者笔下景、物、人的特点，进一步解读作者语言文字背后的情感。这有助于提升学生的语言敏感性，丰富学生的语言积累，增强学生的文化自信，同时培养学生对生活的体察和感悟能力。

四、研读第 10 自然段，理解作者闲适的生活态度

师：这部分主要写了什么事？

生 1：一个雨天，“我”和德熙在一个小酒店喝酒。

师：请找出含有数词或量词的短语，连起来读读看，你们有什么发现？

生 2：我找到了一条小街、一个小酒店、一碟猪头肉、半市斤酒、几只鸡等。

生 3：前面短句中两个“小”字突出位置的偏僻。

生 4：这一组短语中只有鸡是活的，它们却在睡觉。这让我想到一幅画面：小店中两个朋友一边慢慢对酌，一边欣赏着安心睡觉的几只鸡，烘托出了一种宁静的氛围。

师：从中你感受到了作者怎样的生活状态？

生 4：悠闲、美好，作者很享受这种生活。

师：这一组景物像电影镜头一般在作者笔下缓缓出现，把我们也带入那种悠闲自在的生活情境中。课文第 6 至 9 自然段节奏较快，到了第 10 自然段节奏就慢了下来，为什么？作者与朋友对酌时的一幅幅画面就像电影镜头似的被定格下来！叙写节奏变化是因为文章表达方式发生了变化。

[意图说明]

定格事件叙述中大量描写的画面，感受作者与友人对酌时悠闲自在的生活状态，理解作者对昆明生活的喜爱之情。

五、分析表达方式变化背后的情感变化

师：首先，我们来看第 6 至 9 自然段的表达方式与第 10 自然段的表达方式有什么不同。

生 1：第 6 至 9 自然段以描写为主，描写的对象较多，推进得比较快。

生 2：第 10 自然段在叙述一件事时用了大量描写。

师：表达方式变化与作者的情感有关联吗？

生 3：我觉得有关联，第 6 至 9 自然段是作者回忆昆明的景、物、人，说明作者很喜欢和怀念昆明的生活。第 10 自然段写作者和友人雨中小酌的悠闲生活状态，作者放慢了节奏，这样的表达强化了作者对昆明生活的喜爱和想念之情。

师：最后一段该怎么读？

生 4：深情朗读。

师：你们发现前后两句“我想念昆明的雨”之间的情感差异了吗？

生 5：前一句，由“画”引出了作者对昆明雨季的回忆，情感较平淡；后一句，作者在回忆昆明雨季中景、物、人、事的基础上再次抒情，情感比较强烈。

师：课文题目是《昆明的雨》，作者为什么要写雨中的景、物、人、事？

生 6：文章从一幅画写起，这幅具有昆明特点的画唤起了作者对昆明雨季的回忆。随着记忆的展开，雨季的这些景、物、人、事一幕幕展现，凝聚了作者对昆明生活的喜爱和想念之情。

［意图说明］

聚焦表达方式的变化，引导学生体会作者情感的变化，进一步培养学生的语言敏感性，增强学生的文化自信。

六、补充背景资料，理解作者的昆明情结

师：文末交代了本文写作的时间是 1984 年，内容是作者在西南联大学习时期的所见所闻及亲身经历。时隔那么多年，作者对昆明的一草一木依然历历在目，可见记忆之深刻，情感之深厚。作者是江苏人，为何对昆明有如此深的感情？请阅读下面这段文字（出示幻灯片），说说自己的发现。

幻灯片：

> 汪曾祺的一生极为艰难，他经历了中国社会脱胎换骨的时期。1939 年，他考入西南联大，在那里结识了沈从文、闻一多等文坛名人。这段时间，他虽然生活艰苦，但精神上得到极大满足。在昆明，他也进入了一个创作的高峰期，并收获了人生中的爱情。所以，在昆明的七年无疑是他人生中的重要时期。

生 1：通过这段文字，我发现作者在昆明有很多收获，收获了爱情和友情，文学创作也进入高峰期。所以，他的精神世界很满足。

生 2：作者在西南联大读书期间的生活异常艰苦！

师：是啊，西南联大的学子们不仅生活艰苦，常常还要忍受战乱的纷扰。但在作者的笔下，我们读出的却是他对生活中美的发现，是闲适的生活状态。可见，虽然生活艰苦，昆明的那段时光仍然留给了作者许多美好的记忆。他喜欢这里的景，喜欢这里的人。因为喜欢，作者才会用心去感受昆明的一草一木、一花一人！因为喜欢，作者笔下的景、物、人、事才会如此美丽动人。这份真挚的情感正是源于作者内心深处的昆明情结！请大家一起朗读课文，感受流淌在文字中作者的那份深情。

［意图说明］

补充资料，帮助学生了解作者的人生经历，使学生与作者、文本产生共情，进而理解作者内心深处的昆明情结。

【专家点评】

本节课其实是围绕学生在预习中提出的两个问题展开的：（1）文章题目是《昆明的雨》，但文章真正写雨的部分却很少，这是为什么？（2）“我想念昆明的雨”这句话在文中出现了两次，这两次作者想念的程度一样吗？这两个问题很有质量，直指文章的重点和难点。

首先，紧扣第一个问题，研读第 1 至 5 自然段，教师引导学生关注哪些部分写了雨以及雨的特点、哪些地方没写雨以及这样写与题目的关系。其次，研读第 6 至 9 自然段，通过关注作者笔下描写的日常生活中常见的景、物、人、事等，捕捉其与雨的关系，教师引导学生发现，雨不仅串起了前 5 自然段的内容，也串起了第 6 至 9 自然段的内容。在此过程中，教师巧妙地带着学生品味汪曾祺独特的语言特点，通过对标点的琢磨、遣词的品味、人物的揣摩，领悟到作者寄寓其中的浓浓情感。例如，对“摆”字和“堆”字的对比品味让学生很受启发。这样，自然就达到了设计意图。

在分析第 10 自然段时，教师敏锐地抓住了一个学生平时容易忽略的问题：课文第 6 至 9 自然段节奏较快，到了第 10 自然段节奏就慢了下来，为什么？这个问题不仅涉及语言风格的变化，也涉及作者的情感变化；不仅能引领学生关注语言的深层意蕴，也能进一步让学生感受到汪曾祺对昆明这个地方、对在昆明的那段生活的怀念。在此过程中，还顺带解决了学生在预习中提出的第二个问题，即前后情感差异的问题。

本节课能从学生的问题出发，逐步分析讲解，值得称道。但纵观整节课，教师直接提出的问题较多，几乎每分钟一个问题，这样的频率值得商榷。连珠炮式的不断发问，使整节课的讲解显得琐碎，重点不明。另外，学科德育在《昆明的雨》这类文章中最好适当渗透，以感受、品析语言文字为主。

（上海市长宁区教育学院　魏新磊）

以豪放之词抒爱国之情

——《江城子·密州出猎》课堂教学实录

上海市松江区教育学院　张俊

（本课获 2019 年“迦陵杯·诗教中国”诗词讲解大赛全国赛区二等奖）

教师简介：张俊，古代文学硕士，中学高级教师，松江区教育学院初中语文教研员，松江区学科名师。在《语文教学与研究》《古典文学知识》等核心期刊发表论文多篇。

【德育理念】

“文道统一”是语文教学的重要原则，语文学科蕴含丰富的德育因素。在教学中，教师应充分利用教材中的情感因素，借助巧妙的教学手段，使学生深刻地感受文章蕴含的真善美，激发学生爱祖国、爱自然、爱生活的真挚情感，培育学生的健康人格。

【设计说明】

《江城子·密州出猎》是苏轼创作的一首豪放词，其豪放不仅体现在他对宏大壮观的狩猎场景的描写上，也体现在他对待理想和现实的矛盾冲突的态度上，体现在他在逆境中积极进取的豪迈气概和心怀天下的人格魅力上。

在教学中，通过反复诵读品析语言，引导学生分析壮观的狩猎场景，体会词人的豪迈气概，感受苏词豪放的词风。然后，结合苏轼的人生经历及写作背景，让学生在“少年狂”和“老夫境”的对比中理解词人理想和现实的矛盾冲突，感受词人的思想情感，理解词人在逆境中积极进取的人生态度，从而培养学生的爱国情怀，引导学生树立积极向上的人生观。最后，补充后人对苏轼的评价，结合苏轼的生平，引导学生较为全面地了解苏轼，感受词人进退自如、宠辱不惊的人生态度，提升学生的文化认知。

【教学实录】

一、介绍背景，导入新课

师：今天我们来学习苏轼的一首词，对这首词苏轼是颇为得意的，他在《与鲜于子骏书》中说："数日前猎于郊外，所获颇多，作得一阕，令东州壮士抵掌顿足而歌之，吹笛击鼓以为节，颇壮观也。"可见，他有意在盛行于当时的婉约词外标新立异，另创一种由男儿放喉高歌、具有阳刚之气的豪放词，这就是《江城子·密州出猎》。"江城子"是词牌名，"密州出猎"是词的题目，交代了写作内容。今天我们就走近苏轼，看看他在这首词中表达的情感以及对生命的理解。

［意图说明］

由苏轼写给友人的信引出课题，激发学生的学习兴趣，为其理解苏轼豪放词风做准备。

二、初读入境，整体感知

师：请大家一起朗读这首词，读的时候要声音洪亮，吐字饱满，注意重音和节奏。

（学生齐读）

师：这首词写出了怎样的出猎场面呢？请同学们结合具体字词分析。

生 1：宏大。"左牵黄，右擎苍"，词人左手牵黄犬，右臂托苍鹰，好一副出猎的雄姿！

生 2：壮观。"锦帽貂裘"，随从武士装备齐整，英姿勃发。

生 3：气势磅礴。"千骑卷平冈"，千骑奔驰，腾空越野，人数多，速度快。

师：大家分析得非常好。下面我们把描写出猎场面的语句朗读一遍，注意打开口腔，做到字正腔圆，读出气势。

（学生再次齐读）

［意图说明］

教师指导学生朗读，引导学生初步读出诗词情感，整体感知词作内容，了解苏轼的豪放词风，为突破教学重点和难点打下基础。

三、品析词句，质疑探究

师：上阕描绘了一个宏大壮观、气势磅礴的狩猎场面。这个场面是真实的吗？

生 1：我认为不全是真实的。锦帽貂裘是指汉羽林军穿的服装，这里指随从将士戴着华美鲜艳的帽子，穿着貂皮做的衣服，似乎太过华丽。

师：锦，用彩色经纬丝织出各种图案花纹的丝织品，是为美物，喻色彩鲜艳华美。貂皮素有"裘中之王"之称，轻柔结实，毛绒丰厚，色泽光润。而密州是一个比较贫困的地区，太守出猎时这样装扮似乎有点夸张，不太真实。

生 2：我也觉得不全是真实的。古时一人一马为骑，“千骑”就是有一千名衣着华丽的将士骑着一千匹马跟随苏轼去打猎，感觉有点夸张。

师：其实，“千骑”不一定指一千人，而是人数众多的意思。这首词作于熙宁八年，那年春夏，密州大旱。苏轼作为太守前往常山祈雨，得雨后十月间又去常山祭谢，归途中在铁钩打猎，写下这首词。由此可见，打猎的事件是真实的，而狩猎场面格外宏大壮观，这是苏轼在事实的基础上进行了艺术的夸张。景物描写往往蕴含着人物内心的情感。苏轼想用这样夸张的宏大场面表达什么？

生 3：“亲射虎，看孙郎”，孙权在凌亭射虎，苏轼希望像他一样射杀猛虎。

师：这是一个典故。诗文里引用的古书中的故事或词句称为典故，这是古诗词中常用的一种表现手法，目的是借助一些历史人物、神话传说、寓言故事，含蓄委婉地表达自己的某种愿望或者情感。苏轼用孙权的典故仅仅是为了表达想射杀猛虎的愿望吗？

生 4：三国时期，孙权建立了吴国。苏轼在这里以孙权自比，是希望能像孙权一样建功立业、有所作为，是在表达一种豪情、一种壮志。

师：狩猎场面的宏大壮观表现出一种豪情壮志，体现了“狂”字。请大家一起读一下上阕，感受苏轼的豪情，读的时候注意吐字饱满、语调高亢，体现出男子的豪情。

［意图说明］

让学生在品读字词中理解词句含义，初步体会词人的情思。

四、抓住“狂”字，走近苏轼

师：在大家的朗读声中，我似乎看到了一幅宏大壮观的狩猎场景，看到了一个有着少年狂态、肆意张扬的太守。“狂”为什么一定是“少年狂”呢？

生 1：“鬓微霜”中的“霜”字是白的意思，指鬓发已经微微变白，说明苏轼已经老了。

师：“老夫”也可以狂，也可以豪情万丈，如曹操就说过“老骥伏枥，志在千里，烈士暮年，壮心不已”。为什么苏轼一定要说“老夫聊发少年狂”呢？我们再看看“老夫”的自称，苏轼此时年近四十，在古人看来确实不再年轻。在这里，“老夫”仅仅是说他年龄大吗？

生 2：我觉得还有一种无奈，我是从“何日遣冯唐”这句读出的。课文注释说这里借用了冯唐赦免魏尚的典故。苏轼此时在政治上处境不甚得意，便以魏尚自比，希望得到朝廷的信任。我觉得他应该有一种年龄已经大了但还没能实现抱负的无奈。

师：苏轼二十一岁考取进士，就像光彩熠熠的明星照亮文坛的上空，一举成名。就其成名之早、之顺利、之知名度大而言，举世无双。他本以为能早早建功立业，没想到近不惑之年还未充分施展才能，实现报国之志。这首词作于密州，当时苏轼因与王安石政见不合，被贬到密州，有着壮志未酬的感慨和无奈。因此，“少年狂”是他的内心理想、人生抱负，而“老夫境”却是他的现实处境。“老夫聊发少年狂”体现了苏轼理想和现实的冲突。

［意图说明］

品读“狂”字，感受苏轼的豪迈之情，明白“少年狂”是他的内心理想、人生抱负，初步感知苏轼理想和现实的冲突。

五、知人论世，走近苏轼

师：中国古代许多文人都经历过理想和现实的冲突，面对这种冲突，有的人伤感悲凉，如陈子昂“前不见古人，后不见来者，念天地之悠悠，独怆然而涕下”；有的人郁闷忧愁，如秦观“困倚危楼，过尽飞鸿字字愁”。在词中，苏轼的选择是什么呢？

生 1：“酒酣胸胆尚开张”，行猎之后畅饮美酒，胸怀开阔，胆气豪壮。

生 2：“鬓微霜，又何妨”，是说自己不服输、不气馁。

生 3：“何日遣冯唐”，我觉得除了无奈外，还有期待，期待能够报效祖国。

生 4：“会挽雕弓如满月，西北望，射天狼”，抒发了苏轼报效祖国的愿望和雄心壮志。

师：请你朗读一下这句。（生 4 朗读）你读得非常好，读出了苏轼激荡满怀的豪情壮志和矢志不渝的报国情怀。虽然现实不尽如人意，但他仍有慷慨激昂的报国情怀；虽然身处逆境，但他仍有昂扬奋发的豪迈气概。同学们如何看待苏轼的选择呢？

生 5：这体现了他积极乐观的人生态度。

师：苏轼在困境中依然求索、积极进取的精神体现了中国传统文人的价值取向，正如屈原的“路漫漫其修远兮，吾将上下而求索”；又如范仲淹的“居庙堂之高则忧其民，处江湖之远则忧其君”。我们一起读一下这几句，感受苏轼的济世报国之心。

（学生朗读“鬓微霜……射天狼”）

师：通过刚才的分析，你们从词中读出了怎样的苏轼？

生 6：深受百姓爱戴的苏轼。

生 7：虽身处逆境但依然积极进取的苏轼。

生 8：时刻不忘报国之志的苏轼。

生 9：渴望上阵杀敌、建功立业的苏轼。

师：是的，我们从这首词中读出了虽身处逆境但仍放声高歌、心怀天下的苏轼。

［意图说明］

引导学生在品读字词中理解苏轼的选择。补充苏轼的生平经历，让学生进一步感受他在逆境中积极进取的豪迈气概和心怀天下的人格魅力。

六、拓展延伸，提升认知

师：我们敬仰苏轼，不仅因为他的文学作品，还因为他崇高的人格魅力。有学者曾这样评价苏轼："苏轼留给我们的精神遗产，除了文学创作之外，还有他崇高的人格魅力……他追求的是爱民和为直道而献身，处穷时仍不忘兼济天下之志；在复杂的政治斗争中表现出刚正不阿、光明磊落的高风亮节；身处逆境而能保持心境的安适，追求进入一种超功利、超世俗的自由的精神境界。"从中你们读出了一个怎样的苏轼？

生1：心怀天下的苏轼。

生2：刚正不阿的苏轼。

生3：旷达乐观的苏轼。

师：大家可以看看苏轼的人生轨迹图（图略）。图中的圆点都是苏轼走过的地方。苏轼一生坎坷曲折，既经顺境，复历逆境。然而，他一生的政治信念和理想就是忠君、报国、爱民，无论处于何时何地，始终不忘初心。苏轼对后世的影响不仅源自他的文学作品，还源自他宠辱不惊的人生态度。今天，我们学习的是一首壮词，词中慷慨激昂的情感和阔大雄壮的场面体现出豪放的词风；词中苏轼在逆境中积极进取的豪迈气概和矢志不渝的报国情怀感染着历代读者。最后，让我们一起诵读这首词，感受苏轼的魅力。

［意图说明］

引导学生加深对苏轼的了解，感受词人进退自如、宠辱不惊的人生态度，提升学生的文化认知。

【专家点评】

本节课自始至终洋溢着浓郁的文化气息。上课伊始，教师引用《与鲜于子骏书》中的话，让学生了解本词在苏轼心中的地位，乃至在文学史上的地位，引发学生的好奇心，激发学生的学习兴趣。在教学过程中，教师充分利用自身的知识储备，时而讲故事、说典故，均结合课文，恰到好处，增加了趣味性，也增进了学生对诗词的理解；时而引用古诗词，不仅使学生知道了一脉相承的文化精神，也使本节课文采斐然，诗味浓郁；时而引述学者对苏轼的评价，介绍苏轼的人生轨迹图，使学生深入了解苏轼的思想、理想和人生态度。这些均显示出教师厚实的语文功底以及对苏轼的偏爱，也有助于学生深入理解这首词。教师在教学中很注重诵读，以诵读促理解，以理解促诵读，抓住了诗词教学的关键。

本节课也有一个共性问题值得思考：学习时，我们的重点到底是学习这首词，还是把这首词作为工具（之一），来了解苏轼这个人？这节课把重点放在了后者上，所以教师搜集了大量资源，不是为了理解词，而是为了了解人。这一点值得商榷。

（上海市长宁区教育学院　魏新磊）

文有真诚，就是可爱

——《书戴嵩画牛》课堂教学实录

上海市彭浦初级中学　王凯

教师简介：王凯，中共党员，上海市彭浦初级中学语文教师，语文教研组组长，上海市陈军语文学科德育实训研究基地学员，参与基地《诚直论》等著作的撰写工作，在全国中文核心期刊发表论文多篇。

【德育理念】

“诚”“直”乃语文本有之德、人格必建之基。语文教师要培育青少年在语文学习过程中说真话、做真人。

【设计说明】

《书戴嵩画牛》是北宋文学家苏轼创作的一篇文章，短小精悍，意趣盎然。此文善用语言情态表现人物形象。在“知牛”这一点上，高于画家的牧童形象跃然纸上。用富有个性的语言来表现人物形象是小说文体的手法，此文已经显示出小说的雏形。小说教学离不开分析人物形象和把握文章主旨。如何引导学生借助语言情态了解人物个性？如何让六年级的学生感悟小说揭示的深刻道理？教师可以借鉴“修辞立其诚”这一观点。

教授这篇文章时，教师立足“诚”，力求从不同层面揭示“诚”的内涵。一是从袁宏道对苏轼的评价“东坡之可爱者，多在其小文小说”入手，引导学生思考本文“小”在何处并得出结论：“小”不仅仅是篇幅短小，更是选取生活中的真实小事，真实再现，以小见大。二是引导学生赏析人物描写，感受人物的“本真”。三是以古语和苏轼的观点为着眼点，落实“真诚下学”之意。四是引导学生总结：苏轼的文章能够流传千古正是源于“修辞立其诚”，真实地刻画了真诚可爱的人物，真实地选取了源于生活的素材，提取了来自生活的本真道理。

【教学实录】

一、导入课题，介绍作者

师：课题中的“书”字是什么意思呢？ 你是怎么理解课题的？

生 1：“书”字是书写的意思，我认为课题的意思就是“写一写戴嵩画牛的故事”。

师：我们现在看到的“书”字，往往是名词“书籍”的意思，同学们应关注这种古今异义的现象。“烽火连三月，家书抵万金”中的“书”字又是什么意思呢？

生 2：我觉得，这里的“书”字是名词“书信”的意思。

师：《书戴嵩画牛》是苏轼写的一篇短文，请几位同学来介绍一下苏轼。

生 3：苏轼，字子瞻，号东坡居士，与其父苏洵、其弟苏辙并称“三苏”。

生 4：他是北宋著名文学家、书画家，唐宋八大家之一，豪放派词人代表。

生 5：他在诗、词等方面成就极高，擅长书法和绘画，还是美食家，发明了“东坡肉”。

师：同学们可以为东坡先生写写小传，深入了解苏轼的精彩人生。

［意图说明］

梳理“书”字的古今不同含义，引导学生重视古文中词义变化的现象。通过交流作者生平，引导学生在课外探索先贤，激发学生学习兴趣。

二、反复诵读，培养语感

师：请同学们朗读课文。

（学生朗读课文）

师：请大家跟老师一起读“曝”“搐”“谬”等字，并有感情地再读课文。

（教师范读，指导学生感受文言文的节奏和韵味，引导学生抓住杜处士和牧童的神态、动作、心理等细节展开想象，读出情感）

［意图说明］

语文的情感性很浓，学生的情感需要通过诵读来激发。让学生在反复朗读中培养语感，去感知、体验和欣赏。

三、整体感知，赏析人物

师：“东坡之可爱者，多在其小文小说”。这篇文章“小”在何处，“可爱”在何处？请小组讨论。

生 1：“小”指事件小，本文只写了一牧童偶然指出《斗牛图》的错误这件小事。

生 2：牧童是乡野小孩，杜处士也只是归隐山林的人，他们都是小人物。

师：苏轼关注底层民众生活，善于以小见大，用小事件表现大道理。请同学们再来欣赏一下人物的可爱之处，先从杜处士开始。

生 3：从“有戴嵩《牛》一轴，尤所爱，锦囊玉轴，常以自随”一句可以看出杜处士的可爱。他对这幅画喜爱到了痴迷的程度，用玉做轴，装饰名贵，用锦囊装画，更见其爱惜有加。他经常将画随身携带，可知其迷恋程度。他对待绘画艺术的这种痴迷状态是可爱的。

生 4：杜处士对《斗牛图》的痴迷珍爱还体现在“一日曝书画”中，他不仅常常随身携带这幅画，还拿出来晾晒，这种小心翼翼的样子也很可爱。

生 5：杜处士如此喜爱这幅画，但面对牧童“拊掌大笑”说“谬矣”时，他仍能“笑而然之”，我觉得他是豁达和谦虚的，也很可爱。

师：“处士笑而然之”，他为什么笑呢？

生 6：应该有化解尴尬的意思，也有对牧童的赞许吧。

师：同学们对可爱的杜处士有何评价？

生 7：面对批评，他能“笑而然之”，可见他很有修养，能虚心接受批评，心胸豁达。

师：苏轼用简练的笔触刻画出如此可爱的杜处士，正是他的“诚”打动了你们。对《斗牛图》痴爱的本真表现、对牧童批评的真诚接纳都体现了“诚”的丰富内涵——本真、真诚。我们再来赏析牧童的可爱。

生 8：牧童的可爱体现在“拊掌大笑”，这里用了动作和肖像描写。他根据放牛时的日常所见，一下子就看出《斗牛图》的错误，随即拍手大笑，可见他毫无顾忌，随性自然。我觉得人毫不掩饰自己、天真无邪、无所顾忌就是可爱。

生 9：从牧童的语言也能感受到他的可爱——“此画斗牛也。牛斗，力在角，尾搐入两股间，今乃掉尾而斗，谬矣。”读“谬矣”时拉长尾音，一个快言快语、纯真质朴的小孩就会出现在我们面前。

师：苏轼在这篇文章中，用至简的文笔刻画了两个自然纯真、真诚质朴的人物形象。这何尝不是苏轼自身性格的写照呢？他的诗词文章，或即兴而作，或有感而发，都自然流露情感，顺乎天性。这也是我们都觉得苏轼可爱的根本原因。

[意图说明]

文学作品有作者的影子。从分析人物形象入手，带领学生感受人物特点，品味人物的个性与共性，让学生懂得“真”“诚”对于塑造人物的重要性，进而引导学生了解苏轼。

四、深入探究，感悟主旨

师：文中哪一句话蕴含了深刻的道理？

生 1：古语有云：“耕当问奴，织当问婢。”不可改也。

师：作者在讲完故事后引用了一句古语，还发表了自己的观点。谁来说说？

生 2：古语说："耕田的事情要问农民，织布的事情要问织工。"这是不能改变的。

师：根据你们的理解，试着完成下面的练习。

板书：

> 耕当问奴，织当问婢。
> 学当问（ ），病当问（ ）。

生 3：学当问师，病当问医。

师：是的，遇事不仅要向内行请教，尊重常识和经验，还要向专业人员请教，不要闭门造车、凭空臆想。会问还不够，从这个故事和苏轼的评价中，你们得到了什么启示？

生 4：生活中遇到问题要真诚地向行业专家请教，每个人都有自己的特长。

生 5：我们要认真、仔细地观察事物，不能凭空想象，要从客观事实出发。

生 6：艺术创作离不开细心观察，我们应真诚虚心地向富有实践经验的劳动人民学习。

师：从同学们的回答中，我关注到"真诚""认真""虚心"等词语。这不由让我想起"修辞立其诚"。诚，信也；信，言必由衷之意。这就告诉我们，在写作时不仅要刻画"真实无妄""言必由衷"的人或事，更要揭示具有"天理之本然"的道理。苏轼的文章之所以能流传千年，就是因为抓住了"真""诚"二字。

［意图说明］

抓住关键语句，引导学生深入思考并适当拓展训练，以加深学生对文章主旨的理解。总结时适时拓展，让学生明白"真""诚"在作文选材及立意中的重要作用。

五、辩证思考，正确认知

师：关于戴嵩画牛，有不少精彩的记载，如"戴嵩尝画山泽水牛之状，穷其野性筋骨之妙，故居妙品""牛目中有牧童影"。同学们觉得戴嵩的绘画技艺怎么样？

生 1：他的绘画技艺非常高超，观察也非常仔细。

师：牧童说："牛斗，力在角，尾搐入两股间，今乃掉尾而斗，谬矣。"戴嵩画的牛真的错了吗？请同学们结合文下注释分析一下。

生 2：我觉得戴嵩不一定画错了。可能牛的个性或者习惯不同，有的是"掉尾而斗"，有的是"尾搐入两股间"。

生 3：我认为不同地方的牛的习性也不一样。牧童所在地方的牛相斗时"尾搐入两股间"，而其他地方的牛则"掉尾而斗"。

师：同学们分析得很有道理。我们分析问题不能非此即彼，要辩证地看待生活中的问题。注释中说："两牛相斗时，既有'尾搐入两股间'的情形，也有'掉尾而斗者'。"这并不意味着牧童的意见是错误的，只不过受限于古人获取知识经验的渠道狭窄，他未能见到两牛相斗的不同情形罢了，也不能就此断定戴嵩画错了。我们只有辩证地看待问题，才能获得对生活的正确认知。当然，聪明的苏轼应该是知道这一点的，我们要领会他创作这篇文章的真正目的。辩证地看待问题，也是“诚”“直”的表现。

［意图说明］

用单向思维框定多样化事物，就会造成以点代面、以偏概全的失误。教师要引导学生辩证地看待问题。这有助于他们更深入地理解“诚”“直”的内涵。

【专家点评】

王凯老师这堂《书戴嵩画牛》，符合我对这类古文的教学期待。具体来说，我的期待有以下两点：

1. 能说清楚小品文的“趣”。这类文章为何能流传千古？换言之，它经久不衰的魅力何在？我认为首要的是有“趣”，而且这种“趣”有内涵，经得起时间的考验。所以，文章虽然小，无论什么时候读它，你都会不由得莞尔一笑。这就是小品文有意思的地方。那么，这种“趣”到底是什么呢？其实就是文学性。王老师将课文定位为微型小说是很有见识的。沿着小说的视角，我们可以看出冲突，看到人物，进而在冲突中看到夸张，看到悖谬；在人物形象里看到个性，尤其是那种真诚的个性，很吸引人。无论在哪个时代，如此真诚以及如此大方地接纳真诚，都是很可爱的。

2. 能领会作者的真实意图。这是一篇画论，照理说应该从审美的角度鉴赏绘画艺术，但苏轼却在揭示绘画是否符合真实生活。这显然在告诉我们，醉翁之意不在酒。不在酒，那么意在何处？在于说理。对这一点，王老师的认识很到位。他引导学生从前人的研究材料入手，提出富有挑战性的问题，在师生、生生有深度的对话中，逐渐认识到作者意在揭示如下道理：（1）应该“因人求事”，即专业的事应请教专业的人；（2）这些专业的人通常是底层劳动者，说明知识与道理并不一定掌握在知识分子手里，这体现了苏轼可贵的民本思想；（3）常识很重要。课堂进入这一层次，对于初中生来说，已经很深刻了。但王老师并未满足，而是引入不同看法，带领学生与作者对话，将课堂带入更高的境界。

（上海市嘉定区教育学院　沈国全）

高 中

融入时代，成就自我

——《哦，香雪》课堂教学实录

上海市松江二中　李明玉

（本课入选 2018 年上海市中小学学科德育精品课程）

教师简介：李明玉，中学高级教师，松江区第六届高中语文学科名师。在松江区“彰显核心素养，探寻学科育人”课堂教学研讨等活动中开设公开课。执教的课荣获 2017 年“一师一优课、一课一名师”活动部级、市级“优课”和 2019 年“迦陵杯·诗教中国”诗词讲解大赛上海赛区一等奖。

【德育理念】

语文教学的育人目标离不开“言”。课堂上，师生通过具体文字与伟人的思想、传统文化进行心灵的沟通，进而引发心灵共振，这些文字皆若出自学生之口、学生之心。

【设计说明】

铁凝在改革开放的大潮中发现了“日常生活中的崇高”。“香雪”们引领 20 世纪 80 年代农村青年的时代风尚，她们的价值取向映射了当时乡村中最早觉醒的青年的心灵追求，她们在艰难的物质生活环境中开出了令人赞叹的精神花朵，从而在一个时代中找到了属于自己的位置。对于今天的中国社会，香雪的形象依然具有意义，我们仍然需要不因物质诱惑而改变自己人生理想的人。不忘初心、执着前行应该是我们这代青年的担当与使命。

【教学实录】

一、导入新课，激发兴趣

师：1982 年，在一次文学青年的辅导会上，铁凝利用开会的空闲时间写了一部小说，她先投递给了某权威文学杂志，没有被采用，后来又投给《青年文学》。这篇小说一经发表，便在读者中引起了强烈反响。人们不仅记住了台儿沟、香雪、凤娇，还记住了扑面而来的山野之风。今天，我们一起学习《哦，香雪》。小说中，铁凝把具有时代特征的故事具象地投射到香雪身上，留下了一些耐人寻味的数字，如一分钟、一个铅笔盒、两顿饭、三十里夜路和四十个鸡蛋。让我们从探究这一分钟的意义入手，走进文本。

［意图说明］

抓住学生的阅读感受与疑惑，明确主要问题，为学生的课堂活动指明方向。

二、概括情节，分析人物

师：这一分钟给台儿沟的人们带来了什么？改变了什么？

生 1：这一分钟给台儿沟带来了外界的信息，因为在这一分钟之前，台儿沟是完全封闭的小村庄；有了这一分钟，台儿沟的姑娘看到了外面的世界，开始了贸易。这一分钟促进了经济的发展，改变了她们的生活。

师：台儿沟的姑娘在这短短的一分钟里做了什么呢？

生 2：因为对外界好奇，她们尽可能地跟外界交流，交换东西。

师：这一分钟满足了她们了解新鲜事物的需求，所以她们特别珍惜，十分享受。

生 3：这一分钟给她们平淡无奇的生活带来了一些不一样的色彩。“明天还有火车经过”这个念头，让她们对明天有了期待。这一分钟打开了她们通向更美好生活的大门。

［意图说明］

物品交换带来经济上的改变、对山外文明的向往、观念的改变、生活方式的改变……这一分钟其实是香雪梦想的起点。引导学生品评语言，了解作品的核心价值。

三、深入品读，探究主旨

师：在这一分钟里，香雪的改变最大，为了得到自动铅笔盒，她走了三十里夜路，你们认为值不值？

生 1：我们小组认为值得。虽然走了三十里夜路，但香雪换到了自动铅笔盒，而自动铅笔盒代表着文明的世界。香雪追逐美好的生活，同时也向往外面的生活。在火车上，很多人阻止香雪走三十里夜路，因为他们都不相信一个女孩子敢走夜路。但香雪证明了台儿沟的姑娘都是有本事的，都是有价值的。走这三十里夜路代表香雪实现了自己的理想，她就像第一次认识了自己，第一次认识了养育她的山谷。

生 2：香雪面对同学的挖苦非常自卑，不敢回应他们的话，但当她踏上火车后，又表现得非常自信、大胆。所以，换取自动铅笔盒象征着香雪的觉醒之路，她开始为缩小农村与城市的差距努力。得到铅笔盒不仅满足了她的自尊心，还是作为农村姑娘的她走近城市、缩小农村与城市巨大差距的一次尝试。我认为香雪为了自动铅笔盒所进行的努力和思考是非常值得的。

生 3：我认为对这个问题应辩证思考。从主观上看，香雪走三十里夜路是为了得到自动铅笔盒。自动铅笔盒对她的价值是什么？能够减轻同学给她的压力，这种压力并不一定是城乡差距，更有可能是一种心理上的差距。在这一过程中，香雪的心理发生了很多次变化，从一开始上车时紧张、害羞、害怕，下来时忐忑不安，后面她又感觉心里很满意，风也柔和了很多。接着，香雪又开始担心，担心爹娘的想法，她直到最后一刻依然很动摇。因此，不能简单说三十里夜路坚定了她心中的觉醒想法，实际上在这一刻她并没有。我认为这三十里夜路对她的意义不仅是弥补了她心中的缺憾，还带来了她认知上的改变。她从前都是从外部看车里的人，现在走上车直接和车里的人面对面交流。

生 4：从这篇文章的前面看，走夜路之前，香雪因为贫穷而感到自卑。山外的清风是新鲜的，铁轨是闪亮的，而台儿沟是贫弱的脊背。从文中的用词可以看出，台儿沟人是自卑的，由于火车一分钟的停靠，让他们和外界有了接触。香雪其实早就与外面的人有了交流，她早就感觉到了作为台儿沟人是不光彩的事情，也感觉到了她所珍视的东西在城里人看来微不足道。“三十里，对于火车、汽车真的不算什么”，这句话隐含着，三十里对于火车上的乘客来说不算什么，是旅途中平平淡淡、普普通通的一段路，但对于香雪来说是艰辛的。自动铅笔盒对于城里人来说也不算什么，那个姑娘甚至都可以把它送给香雪，但对于香雪来说却是维护自尊的重要物品。一直到后面，她还是自卑的。走夜路的时候，她还在想爹和娘的话，台儿沟一定是这样的。她想要拥有城里人拥有的一切，因为她没有。但当她与台儿沟的人们相见后，她突然走不动了，突然停止了脚步。她意识到了台儿沟人拥有的真善美。城里人会倾尽全力去迎接一个人吗？城里人会有这么纯真的感情吗？我相信，香雪在此刻才真正感受到了，农村姑娘其实并不输给城里人。城里人拥有发达的科技，拥有自动铅笔盒，但他们没有台儿沟人淳朴美好的乡风。她在走夜路的时候真正感受到了，这才是台儿沟最宝贵的、独一无二的财富。

［意图说明］

让学生紧扣文章语言体会香雪心理变化的过程，感受其认知与精神的成长，这仍是一分钟带给香雪的变化。引导学生体会“香雪”们的使命感——对知识尊严、传统与人性美好的坚守，勇于迎接改变，具有逆流而上的勇气。她们在艰难的物质生活环境中开出了令人赞叹的精神花朵。

四、拓展提升，深入感悟

师：通过文章我们理解了一分钟的意义，下面我们来规划自己的一分钟。

生 1：我用一分钟对过去进行了独立的思考和冷静的总结；用一分钟立足现在，设定一个简单而务实的小目标并迈出第一步。

师：铁凝小说的底色是“暖意”，她向香雪和台儿沟送出了温暖和祝福，我也希望同学们能够把握自己生命中的每一分钟，在历史的洪流中创造自己的未来。有担当的青春，才是闪光的青春。

[意图说明]

探究香雪的形象对于中国社会的现实意义，帮助学生树立正确的价值观，在新的时代找到属于自己的位置。

【专家点评】

《哦，香雪》是著名作家铁凝写于 20 世纪 80 年代初的名篇，小说写的是台儿沟姑娘们的“台儿沟梦”，其实也是那个时代人们的“中国梦”。小说中以香雪为代表的台儿沟姑娘们，因为火车停靠的一分钟，对山外世界有了向往，对美好生活有了憧憬。她们那种要改变山里人封闭、贫穷的生活面貌的愿望，是那么真实，又是那么纯美。铁凝的这篇小说，在当时之所以能产生很大的影响，就是因为她写出了那个时代人们心中的梦想，以及对这个梦想真诚的歌颂、冷静的审视、严肃的思考。这么丰富的内涵要在一堂课中得到落实是有难度的。李明玉老师的这堂课既是学生积极思考的“思维场”，也是多元主体交汇的“对话场”。

1. 学生积极思考的“思维场”

长文短教，要将文本丰富的内涵浓缩在一堂课中，就必须有一个恰当的切入点。借助这样的切入点，教师可以通过合理的问题预设，引发学生积极思考，对文本内涵进行深入探究。在这堂课中，李老师找到的这个切入点就是小说中所写到的火车停靠的一分钟。围绕这个点，李老师设计了三个问题：（1）这一分钟给台儿沟的人们带来了什么？（2）这一分钟给香雪带来的最大改变是什么？（3）因为这一分钟，香雪走了三十里夜路值不值？

如果说这堂课取得了成功，那么应该主要归功于这三个问题。这三个问题具有什么特点呢？我认为至少有三点：一是有弹性。每个问题说难不难，但如果没有深入研读文本，又很难做出非常有质量的回答。这种问题的弹性，让每个学生在自己的理解范围内都有思考的空间。二是有延展性。通过对这三个问题的探究，基本上可以串联起对整篇小说的阅读。三是有连续性。这三个问题构成了一个具有逻辑关系的“问题链”，在它们的引领下，学生对文本的阅读由浅入深，不仅思维含量越来越丰富，而且对人物内心世界的理解和揣摩也越来越深入、真切，直到读出香雪这个人物乃至整篇小说的时代意义。所以，这堂课中，李老师用三个问题营造了一个能够激发学生积极思考的"思维场"。

2. 多元主体交汇的"对话场"

现代教学论认为，教学从本质上来说就是对话。这种对话是教师、学生、文本、文本中的人物、文本作者、教材编者等多元主体之间信息传递、心灵沟通、智慧激发、互促共生的过程。这堂课让人印象最深刻的就是学生的发言，他们侃侃而谈，不仅有独立思考，而且有较深入的阐发。他们对香雪这个人物的理解是和而不同的。这些同中有异的观点，是学生与《哦，香雪》这篇文本对话、与小说中的香雪这个人物对话、与作者铁凝隐含在文本中的情感对话的结果。这些不同观点之间的交汇和碰撞，又足以引发其他学生更深入的思考，使其形成对文本更深入的理解。

（上海市浦东教育发展研究院　兰保民）

咏夜雪秋风之豪情，品伏枥难安之壮志
——《书愤》课堂教学实录

华东师范大学松江实验高级中学　毕秀金

（本课荣获2018年“一师一优课、一课一名师”活动部级、市级“优课”）

教师简介：毕秀金，毕业于吉林大学，华东师范大学松江实验高级中学语文教师，上海市松江区高中语文学科名师。在省级、市级期刊发表教育教学论文多篇，执教的《蜀相》一课荣获“迦陵杯·诗教中国”诗词讲解大赛上海赛区二等奖。

【德育理念】

坚持教文育人，利用文质兼美的名家名篇，挖掘文本内涵和美学情趣，使学生情感得到陶冶，思想得到净化，成为更纯洁、善良的现代人。

【设计说明】

《书愤》由陆游于淳熙十三年春居家乡时创作。陆游时年六十有余，被黜罢官，赋闲在乡。想到山河破碎，中原未收，“报国欲死无战场”；感于世事多艰，小人误国，“书生无地效孤忠”，诗人满怀郁愤之情。

作为陆游七律名篇之一的《书愤》，无论是形式美还是精练的语言，都值得我们学习研究。然而，这首诗最打动我们的仍是诗人复杂的情感、丰富的内心世界、深沉炙热的爱国热情。因此，本节课在教学设计中以“品味诗歌语言，感受诗人的家国情怀”为重点，有意识地挖掘学科育人价值，希望在培养学生语言审美能力的同时，引导他们自觉生成对知识分子的敬重，提升其对国家和民族的责任意识。

【教学实录】

一、导入新课

师：今天我们学习一首七言律诗《书愤》。（板书课题）要读懂一首诗，首先要读懂题目，诗题该怎么理解？

生1：写出愤怒。

师：这是字面上的意思。《说文解字》中对“愤”的解读是“懑也”，《现代汉语词典》中的释义为“因为不满意而感情激动”。所以，准确的理解是：“‘书愤’者，抒发胸中郁愤之情也。”那么，作者内心有哪些愤懑呢？我们现在就走进诗文，体会情感。

［意图说明］

引导学生准确理解诗歌题目，激发学生对诗歌内容的兴趣。

二、初读诗歌，把握诗歌内容

师：《书愤》四联56字，无一“愤”字，却句句含“愤”。请结合诗歌内容说说诗人到底在“愤”什么，也可以说说自己的想法。

生1：诗人愤恨世事艰难，纵使豪气如山也难以收拾旧山河。

生2：诗人因为两鬓生白、年纪衰老却一事无成而郁闷。

生3：尾联从字面上看应该是赞美诸葛亮的，这与“愤”有什么关系？

生4：我觉得，“千载谁堪伯仲间”是说当时南宋朝廷里没有诸葛亮这样收复失地的领军人物，或者有却不能受到重用。

师：你理解得非常准确！

生5：老师，您说这首诗句句含“愤”，我怎么看不出颔联里有郁愤，只看到了豪迈呢？

师：这个问题非常好，我们先不讲，看看后面大家怎么理解。我们根据同学们刚才的交流总结一下诗人“愤”的内容。（板书总结）从板书内容可以看出，诗人胸中满怀愤懑之气，令人动容。那么，这“愤”的根源是什么呢？

板书：

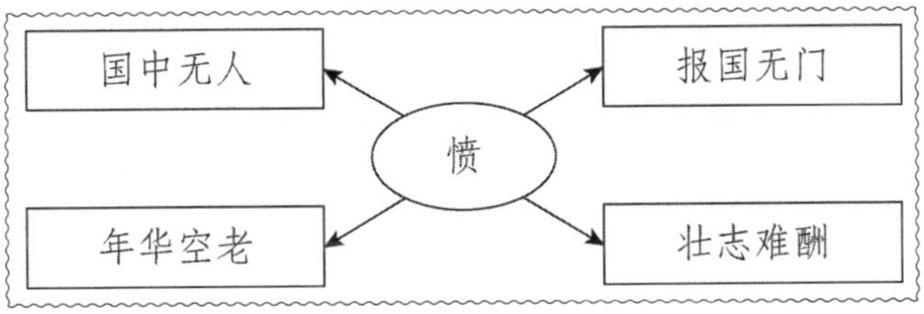

生6：联系陆游的生平和写作背景，“愤”的根源是南宋朝廷中的“主和派”不想北伐，担心损害自身利益，有政治原因、军事原因，也有经济原因。

师：你说得很好，“知人论世”是理解诗歌内容的一个重要途径。的确，诗人空有一腔壮志却不受重用，就是因为南宋朝廷由“主和派”控制。他们是阻挠抗金救国的绊脚石，是绞杀爱国力量的刽子手。所以，诗人“愤”中含“恨”，“愤”中含“悲”，“愤”而生“凉”，“愤”而生“叹”，从而形成了本诗沉郁豪雄的风格。

［意图说明］

理解是鉴赏的基础，引导学生整体把握，探寻诗人情感产生的缘由，通过朗读加深体悟，从而为后面品味语言、深入感受诗人情感做铺垫。

三、品味诗歌语言，体会诗人复杂的情感

师：结合自己的阅读体验，你们觉得诗中哪一句或哪个词语最能让人感受到作者的“愤”？

（学生小组交流）

生 1：我们小组交流下来觉得首联直接抒发情感。“那知”写出诗人年轻时不知世事艰难，北望中原时豪气如山，热血沸腾。现在年迈了，回想当年的年少气盛，诗人不由悲从中来。

师：如果我们把“那知”改为“不知”，会怎么样？

生 1：不好。“那知”有反问意味，增强了悲愤的力度。

师：很好，你从语气上读出了强烈的悲愤。谁还有补充？

生 2：诗人现在知道世事艰难了。

师：他是怎么知道的？

生 2：通过亲身经历体会到的。

师：一个“艰”字，道出了多少辛酸与坎坷，浓缩了多少因主战而受到的刁难、排挤和迫害。（出示幻灯片，补充陆游坎坷的仕途经历，略）诗人开篇自问，问出多少郁愤！我们应该带着什么情感读首联？

生 3：悲愤。

师：只有悲愤吗？

生 4：还有豪情，“气如山”的豪情。

师：好，请你带着悲愤和豪情朗读首联。

（生 4 朗读，教师指导后，全班齐读）

生 5：我们小组交流下来觉得颔联写得最有气势。诗人在这一联中回忆了自己年轻时经历的战斗生活，很有豪情。

师：你能具体描绘一下吗？

生 5：诗人和他的伙伴曾乘楼船，冒夜雪，奋战在瓜洲渡；也曾骑着铁马，迎着秋风，激战于大散关。

师：你用了“乘”“冒”“奋战”“骑”“迎”“激战”几个动词，这些动词是你自己加的，颔联里并没有。颔联中的用语有什么特点？

生5：颔联是意象的直接组合，只用了六个名词，没有动词连接。

师：你们觉得这样写有什么好处？

生6：画面感很强。

师：画面的特点是什么？

生6：很壮观，动人心魄。

师：颔联把分别表示军队、时令、地名的名词并列叠加在一起，构成了雄健激越的艺术画面。咀嚼这两句诗，洋溢着的是战斗的豪情，展现出的是报效祖国的雄心。诗句中这种意象的组合或跳跃，“语不接而意接”，被称为“列锦”。诗句高度浓缩，最大限度地增强了诗歌意象的密度和诗句的力度。这不仅使诗中的意象群鲜明突出、内涵丰富，还为读者提供了联想和想象的广阔天地及咀嚼回味的余地。你们还能想到其他运用此手法的诗句吗？

生7：“鸡声茅店月，人迹板桥霜。”

生8：“枯藤老树昏鸦，小桥流水人家，古道西风瘦马。”

师：陆游在他的文学作品中多次提到“大散关”，（幻灯片补充陆游和大散关材料）请结合诗人经历说说其意义。

幻灯片：

> 良时恐作他年恨，大散关头又一秋。——《归次汉中境上》
> 三秦父老应惆怅，不见王师出散关。——《观长安城图》
> 上马击狂胡，下马草军书。——《观大散关图有感》
> 一日岁欲暮，扬鞭临散关。——《怀昔》

生9：大散关是诗人战斗过的地方，他怀念这样的战斗时光。

师：大散关是南宋为数不多的在对金战役中取得胜利的地方。诗人多次吟咏此地，让我们感受到他对往昔战斗生活的缅怀追忆和无限向往。有取得战争胜利的实力，却因投降派的“和戎”政策而节节败退，这是一种什么心情呢？

生齐答：悲愤。

师：我们现在能回答一开始上课时有同学提出的问题了。颔联虽然表面上在抒发豪情，却在豪情中蕴含着激愤。请大家试着读出这种情感。（略）谁还有补充？

生10：我们小组赏析的是颈联，该联中的“空”“已”“先”三个字用得特别精妙。“空”指徒劳。诗人年轻时自诩“塞上长城”，可以抵挡敌人的千军万马，但一个“空”字，说明他的理想和努力在现实面前都成了一场梦。

师：你还能想到哪些带“空”字的诗句？

生10：“映阶碧草自春色，隔叶黄鹂空好音。”“莫等闲，白了少年头，空悲切。”

师：这些“空”字都带有无限失落。诗人年轻时参加进士考试受到不公正对待而被除名，入仕后多次因力主抗金而被罢官，可谓壮志难酬。这一个“空”字，真实表达了作者内心的沉痛。

生10：“已”字和“先”字可分别解释为“已经”和“在……之前”。

师：哦？在什么之前呢？

生10：在理想实现之前。诗人早年豪气如山，以“塞上长城”自许，如今祖国山河依然破碎，北方人民依然受难，自己却两鬓斑白，年华空老，壮志难酬。

师：所以，这里的“已”字和“先”字有无尽的——

生10：悲凉。

师：请你带着沉痛和悲凉读一下颈联。

（生10朗读，教师指导后，全班齐读）

生11：我们小组分析的是尾联。我们觉得“真名世”和“谁堪”两个词语里蕴含的悲愤最强烈。诗人用“真名世”强烈地赞扬、推崇诸葛亮及其《出师表》，又用“谁堪”这一反问语气倍加赞颂，都在暗示和讽刺当朝的统治者，抒发郁愤难平之意。

师：你们赏析得不但准确，而且深刻。陆游写过很多称赞诸葛亮和《出师表》的诗句，这点与杜甫非常像。（幻灯片补充陆游称赞诸葛亮和《出师表》的诗句）诗人为何这么推崇诸葛亮？

幻灯片：

出师一表千载无，远比管乐盖有余。——《游诸葛武侯书台》

一表何人继出师。——《七十二岁吟》

凛然出师表，一字不可删。——《感秋》

生12：诗人羡慕他得遇明主，赞美他的忠心。

师：《出师表》所说的“当奖率三军，北定中原”，正是陆游的毕生心愿；诸葛亮“鞠躬尽瘁，死而后已”的精神，正是陆游所要发扬的精神；诸葛亮“亲贤臣，远小人”的告诫，正是陆游认为南宋当权者应该听取的。陆游诗中对诸葛亮的高度颂扬，实则是对南宋朝廷苟且偷安、偏安江南的愤恨。（幻灯片补充资料，略）颂古在于非今，落笔千载以上，旨在千载以下。难道今天就真的没有像诸葛亮这样的人才了吗？答案当然是否定的。作者意在说明，只要统治者锐意恢复、任用贤良，饮马黄河之志定能实现。这里无疑包含着对统治者腐败软弱的谴责和批判，也表达了作者恢复失地、收拾残瓯的凌云之志和强烈愿望。下面请大家试着读尾联，读出赞美和愤恨。

（学生朗读）

师：古人作诗强调“言有尽而意无穷”。在优秀的诗歌中，作者会把自己心中丰富的情感和深刻的思想通过优美的或极富特色的语言表达出来，做到既文辞优美，又言之有物，极富感染力。我们透过这些看似普通的文字，感受到的不是一个老人年华迟暮的悲叹，不是一介书生个人理想难以实现的哀鸣，而是“无地效孤忠”的愤懑和尝尽世事艰难仍不忘初心的坚守。让我们再读诗歌，感受诗人满腔的爱国热情。

［意图说明］

教师在学生品味语言的基础上适当点拨，补充相关资料，帮助学生理解，同时增加学生的文化积淀。学生反复诵读，加深情感体验。

四、发散思维，深入思考

师：有学者认为：“放翁谈兵，气粗言语大，偶一触绪取快，不失为豪情壮概。顾乃丁宁反复，看镜频叹勋业，抚髀深慨功名，若示其真有雄才远略、奇谋妙算，殆庶孙吴，等侪颇牧者，则似不仅‘作态’，抑且‘作假’也。自负甚高，视事甚易”；“放翁爱国诗中功名之念，胜于君国之思。铺张排场，危事而易言之”。请结合《书愤》和你们对陆游的了解谈谈自己的认识。

生 1：我觉得这位学者的话很有道理。陆游很多诗歌中都写到了收复中原的愿望，每每抒发怀才不遇的悲伤，可是看他平生功绩，并没有做出什么大事。这里固然有不受重用的原因，但其个人能力不足也未必不是一个原因。收复中原是件大事，陆游写起来却很容易，仿佛有了机会就能成功，未免有些理想主义。

生 2：我不这样认为。陆游有书生意气，也有些理想主义，可这理想不仅是个人理想，也是国家、民族的理想。这位学者说他“功名之念，胜于君国之思”是没有道理的，他临死还“但悲不见九州同”，你能说这是为了个人功名吗？至于认为他“自负甚高”，未必有能力，我觉得这也是一种主观臆断，他都没有机会施展，你怎么知道他没有能力？

师：因为时间关系，我们不能一一发表意见。推荐大家课下阅读刘梦芙《陆游的儒家思想与崇高人格——驳钱锺书论陆诗之说》。综上所述，无论境遇如何、命运怎样，中国古代知识分子大多把人生价值和生命意义深深植根于家国天下中。家国情怀于中国知识分子而言，既是一种人生使命，也是一种责任担当，更是一种精神支柱。梁启超评价陆游说：“诗界千年靡靡风，兵魂销尽国魂空。集中什九从军乐，亘古男儿一放翁。”斯人已逝，然而这种家国情怀，千百年来激荡着每一位读者的心。

［意图说明］

借助后人评价引导学生全面深入理解人物，培养学生的批判性思维，激发学生探究的欲望，进一步了解陆游的崇高人格以及塑造这种人格的儒家文化。

【专家点评】

毕老师这节诗词鉴赏课上得很扎实，在以下两点上给人很多启发：

一是细腻与统整。高中的诗词鉴赏不同于小学与初中，仅停留在感动、沉浸的层面显然是不够的，仅停留在记住“爱国”“家国情怀”“爱国主义诗人”等概念的层面也是不够的，必须有对情感的细腻品读。这种细腻至少体现在两方面：（1）辨认出其中多种复杂的情愫；（2）感受到作者真切的心理变化。毕老师在这一点上做得很好，不仅引导学生通过品味词句体会不同的“愤”，如激愤、悲愤、郁愤，还引导学生透过“愤”感受诗人苍凉、无奈、失落、激越等复杂的情感。但课堂教学并没有只到“细腻”为止，毕老师通过追问，引导学生思考这些情感之间的关系，并将其统整到诗人身上，转而探究产生这些复杂情感的时代背景与思想根源。这样，就实现了由关注作品到关注具体的人的转变，为实现育德——行为模仿奠定了基础。

二是解读与诗意。诗歌教学不仅需要解读，还需要诗意。但诗歌本身的诗意并不必然代表课堂富有诗意。课堂的诗意来自想象力的放飞。我们看到很多诗歌鉴赏课都聚焦诗句的解释、手法的辨认、情感的概括，唯独缺少情境的代入。情境的代入需要想象力。为什么这么多的课缺乏想象力呢？是教师不知道想象力的重要性吗？恐怕不尽然。我想主要还是因为教师不知道如何在语文课上通过语言文字诱发学生的想象力。语文课上的想象与音乐、美术课上的想象有何不同？文字怎样引导学生走向空白？研读毕老师这节课可以发现，正如单一的线条、音符无法构成想象空间一样，诗歌中的文字也必须与相关联的若干文字联系起来才能给学生提供广阔的想象天地，而不同的组合必然会展现出层次更丰富的意境。解读诗歌时抓住这些相关联的文字，是抵达诗境的有效途径。

（上海市嘉定区教育学院　沈国全）

走出文化的荒漠

——《拿来主义》课堂教学实录

上海市松江一中　王志成

（本课为语文学科德育展示课）

教师简介：王志成，中学高级教师。主持或参与市级、区级课题近十项，在全国中文核心期刊发表论文三十余篇。曾获长三角主题征文一等奖。

【德育理念】

始终以学科育人为基本教学理念，潜心挖掘学科教学资源中的德育元素，通过阅读与鉴赏、梳理与探究、表达与交流，逐步培养学生的文化自信等品质。

【设计说明】

《拿来主义》是一篇讲读文章，与《胡同文化》《唐诗过后是宋词》《经济全球化和文化多样性》同属文化层面的文章，但几篇文章的侧重点又有所不同，此文更强调理性反思与自救，是对文化现状的深刻思考，对民族文化发展有积极的指导意义。

作为一篇杂文，《拿来主义》具有了解、学习借鉴、对比研究优秀文化的价值取向。因此，在重点品读杂文语言的过程中，要引导学生探究作者对“拿来主义”的深刻理解，即要有思想地“拿来”，要有方法地“拿来”，要理性地“拿来”，要精准地“拿来”，要深谋远虑地“拿来”。由此，确立了以明确理性对待文化遗产的重要性，领会“拿来主义”的现实意义为教学重点，以理解“拿来主义”的精神实质为教学难点的教学思路。

【教学实录】

一、理清思路，把握文脉

师：本文的核心句是哪一句？

生 1：所以我们要运用脑髓，放出眼光，自己来拿！

师：你们从中读出了哪些信息？

生 1："所以"说明前文甚至后文都涉及与文化危机相关的内容。

生 2：这里的"我们"应指对文化危机缺少自省意识的有良知的国民。

生 3："运用脑髓，放出眼光"是指要有思想，要理性、有远见地看待文化危机。

生 4："自己来拿"是指拿的时候要有方法，要挑选，对文化要扬弃创新。

师：几位同学的眼光很敏锐，抓住了问题的关键。大家还可以关注一下标点符号、句式特点等，或许会有新的发现。

生 1：我觉得这里的感叹号有深意，强调拿来主义的必要性与紧迫性。

生 2："运用脑髓，放出眼光"放在"自己来拿"之前，旨在强调先要有思想地拿来，再要有方法地拿来。

师：大家能"运用脑髓"独立思考，自己发现并解决问题，真棒！

［意图说明］

根据学生的实际阅读情况，选择符合学生学情的问题，引导学生准确理解主旨句，进而把握鲁迅思想。由核心句切入，问题的指向性明确，学生更愿意沉浸文本并积极思考。这一环节让学生自主思考、互动，旨在培养学生的阅读理解能力和问题发现能力。

二、品读语言，加深感悟

师：从对核心句的理解中，大家已经感受到先生想通过此文警醒世人，让有良知的国人看到当前文化的状况与危机，同时清醒地看到自身对待文化的错误态度。下面请大家分组交流讨论，每个小组找出你们认为写得最精彩的语句品一品、读一读，看看哪个小组品得到位、读得精彩。

生 1：我们小组交流的是"中国一向是所谓'闭关主义'，自己不去，别人也不许来"。这里的"闭关主义"加上引号，是反语，带有讽刺意味。"所谓"告诉我们，它并不是我们所提倡的真正理论，而是以往一种封闭落后的思想。

师：你分析得很准确，也捕捉到了先生在杂文中惯用的一种手法——反语。落后就要挨打！面对这种误国行径，你有什么感受？

生 1：感到悲哀。

师：谁再来说说？

生 2：我们小组交流的是“还有几位‘大师’们捧着几张古画和新画，在欧洲各国一路的挂过去，叫作‘发扬国光’”。这里，先生主要是针对“送去主义”的卖国求荣行为，予以辛辣的嘲讽。比如，“大师”和“发扬国光”都加了引号，暗示几个反动文人拿着中国的文化遗产去邀功请赏，去讨好主子，去炫耀自己的“国力强盛”，老祖宗留下来的东西就被这些“败家子”葬送掉了。

师：你把“送去主义”的实质分析得入木三分。面对这种卖国行径，你有什么感受？

生 2：感到愤慨。

师：谁再来说说？

生 3：我们小组交流的是“要不然，则当佳节大典之际，他们拿不出东西来，只好磕头贺喜，讨一点残羹冷炙做奖赏”。“送去主义”的危害是贻误子孙后代，反动政府只顾自己苟活，置国民的生死于不顾。这种做法是卑鄙、可耻的，令人心生憎恶。我们小组认为，读的时候重音应落在“做奖赏”上，而且语速应放慢。

生 4：我们小组交流的是“不过因为原是羡慕这宅子的旧主人的，而这回接受一切，欣欣然的蹩进卧室，大吸剩下的鸦片，那当然更是废物”。对待文化遗产的错误态度有“懦弱无能，不敢接受”“盲目排外，全盘否定”“全盘西化，不加辨别地吸收”三种。“废物”就属于第三种，倘若不好的事物侵入多了，只会让我们的文化走向衰落。这里的“废物”应重读，加以强调。

师：这里能不能像前面那样读得义愤填膺，进行控诉与批判？

生 5：不能，因为这里的对象是麻木的国人，而先生写此文的目的是唤醒他们，使其认识到自身的问题，这与反动势力的性质是截然不同的。

师：你理解得很深刻，所以我们读的时候要带有讽刺意味，但绝不是抨击。

生 6：我们小组交流的是“还有一群姨太太，也大以请她们各自走散为是，要不然，‘拿来主义’怕未免有些危机”。这里，“拿来主义”之前用的是逗号，而不是句号，说明即使我们认真对文化遗产进行挑选了，但若不能理性地“拿来”，思想上还可能麻痹大意，让一些糟粕之物有机可乘，这一危害或许更大，起到突出强调的作用。

师：你从标点符号的角度分析了先生的良苦用心，很特别，理解得也很准确。看来，你是在理性地“拿来”。不管是针对反动政府，还是针对沉睡中的国民，先生的目的都是在引起疗救的注意，促使国人反思社会、反思自我，这是极具现实意义的。从中我们也可以看到杂文的一些特点：思想上，时代性、深刻性、战斗性并存；语言上，逻辑性、讽刺性、形象性共生。希望遇到先生其他杂文时，大家也可以举一反三。

［意图说明］

学生通过品读，可以了解鲁迅的写作意图，即提醒、告诫有良知的国民，使其清醒地看到文化危机，并进行战斗，挽救民族文化。这一环节让学生运用小组交流的方法进行学习，旨在培养学生提取信息的能力、思维能力和表达能力。

三、联系现实，理性思辨

师：这篇文章在当时的确促进了一些有良知的国人的觉醒，使其看到了文化危机，但也有一些人对先生产生了误解。今天，部分人对“拿来主义”的主张似乎有些淡忘，请大家举例说明。

生1：有些人不重视中国传统节日，对西方的一些节日却情有独钟。

生2：少数中国人在外国人掀起一股“汉语热”时，却连最简单的汉字都读不准。

师：这些对待外来文化和民族文化的不正确态度，会带来哪些隐患呢？

生1：如果我们总是崇洋媚外或者故步自封，中国的文化产业就有可能走向衰退。

生2：到那时，我们就没有自己的品牌和话语权了。

师：同学们以客观、理性的视角审视了当下的文化。的确是这样，如果我们不能科学地对待中外文化，最终，我们失去的将不仅仅是中国的文化之根，或许还有更多。

板书：

所以我们要运用脑髓，放出眼光，自己来拿！

（危机）（国人）（思想）（方法）

↓ ↓ ↓

反动势力、自身　理想、远见　扬弃创新

（文化自觉、文化自省）

1. 时代性、深刻性、战斗性
2. 逻辑性、讽刺性、形象性

［意图说明］

引导学生畅所欲言，帮助学生形成健康的公民人格与理性精神，提升其对民族文化的认同感与自信力。

【专家点评】

王老师这节课较充分地体现了语文学科育人的教学理念。首先，语文要有“文学味”。鲁迅杂文中的讽刺、反语、标点符号等语言形式以及比喻论证等多种论证方法，体现的是其丰富的情感意蕴与爱憎态度。在教师的有效引导下，学生能真切地感受到“嬉笑怒骂”的杂文风格，从而对祖国语言文字的文学性、审美性等有更深刻的理解。其次，语文还应有“文化味”。应理性地对待传统文化，在比较鉴别中感知“中国味”，从而提升学生对传统文化的认同感与文化自信。如今，在经济全球化与文化多样性的大背景下，理性地看待中国传统文化与西方外来文化之间的碰撞和交融，有助于学生的成长。

（上海师范大学　郑桂华）

重理性思辨，促人格养成
——《劝学》《师说》课堂教学实录

上海市松江二中　陈赣

（本课为上海市松江二中“纪念建校115周年”语文学科教学展示课）

教师简介：陈赣，上海市松江二中副校长，正高级教师，上海市中学语文特级教师，上海市“二期课改”高中语文教材特约撰稿人，华东师范大学语文教育硕士研究生兼职导师。曾主持市级课题“中学过程化作文教学范式研究”。发表论文三十余篇。

【德育理念】

德育首先要让学生呼吸生活的空气，把学校的小课堂延伸到社会的大课堂，让学生在社会这个大课堂中感受时代的脉搏，在生活这个大学校中立德修身。

【设计说明】

引导学生学习这两篇文章不仅有着文化传承的意义，还是在倡导开放进取、勇于担当的健全人格，培养学生积极有为的社会担当精神。

本节课旨在落实学科育人的理念，通过主问题的设计引领学生开展基于文本的思考与探究、交流与探讨，从而实现“读其文、品其人、悟其德与行”的目标，使学生进一步理解师道的宝贵价值，提升学生的社会责任感与文化归属感。

【教学实录】

一、基于体验，言明理由

师：今天讲的是《劝学》和《师说》，两篇文章都用到了论证。本单元谈论的核心概念是“学习”，我们对学习要有自己的认识。从学习和论证两方面看，你们更喜欢哪篇文章？我们先谈谈《劝学》。谁来说说？

生 1：有同学认为，《劝学》中多用比喻论证，论证方法不够全面。其实，从文学角度看，本文强调通过学习来使人达到一种至真、至善、至美的状态。《劝学》的逻辑是很清楚的。

师：你刚才解释说《劝学》是一个文学性的文本，对吧？

生 1：对，我认为《劝学》的逻辑其实很清楚。它分了几个点：第一句开篇立论；第二部分讲学的好处，并且认为“君子博学而日参省乎己，则知明而行无过矣”；接着又表达了其中一个分论点。

师：这点我认可。上课前你跟我讲觉得“木受绳则直”这句话不合理。你说前面讲“木直中绳，𫐓以为轮，其曲中规”，所以你当时把这句话改成“故木受𫐓则曲”。你当时认为前面写的木是曲的，后面写“木受绳则直，金就砺则利”，前后不一致。我本来认为你不喜欢《劝学》，但没想到你今天喜欢《劝学》了。很好！谁再来说说？

生 2：《劝学》中，矛盾很多，同时内涵也很丰富，已经涉及一个人的道德境界，比《师说》更有研究意义。

师：你讲得太好了，完全读懂了《劝学》。其他人还有什么要补充的？

生 3：我个人更喜欢《劝学》，觉得它强调摆脱现在的这种状态，追求更高的境界。我从《师说》里面没有看到任何学习目的。

师：没有谈学习目的，这就是你不喜欢《师说》的原因吗？这种因果关系能成立吗？

生 3：不能，但这是我不喜欢它的理由之一。

［意图说明］

启发学生在语言实践活动中运用知识分析问题、解决问题，经过归纳与演绎、比较与类比等过程，习得语文知识和方法，形成理性精神。

二、小组讨论，找寻路径

师：哪个小组再来说说对《劝学》的理解？

生 1：我们小组经过讨论认为，《劝学》中大多是比喻论证，比喻论证只能起到解释道理的作用，很没有说服力。

师：如果没有说服力，其他同学怎么会觉得《劝学》好呢？

生 2：我解释一下为什么他们会觉得《劝学》有说服力。比喻会让人觉得作者讲得很有道理，这只是感性上的认识，你会觉得自己被他的话给触动了。实际上，如果你把感性压下去，从一种理性的角度仔细分析，你会发现这里面存在一些逻辑上的漏洞，或者说它的逻辑链不是很完整。我们还讨论出一点："蚓无爪牙之利"之下所述是不成立的，作者没有控制变量，因为蚯蚓和蟹本来就是两种不同的动物，不能将它们放到一起说。还有一点，我觉得有必要纠正一下：蟹是会打洞的，因为我在海滩上看到螃蟹从沙滩里面爬出来。

生 3：下面一段，作者也没有证明。它不一定是真命题，所以不能作为条件来用。

师：好，请坐！其他小组有没有需要补充的？

生 4：我认为不应把比喻与现实联系在一起，要透过比喻看到本质。你登山后看到了更远的风景，而不是学到了更多的知识。作者用学习来代替这座山，用你看到的来表示你的品格，所以说不能把它们简单地联系在一起，它们不是同类事物。

师：就是说，你比他们登得更高？

生 4：这篇文章叫《劝学》，大意是告诫人们要学习，学习使人本性变得更加善良。作者的意思是：你登上了这座山，然后你去挥手，更多的人会看见你，这时你自己的境界得到了提升！

师：登山是用来提升境界的，对吧？ 境界与登山有关系。好，就讨论到这里。你们小组怎么看《师说》？

生 5：《师说》在道理上讲得通，但有很多自相矛盾的地方。作者说如果一个人真的关爱孩子，就会为孩子选更好的老师，又说"师道之不传也久矣"。这就是互相矛盾的一个点。

［意图说明］

在讨论时，引导学生理性、清晰、有条理地表达个人的主张或观点，阐发自己的思想；阐发时，做到立论正确、论据恰当、语言准确、讲究逻辑。鼓励学生在学习语言的过程中提出问题，指导学生梳理问题，聚焦核心问题，构建思考路径；引导学生理解作者的思想观念和文本内涵。

三、尊师重道，升华理解

师：韩愈讲的"道"主要是指什么？

生 1：儒家思想。教给孩子"句读"之类的知识，不是韩愈推崇的"道"。

师：你认为韩愈强调的最终的学习目的应该是"道"。其他同学还有什么看法？

生 2：我觉得在分析《师说》时，首先要搞清楚它的受众。它的受众主要是士大夫阶层。韩愈写《师说》的目的是劝诫士大夫阶层要"不耻相师"。所以，"巫医乐师百工之人，不耻相师”只是作为一个佐证，并不在讨论范围之内。

师：通过这样的辩驳后，大家对两篇文章有没有更深的认识？

生3：《劝学》主要讲“积善成德”，《师说》主要讲“不耻相师”。我觉得学习要明确方向，然后“积善成德”，向比自己优秀的人学习，也就是要边学边问。

师：你有没有什么明确的界定？

生3：没有，就是你不断地观察别人，然后跟那些圣人学“道”，这种“道”其实是一种深层的道德。《劝学》和《师说》针对的是不同的方向。

师：你能解释一下吗？

生3：《劝学》强调人应该通过不断的学习来完善自己；《师说》强调人应该通过请教的方式向圣人学习他的长处。综合这两篇文章的内容，我们才能有一个比较完整的认识。

师：非常好！还有没有其他认识？

生4：我认为这里的学习不仅仅是学生的学习，老师和学生应该一起进步。

师：这里对老师也提了要求？

生4：我觉得老师和学生的关系其实是相对的。《师说》里面说，如果一个人有能力的话，就能当自己的老师。《劝学》里面说，人要多思考、多学习、多积累，让自己成为某一方面的老师，获得成长！

师：好！这告诉我们，老师和学生要一起学习。现在我大致总结一下，通过刚才的辩驳，我们认识到两点：第一，比喻论证可以解释但不能证明，这是中国的传统思维。我们不能用西方逻辑进行分析。中国的传统思维强调直觉形象，西方强调逻辑分析，它们各有特点。第二，从文体上来说，有文学作品，有社科作品，我们不能用绝对的、科学的眼光来分析文学作品，而要对作品进行思辨性阅读、批判性阅读，即反复学习。“学习”的“”字，是指鸟白天反复地在阳光下飞翔。“习，数飞也”，是指鸟反复练习飞翔。我们学习的过程就是在批判反思中边学边问的过程。“学习”的“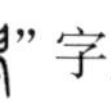”字是指教子，“学”要在老师的“教”下进行，老师辅导学生，引导学生走出蒙昧的状态。在今天的讨论过程中，大家一直在强调“道”字，这其实是在强调我们不仅要重视知识的掌握和技能的习得，而且要重视自身品格修养的提升。这两篇文章都是经典，课后请大家根据对学习的理解，写一篇《“劝学”心得》。

［意图说明］

引导学生从提出疏通性的问题到提出深究性、延伸性的问题，再到提出鉴赏性、评价性的问题，训练思辨能力，形成求真务实的品格。引导学生探讨“学习之道”，了解学习对于个人成长及生活的价值与意义，树立正确的学习观，调整不正确的学习方法，提升学习能力，建立终身学习的基本意识。

【专家点评】

陈赣老师把“学习之道”单元的两篇文章组织在一起，引导学生阅读，这种课程设计符合新课程精神，体现了“课程育人”的理念。教学实施中也不乏亮点，其中值得关注和学习的有三点：（1）从阅读感受出发，变单纯的语文学习为真实的语言实践活动；（2）基于共性问题，串联起整体性的学习活动，促进学生的深度学习；（3）完全开放课堂，鼓励和尊重学生的发现。这三点恰恰都是新课程所期望的，即让学生在有切身体会的学习之道的讨论中理解经典作品，在比较辨析中提升对学习之道的认识，积累语言经验，发展思维品质。

这堂课适当绕开文言文字词句法等障碍，直接进入整体阅读感受状态。如陈老师在教学伊始用“你们更喜欢哪篇文章”让学生从整体印象进入，而“说理由”则是辨析观点与逻辑论证的关系，使学习往知性的方向推进，最后以交流提升实现整体把握。这种路径和状态更接近生活阅读，符合学生的认知规律，体现了“以生为本”的育人观。

在这一课例中，陈老师抓住两篇文章的共性（都是讨论“学习”话题的议论文，在论证方法上都有可取之处，也可能存在不足）来布置学习任务，引导学生交流学习成果。学生在讨论中虽然看上去七嘴八舌、天马行空，但细究其内在逻辑，则属于形散神不散，这应是教师有核心目标和组织线索之功。

在教学组织和管理上，这节课也颇值得肯定。陈老师敢于放弃以往不少教师所习惯的教学风格，不再进行严密的教学设计和严格的学习管控，不是引导学生按预先设定的路线走完全程，而是放手让学生发挥。如此一来，我们便不时看到学生在话题上的延伸、对学习材料的补充以及思维向度的拓展。如学生提到的“真命题”概念、补充的知识、归纳的学习境界，都出乎教师的预料。当然，教师要真正放手，首先要放下架子，承认自己也有不懂的知识，对文章也有理解不到位的地方，对学生的自由发挥也有失语之时。这种坦诚并不是教学技巧，而是发自内心的一种学习态度。相比在学习时间上放手给学生，陈老师的这一点更加难得。陈老师以其自身的学习态度直观地诠释了“不耻相师”的学习之道。

（上海师范大学　郑桂华）

与人为善，利己达人
——作文讲评实录

上海市松江区教育学院　童明辉

（本课为区级展示课）

教师简介：童明辉，上海市松江区教育学院高中语文研训员，多次被评为松江区学科名师，担任松江区高中语文骨干教师发展共同体副主持人。开设“高中语文过程化写作”“核心素养视域下高中语文考试命题研究”两门“十三五”市级共享课程。

【德育理念】

任何一种教育现象，孩子在其中越少感觉到教育者的意图，教育效果越大。实施语文学科德育，语文教材是载体，教师要让学科性与教育性水乳交融，使德育像血液通过毛细血管送往全身，而不是额外注射。

【设计说明】

中国人一向崇尚与人为善，五千年的历史长河中流传着许多关于友善的故事，让我们深深体会到人性的高洁与伟大。社会主义核心价值观把“友善”确立为基本内容之一，既是对中华民族历史传统的尊重，也是对当今世人道德需求的回应。

本设计借助关于“善良”的作文讲评，让学生就网络上对善良的各种解释展开讨论，理解“善良”概念的内涵和外延，确定立意点并逐步逐层地展开论证，基于思辨在论证的过程中适时调整、修正、确认自己原先的立场和观点。通过反复训练，引导学生在作文中呈现应有的思维水平和思维品质，这也有助于他们在未来的学习生活中深刻全面地认识自我与世界，真正成为精神独立、思想自由的现代公民。

【教学实录】

一、创设情境，找寻路径

师：各位同学好，在疫情中我们常被这样的新闻感动：父母隔离治疗，社区工作者充当起孩子的临时妈妈；医院门口整齐排列的出租车，义务接送医护人员上下班；餐饮企业挺身而出，为一线执勤的民警及志愿者送上免费午餐……他们没有豪言壮语，而是用朴实无华的善举让爱心迅速传递，成为政府防控力量的重要补充，温暖了一座座城市，也支撑起我们的国家。接下来，我们一起看一个作文题目。

幻灯片：

> "善良"一般解释为"和善，心地好"。网络上对该词则另有解释：（1）懦弱，愚昧；（2）以无须出力为条件而对别人怀有良好的愿望。
>
> 人们对"善良"有着不同的理解。对此，你有怎样的认识？请写一篇文章，谈谈你的思考。
>
> 要求：（1）自拟题目；（2）不少于800字。

（学生读题）

师：我看了大家的作文得分情况，全班53分以上的有11个，说明我们的写作水平还有一定的上升空间。以下是一位同学的观点："对于不同的事，人们要学会用脑子去分析对与错，做出正确的判断。从网络释义中我们看出了人对词语赋予的情感，这两种释义是主观的。"请大家点评一下。

生1：作文题目讨论的关键词是"善良"，而这位同学却聚焦关于善良的几种解释，最后认为网络上的两种释义是主观的，他写得有点偏。

师：你的判断很准确。在确立观点时，我们一定要反问自己有没有与命题老师提供的材料对话。与材料准确对话是我们写作的起点。这就要求我们在读题时读全题目。就作文而言，读全题目，不丢一字，极其重要，否则就可能把题目读偏、读歪、读跑。这里我要特别强调不丢一字！接下来我们尝试对这个作文题目展开头脑风暴。你们能提出多少个问题？

幻灯片：

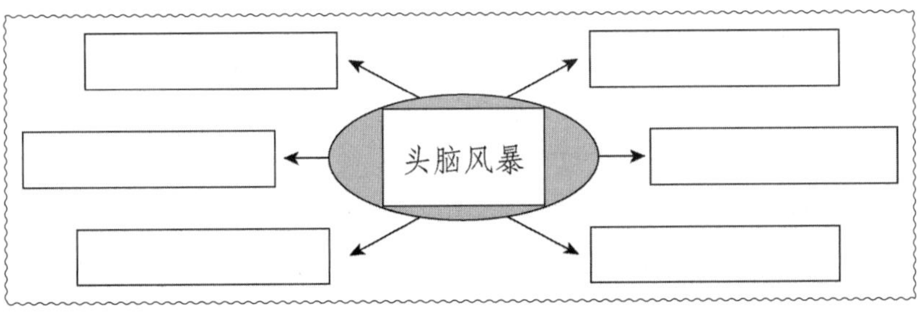

生 2：为什么会出现这种现象？网络上出现这种不同解释的原因是什么？

生 3：网络上的解释反映了现代人怎样的心态？这种心态会带来什么影响？

生 4：何谓“善良”？如何辩证思考“善良”本身？

生 5：“以无须出力为条件而对别人怀有良好的愿望”是什么意思？

生 6：为什么网络上认为善良是“以无须出力为条件而对别人怀有良好的愿望”？

…… ……

［意图说明］

布置具体的读写任务，指导学生质疑并梳理问题，形成核心问题。通过有效的“问题链”设计，最大限度地激发学生的学习热情，激活学生的思维，给予学生学习的路径，提升学生思维的深刻性，同时引导学生理解题目内涵、命题意图、人文价值等。这旨在加深学生对生活的情感体验与理性认知，从而提升学生的价值判断，塑造学生善思的品格。

二、遵循逻辑，理清概念

师：经过头脑风暴，大家提出了这么多问题。那么，这个题目要讨论的核心概念是什么？核心问题是什么？

生 1：核心概念应该是“善良”，核心问题应该是：“对此，你们有怎样的认识？”

师：“此”是什么？

生 1：网络上“人们对‘善良’有着不同的理解”。

师：好的，我们首先讨论这个核心概念。何谓“善良”？

生 2：善良是一种品格。

师：善良在什么时候又可以解释为网络上的释义？

生 3：当善良变为“懦弱，愚昧”，其实就是一种愚善，而“以无须出力为条件而对别人怀有良好的愿望”其实就是一种伪善。

师：感谢这位同学的解释，接下来请以小组为单位完成任务单并交流。

任务单

概念	内涵	特点
善良		
友善		
愚善		
伪善		

生 4：善良是指心地纯洁，纯真温厚，没有恶意，和善。友善是指人与人亲近和睦，也可作为副词修饰动词，如友善地对待我。

生 5：我觉得善良是指能引领别人向善。

师：非常好，真正的善良能促使他人自觉向善。善良还应该有什么特点？

生 6：我觉得对别人善良应该是不求回报的，如果你在行善的过程中希望得到回报，那就不是真正的善良。

师：你认为善良是不求回报。老师这儿有一个问题：如果你是慈善家资助的贫困生，在你获得赞助后，媒体让你举着受赠款项标牌接受拍照宣传，你会怎样想？

生 6：我觉得这种情况要区别对待。如果慈善家提前告知我，我有心理准备，就不会有什么不良情绪。否则，我会觉得受伤，有点不被尊重的感觉。

师：所以，我们行善时应该呵护他人的自尊，真正的善良其实是一种大智慧，它是能深入他人内心的一种真正的帮助。那为什么网络上会认为善良是“懦弱，愚昧”？

生 7：有些时候，人们因为恐惧、胆怯或为了自保而不敢讲出实情，导致善良沦为懦弱。

生 8：也有些人是因为无知、自私而懦弱。如《宽容》序言中，无知山谷的人们因无知绞杀先知者使善良成为愚昧。

师：是的，人们行善有时受所处群体的认知和行为影响，无意识的社会中心思维导致了个体甚至群体的懦弱、愚昧。

生 9：善良如果没有底线，像东郭先生那样，也是不可取的。

师：非常好，无条件、无原则的行善也是愚善。那为什么网络上认为善良是“以无须出力为条件而对别人怀有良好的愿望”？

生 10：我觉得这有可能是一种道德绑架。这次疫情中，网络上有很多人在屏幕的后面抨击公众人物，用网络暴力威胁、强迫他们捐款，而他们自己可能从来没有帮助过别人，这就是伪善。

生 11：他们打着“至善”的旗号，呼吁他人不顾一切地为善，自己却毫无作为。这种人只不过是为自己的伪善寻了个好听的借口，其实质就是自私。

师：通过对相关概念的比较和辨析，我们对于“善良”这一概念的理解更深刻和具体了。这里老师简单介绍一种概念界定方法——语素拆分法。如“善良”，“善”对应和善，“良”对应心地好。和善，是外在表现；心地好，是内在品质（或素养）。心地好是根本，和善是相应的表现。

［意图说明］

概念的理解是思考问题的起点，是展开论证的出发点。让学生在对“善良”“友善”“愚善”“伪善”的讨论中理解善良的内涵与特征，这样他们在写作中才有可能进行严格意义上的正确推理和判断。借助生动的讲述、理性的分析、激烈的讨论感染学生，激发学生思考，拉近学生与生活的距离，引发学生的情感共鸣。

三、解决问题，落实价值

师：理清了概念后，我们回到课堂的起点，当时大家经过头脑风暴提出了许多问题，请大家对这些问题进行分类，并思考该作文指向的核心问题。

生1：为什么网络上会出现这些对善良的不同解释？

师：非常好，我们请一位同学帮他解答一下。

生2：技术兴盛所带来的迷失、困惑与无知。

生3：我觉得也是因为教育的缺失，一些人接受了大量的知识训练，却未能接受正确的教化而获得善良。

生4：从表面看，不同的理解折射了人们所处的环境和价值观念，是个人经历内化后的观念外显。

师：网络上的解释反映了现代人怎样的心态？这种心态会带来什么影响？

生5：现代社会在技术兴盛中出现的单向度、注重娱乐的乱象，让人们对善良的本义产生了怀疑。

生6：技术兴盛所带来的迷失、困惑与无知，让人们开始质疑善良，衍生出更多道德沦丧、人性缺失的社会性危害事件。

师：面对这样的现实，我们该怎么办？

生7：我觉得善良应该是看到不善仍保持最初的善意的选择。

生8：善良不是对恶劣行径的无限宽容，而是对“人非圣贤，孰能无过”的清醒认知。

生9：现在，一些人受利己主义思想影响，无视需要帮助的人，不仅冷眼旁观，还以智者自诩。

生10：我觉得我们还是应该让善良回归本义——一个褒扬他人“心地好”的词语。人们不再企图从为善行为中谋求利益，不只是对别人怀有良好的愿望而自己不想出力。我们应当牢记“三省吾身”，看看自己的言行是否合一，审视自己是否在利用他人的善意与帮助却不愿付出。

师：是的，我们需要的是对正确行善之道的领悟与实践，不是懦弱、妥协或以无须出力为条件而对别人怀有良好愿望这样的伪善行为。所以，我们应如何正确看待善良？如何正确守护善良？

生11：我们应该适度善良。

师：这个“度”的标准在哪里？有同学说善良要有分寸，这种说法对不对？

生12：我觉得他的意思可能是让我们学会分辨施善的对象。

师："恻隐之心，仁之端也；羞恶之心，义之端也。"善念是从心底油然而生的，善良是先天秉性，我们要学会辨识，对吗？

生13：是的，与其单方面急切表现自己的善良行为，不如提升自己对善恶的辨别力和认知力，明白善之本义，明白善与自我提升、心灵完善、境界提升的关系。

师：非常好，你提到了善良对于个人的意义。从认知心理学角度看，行为善良是人格健全的表现，具体表现在性格、人格、责任感、情绪稳定性、思维开放性五个维度上。从外在表现看，善良不仅是对待外界的态度，更是自我发展所需要的品质。关于这一点，你们还有补充吗？

生14：人需要在社会交往中获得安全感、成就感、满足感。

生15：人无论是在体力上还是在智力上都极为有限和脆弱，如果缺少善良，个体就难以融入集体，社会也会充满自私与冷漠。

生16：我觉得真正的善良是不需要讨论的，因为这是人的生命意识的内在需求，善良与个体的完善、集体的兴旺、人类的繁荣相关。

师：是啊，在一切道德品质之中，善良的本性在世界上是最需要的。善良是人类自我提升、自我成就、自我超越的内在追求，善良本身即价值。我们在任何时候都要秉承善良，去行善，同时敢于用自己的力量撕开一切人或物伪善的标签，站在"己所不欲，勿施于人"的理性立场，心怀美好地对待他人。

［意图说明］

在写作中，通过梳理善良概念，比较、分析，合理表达观点，回应社会现实及个体困惑，能帮助学生树立正确的价值观。

【专家点评】

这节课的作文讨论有一定的深度，教师关注了现象背后的原因——现代社会在技术兴盛中出现的单向度、注重娱乐的乱象，让人们对善良的本义产生了怀疑，从而导致更多的迷失与困惑，衍生出更多道德沦丧、人性缺失的社会性危害事件。在此基础上，教师引导学生总结出思考问题应有的态度。写作解读层次清晰，逻辑推理过程清楚。

教师较好地还原了自己解读题目的思考过程，将其转化为教学设计的"问题链"，指导学生关注概念，理清概念，逐层深入地进行价值分析，揭示了网络上关于善良错误理解的本质，还指导学生辩证思考善良本身可能带来的问题，带领学生思考我们应如何正确看待和守护善良。恻隐之心是人类普遍存在的一种情感，是人们对遭受厄运或处于困境中的人的一种深切同情，这种悲悯与同情之心皆源自人性的善良。这个教学设计的"问题链"把现实生活、核心概念的阐释、社会现象分析较好地融合在一起，使学生在写作的过程中自然而然地接受了德育。

此设计应引导学生分解问题，进行具体的思考，培养学生的问题意识，激发学生的好奇心和探究欲。引导学生对提出的问题进行分类，给了学生思考问题的基本路径；引导学生对分类的问题进行讨论，有助于揭示善良的价值和意义，帮助学生获得正确的思考方式，较好地落实了德育核心要求中关于“公民人格”的培养要求——参与公共生活的公民应具备“慎思明辨”的能力。

（上海师范大学　郑桂华）

人性的迷失与救赎
——《项链》课堂教学实录

上海市格致中学　张华中

（本课荣获全国“聚焦课堂”教育教学研讨比赛一等奖）

教师简介：张华中，华东师范大学文艺学硕士，上海市格致中学（奉贤校区）语文教研组组长，奉贤区骨干教师，上海市语文学科德育实训基地成员。完成区级课题一项，参编著作多部，发表论文三十余篇并多次获奖。2012年荣获黄浦区“萌芽杯”教学评比二等奖。

【德育理念】

教师既要重视学生的知识积累和能力提升，更要重视学生的精神陶冶和思想锻造。

【设计说明】

《项链》的主题具有多元性。要把握《项链》主题，需要结合小说的时代背景，准确把握玛蒂尔德的形象，了解莫泊桑的创作意图。由于本文篇幅较长，对于玛蒂尔德人物形象的分析，主要围绕玛蒂尔德丢失项链前后的变化展开，通过品味咀嚼重要词句，把握玛蒂尔德一改先前的自我迷失，最终通过踏实劳动实现自我救赎。

结合学生的预习学案可知，他们大多不能准确理解玛蒂尔德性格特点的形成原因。教师通过梳理文中其他人物也爱慕虚荣的性格特点，分析作者如此安排的意图，引导学生理解爱慕虚荣在当时具有普遍性，进一步认识到她最终能从这种环境中走出来，完成自我救赎实属不易。教师为学生补充相关材料，让他们深入了解小说创作背景。

【教学实录】

一、导入新课，检测预习

师：今天我们一起来学习《项链》。它由莫泊桑于 1884 年创作，后被译介到中国，1930 年被选入教材，为更多的中国民众熟知。《项链》构思精巧，人物形象鲜明，主题表达也深刻有力，引人深思。由于课文篇幅较长，这节课着重理解玛蒂尔德的典型形象，从而体悟小说主题的丰富内涵。请结合预习时的初步印象，说说玛蒂尔德的形象特点。

生 1：爱慕虚荣。

生 2：知错能改。

生 3：拜金。

生 4：咎由自取，遭受报应。

师：昨天的学案中，大部分同学都写出了这些特点。学案中还要求大家尝试把握主题。我对大家的观点进行了梳理，主要集中在三方面（出示幻灯片）：为什么大家对《项链》的主题理解会有这么大的差异？这些差异产生的原因是什么？这些不同的理解都具有同等的合理性吗？本单元的导语部分提示我们，分析小说主题可从感受小说形象、结合作家创作意图、联系时代背景三方面着手。下面我们将进一步探究这篇小说的主题，并解答这些疑惑。

幻灯片：

1. 对玛蒂尔德追求虚荣的批判，对她后来诚信、勤劳的赞美。
2. 对人生无常、命运多变的感慨。
3. 对资产阶级腐朽奢靡生活的批判。

［意图说明］

介绍《项链》在我国的传播、接受情况，简略提及这篇小说的特点，为学生学习提供更宏大的背景，激发学生兴趣。对预习情况的检测，一方面可以了解学生的学习起点，另一方面也可以促进学生深度学习。

二、分析情节，理解形象

师：项链是小说的线索，而丢失项链是玛蒂尔德形象发生转变的重要原因。那么，丢失项链前，玛蒂尔德的形象具有怎样的特点呢？由于小说篇幅长，我们主要分析第 1 至 6 自然段，其他部分作为补充。下面请大家快速阅读第 1 至 6 自然段，圈画关键信息，用凝练的词语概括玛蒂尔德的形象特点。

（学生思考）

师：已经完成的同学可以举手示意。

生 1：我找到了一些句子，如“她不能够讲究打扮，只好穿得朴朴素素，但是她觉得很不幸，好像这降低了她的身份似的”“她觉得她生来就是为着过高雅和奢华的生活，因此她不断地感到痛苦”……

师：先停一下。你刚才找到的这些句子体现了玛蒂尔德怎样的形象特点？

生 1：她渴望荣华富贵，过高雅和奢华的生活，对平常生活感到痛苦。

师：哪些句子也能体现她的特点？

生 1：“她没有漂亮服装，没有珠宝，什么也没有。然而她偏偏只喜爱这些，她觉得自己生在世上就是为了这些。她一向就向往着得人欢心，被人艳羡，具有诱惑力而被人追求。”

师：大家注意，这里的副词，如“偏偏只”“一向”，包括刚才提到的“不断地”，有深层含义。从中你们可以看出什么？

生 1：对奢华生活的渴望，对平常生活的厌恶，已经成为玛蒂尔德生活的常态了。

师：你回答得很好，我们再给其他同学一些机会。

生 2：我觉得玛蒂尔德是无法接受现实与梦想差距的人。小说中，“（她）好像由于命运的差错，生在一个小职员的家里”“这些东西，在别的跟她一样地位的妇人，也许不会挂在心上，然而她却因此痛苦，因此伤心”等句子都能体现。人出生在哪个家庭，不是由自己决定的，我们应该正确面对这样的现实。然而，玛蒂尔德对自己的现状很不满。

师：谈及对玛蒂尔德的初步印象时，有六位同学认为她不能抵抗命运。你刚才找到的内容和分析似乎佐证了他们的这种判断。其他同学有不同的看法吗？

生 3：玛蒂尔德是一个有梦想的人，虽然生活穷苦，但她会在闲适的时候幻想一些美好的东西。

师：你认为玛蒂尔德会幻想一些美好的东西。她幻想的这些东西是一般的东西吗？

生 4：她幻想的是奢华的东西。

师：除了奢华，还有什么呢？请你把第 3 自然段结束时她的梦想读出来。

生 4：“她梦想那些华美的香气扑鼻的小客室，在那里，下午五点钟的时候，她跟最亲密的男朋友闲谈，或者跟那些一般女人所最仰慕最乐于结识的男子闲谈。”

师：从这个地方你对玛蒂尔德有了哪些新的认识？

生 4：爱慕虚荣。因为她的梦想远超一般人对于生活的追求，与她的身份条件并不匹配。

幻灯片：

> 虚荣是指表面上的光彩。——《现代汉语词典》

师：我们知道，一个人为了自己合理的梦想而努力拼搏是值得他人鼓掌赞叹的，但玛蒂尔德的梦想已经超出了一般人对生活的追求。大家再看看她有没有为了自己的梦想而努力拼搏。请大家注意细节。

生 5：“每当她在铺着一块三天没洗的桌布的圆桌边坐下来吃晚饭的时候，对面，她的丈夫揭开汤锅的盖子，带着惊喜的神情说：‘啊！好香的肉汤！再没有比这更好的了！……’”

师：这段话中，哪个细节让你印象深刻？

生 5：三天没洗的桌布。

师：你如何评价玛蒂尔德？

生 5：她不擅长做家务。

师：你的评价很委婉。这位男同学，你如何评价玛蒂尔德？

生 6：她很懒惰。

师：你犀利地说出了实情。玛蒂尔德很懒惰，却有这样的梦想和追求，她是否有一定的资本呢？

生 7：她是美丽动人的。按照当时的情况，她可能嫁一个好人，过更好的生活，这也是她痛苦的原因。

师：生在平常人家的玛蒂尔德，为什么会对高雅奢华的生活有如此强烈而执着的追求？有什么深层次的原因吗？我们这里暂时不展开。项链丢失后，玛蒂尔德发生了怎样的变化？请大家一起朗读第 99 至 106 自然段。

（学生齐读）

师：谁来说说玛蒂尔德丢失项链后的变化？

生 8：她变得勤劳，不再抱怨。

师：你能否找出体现她巨大变化的内容？

生 8：“她一下子显出了英雄气概，毅然决然打定了主意。”

师：如果说这些是她的主观态度的话，你能否找到某些细节来证明她的具体行动？

生 8：“她懂得家里的一切粗笨活儿和厨房里的讨厌的杂事了。她刷洗杯盘碗碟，在那油腻的盆沿上和锅底上磨粗了她那粉嫩的手指。”这与先前“三天没洗的桌布”形成了鲜明的对比，体现出她现在的勤劳。

师：还有吗？

生 8：“她穿得像一个穷苦的女人，胳膊上挎着篮子，到水果店里，杂货店里，肉铺里，争价钱，受嘲骂，一个铜子一个铜子地节省她那艰难的钱。”她不再追求奢华而不切实际的东西，与普通的劳动妇女一样，辛苦而节俭地生活。

师：你说得很好。我们由此看出玛蒂尔德此时在认真生活。再看一下，她先前是美丽动人的，现在呢？

生 8：她现在成了粗壮、耐劳的妇女了。

师：玛蒂尔德的容貌发生了非常大的变化，这在以前她应该是难以接受的。在预习时，有同学提出了一些很有意思的问题：玛蒂尔德能否不这样操劳着辛苦还债？她是否可以用其他方式来避免自己的艰辛劳动？

生 9：她可以逃债，也可以向自己的朋友解释，获得朋友的谅解。

生 10：她可以考虑还一个假项链。

生 11：她可以去试探朋友，调查项链的真假。

师：综合大家的观点，我们看到玛蒂尔德本来有很多方法来摆脱困境，但她都没有选择。由此，我们可以看出玛蒂尔德——

生 12：诚信、善良。

［意图说明］

小说开头对玛蒂尔德情况的叙述，尤其是对于她梦想的细致交代，体现出她爱慕虚荣、追求奢华，而从项链丢失后她的巨大改变又能看出她难能可贵的品质。对于人物形象的深入把握，一定要建立在对文本具体语言的分析品味上。

三、联系背景，探究主题

师：通过“极细小的一件事可以败坏你，也可以成全你”，莫泊桑直接表达了自己的观点和倾向。他感慨人生无常，然后阐述小事可以败坏你，也可以成全你。那么，败坏和成全的内容又分别是什么呢？

生 1：败坏的是玛蒂尔德的容貌和她追求荣华富贵的心，成全的是让她成为一个勤劳能干、诚信的人。

师：对于玛蒂尔德实现了本质性转变这一点，有同学持不同观点，发出疑问：十年后的玛蒂尔德为何还会怀念舞会上的自己？她是否依旧爱慕虚荣？

生 2：我们不能说她依旧爱慕虚荣，毕竟她只是偶尔想起那个舞会的场景，这与她先前整日梦想过奢华生活、不断地感到痛苦有本质的差异。玛蒂尔德现在已经不再注重这些，艰苦的生活、勤俭的作风已经成了她的常态。

师：小说中提到佛来思节夫人、教育部官员、马车夫都具有爱慕虚荣的特点，作者这样写有何作用呢？

生 3：交代了当时盛行这种风气，也说明玛蒂尔德受到了这种风气的影响。

师：周围环境是影响玛蒂尔德人物形象的重要因素。刚开始的时候，玛蒂尔德正是按照当时社会对女性的想象来塑造自己的。我们知道，人物周围的环境也是时代的缩影。请大家阅读下面这段文字，从中捕捉时代特点。

幻灯片：

> （法国第二帝国时期的）资产阶级靠巧取豪夺得来的巨额财富，过着穷奢极欲的享乐生活，宴会、舞会、郊游、赛马场、海滨浴场都是他们炫耀财产、寻欢作乐的地方。资产阶级骄奢淫逸的生活方式影响了一代世风。——《法国史》

生 4：当时，资产阶级骄奢淫逸的生活方式蔚然成风，玛蒂尔德受其影响，也渴望奢华的生活。

师：除了时代氛围，还有哪些因素影响了她的性格？（出示幻灯片）从这则材料我们又能获得哪些信息呢？

幻灯片：

> 女人的命运和她唯一的荣耀是赢取男人的心……她是一份动产，确切地说，只是男人的附属品。——巴尔扎克《婚姻生理学》

生 5：当时女性被当成男性的附属品，没有自己存在的价值。

师：从刚才的材料中可知，当时男女并不平等。在这样的环境中，玛蒂尔德究竟经历了什么事，最终实现了自己性格的转变呢？

生 6：丢项链。

师：丢项链只是一个很偶然的因素，促成她转变的根本性因素是什么呢？

生 7：她很勤劳。

师：你抓住了问题的关键。请大家阅读一则材料。（出示幻灯片，略）从中我们可以看到，促使玛蒂尔德摆脱附庸地位的恰恰是她自己真实的劳动。我们回顾一下本节课内容。项链丢失前，玛蒂尔德懒惰、爱慕虚荣、追求奢华，这些足以压垮她；而项链丢失后，玛蒂尔德通过自己的诚信善良、踏实勤劳实现了自我拯救。玛蒂尔德形象的前后反差、莫泊桑对于人生无常的感慨、当时法国资产阶级骄奢淫逸的生活作风对社会各个阶层的深入影响，共同促成了小说主题，使得小说内涵更加丰富，也使我们获得了深刻的人生启迪。

板书：

项链

莫泊桑

	迷失		救赎
玛蒂尔德	美丽动人　追求奢华 爱慕虚荣　懒惰	人	苍老粗壮　朴实生活 英雄气概　勤劳诚信

创作意图　感慨人生无常

时代背景　骄奢淫逸　　奢华成风

［意图说明］

小说中莫泊桑的倾向性借助那个典型的议论语句表达出来，学生也容易把握。然而，学生对那个时期的历史背景相对陌生，需要为其补充材料，引导他们走近历史现场，更好地理解玛蒂尔德性格特点产生的原因，以及玛蒂尔德最终转变所具有的价值和意义。这也为学生理解小说主题的丰富多元提供了充足的依据。

【专家点评】

张老师这节课在学科育人价值的落实上进行了有益的探索。我在这里只讨论一点。

通过学习以人物为主体的叙事类作品达到启迪人生的目的，历来是语文教学的主要内容。无论是正面人物还是反面人物，教育工作者总是期待学生在对人物形象的反复审视中进行自我反思，从而实现优秀人格的建构。但是，以往的这种学科德育路径常常收效不大，课堂上的感动不一定能转化为日常的道德行为。这就让以人物为主体的叙事类作品的教学面临着困境。问题出在哪里？我认为以往的教学路径值得反思。此类作品的教学过程通常是：概括情节—梳理人物描写的相关内容—概括人物形象—概括主题思想。这种教学流程的教育价值是如何流失的呢？或者说，教育价值为何没有产生呢？在我看来，问题恰恰出在“概括、梳理、概括、概括”这一系列的动词上，几乎全是概括。原本活生生的人物，经过师生的反复“压缩”，其感染力、冲击力大幅度削弱，对受教育者的熏染、陶冶、影响自然也就有所下降。换言之，这种抽象的传递很难产生强烈的教育作用。应该怎么办？我认为应该回到人物行事的逻辑上去，在特定的情境中，引导学生依据人物的心理、行为，分析他们的每一次选择和每一个决策，揣摩其背后的价值取向及其受到的社会影响；在此过程中，分析其行为、言语的其他可能性，在因果关系的严谨推理中，让学生对其行事逻辑进行评判。这种评判及基于评判的课堂对话甚至头脑风暴，因为具有情境性，能让学习者具有强烈的代入感，会对学习者产生持久的影响。为什么这么说？因为行为模仿或警惕是人类的重要学习方式。抽象学习才是高难度的。我们或许很难把一个抽象的品质转化为日常行为，但当我们面对某个熟悉的情境时，某个熟悉的行为便会自动浮现在脑海里供我们参考。因此，基于人物行事逻辑的分析与评判，是实现学科德育的有效途径。张老师为我们提供了一个生动的案例。

（上海市嘉定区教育学院　沈国全）

读史思鉴，启悟人生
——《鸿门宴》课堂教学实录

上海大学附属嘉定高级中学　李孝华
（本课为上海市“新秀教师在课堂”活动展示课）

教师简介：李孝华，上海大学附属嘉定高级中学语文教师。曾获上海市中小学中青年教师教学评选活动一等奖、第六届“中语杯”全国中青年教师课堂教学观摩活动二等奖等荣誉。执教的课荣获2016年“一师一优课、一课一名师”活动部级“优课”。

【德育理念】

鉴他人之慧思，悟自己之人生。

【设计说明】

《史记》作为中国古代优秀的史传作品进入中学语文课堂，不仅是为了让学生借此了解古代语言文字，更重要的是让学生通过阅读来探究史学家叙写这些历史人物、事件的目的与意义，逐步形成正确的史识判断与价值判断。因此，《鸿门宴》的教学重点在于，通过文本细读、前后文联系来认识项羽、刘邦两大阵营中人物个性之复杂，看到“义”字之下项羽和刘邦的不同抉择，进而在价值思辨的过程中，逐步认识到太史公借秦楚之际事件发展之奇所探究出的“天人之际”的哲学命题，让学生理解生命的意义。

【教学实录】

一、新课导入

师：今天我们继续学习《史记》经典篇目《鸿门宴》。有同学在上节课结束时提出一个问题：项羽为什么不在鸿门宴上“击沛公于坐，杀之”？这是个好问题，我们从《项羽本纪》中了解到，项羽一向以杀伐战功威慑诸侯。可见，项羽绝不是心慈手软之人。那么，项羽为何在鸿门宴上放了刘邦？请一起读课文并思考。

［意图说明］

基于学生在学习过程中产生的问题，确定本课教学内容，并由此问题引发对史传文学、文化价值的探讨，培养学生的思辨能力。

二、探究：杀伐果断的项羽在鸿门宴上为什么不杀刘邦

（浏览课文后，学生举手发言）

生 1：当时项羽兵四十万，沛公兵十万，两军军事实力悬殊，项羽胜券在握，没必要采用刺杀这种不光明的手段。

生 2：因为项伯对项羽说沛公“有大功而击之，不义也”，所以“项王许诺”。可见，鸿门宴前项羽因认同刘邦的“大功”，出于守“义”的必要，已承诺不在宴会上杀刘邦。

生 3：“沛公旦日从百余骑来见项王”，沛公第二天登门拜访，十万大军只带了百余骑，可见他臣服的诚意。而项王一向是重情重义之人，看到沛公这样的诚意，他便没有杀意了。

生 4：沛公见到项王时说“今者有小人之言，令将军与臣有郤”，一开口就强调了“将军”与“臣”两个身份。项羽素来爱护自己的部下，不会无故击杀自己人。

师：如果项羽在这种情况下仍然击杀刘邦于座，会造成怎样的后果？

生 5：可能影响之后的历史发展。但这样做对项羽名声影响很大，按照项伯的说法，他会成为不义之人，而不义之人在那个时代很难成为群雄的领袖。

师：请大家结合项羽的心理和个性进行揣摩，刘邦用了什么方法来改变项羽“旦日飨士卒，为击破沛公军”的计划？

生 6：刘邦借用项伯、张良的故交之情，通过张良与项伯结成姻亲，这可以理解为他变相与项羽套近乎；刘邦反复自称“臣”，把自己归于项羽麾下，消除了项羽的戒心。

生 7：第 4 自然段写了樊哙闯营。通常而言，在古时候，持械闯主帅营帐会被认为是刺客，但樊哙情急之下就那样莽撞地闯了进去。表面上，能做出这种行为的人大多没有谋略，因此樊哙这样一个莽夫说的“今沛公先破秦入咸阳，毫毛不敢有所近，封闭宫室”更真实。

生 8：我要补充。其实，樊哙的理由与沛公说给项伯的理由非常相似。因此，我觉得

太史公似乎在暗示，刘邦等人并不像表面上那样大义凛然，他有可能在背后做了小动作，还串好了口供。

师：刘邦攻下咸阳城后，是否真像他向樊哙说的那样真心投诚？

生9：不是。在开篇部分，太史公已经告诉我们，张良帮刘邦分析双方实力，发现不利后便授意刘邦说“不敢倍德”。事实上，刘邦派兵守函谷关就是想要“王关中”。所以，刘邦和樊哙后来的说辞其实都在撒谎。

师：很好。文章最后，太史公插叙了一段关于刘邦逃跑的描述，事无巨细，井井有条。这样的沛公，怎么可能是一个临危就乱的人？因此，我们可以联想，刘邦在项羽面前表现得懦弱无为，正是为了降低项羽对他的防备心。在同学们梳理的这些原因里，你们觉得项羽不杀刘邦的关键原因是哪一个？

生10：我觉得最关键的还是一个“义”字。项伯劝说项王时，一句“不义也”，就打消了项羽攻打刘邦的想法。之后不论刘邦及其阵营内人员如何表现，项羽都打定主意不杀刘邦，因为他要看在刘邦“有大功”的份上坚守“义”。项羽在鸿门宴上拒绝范增的策划，说到底也是为了坚守“义”。

师：非常好。换言之，项羽是一个重义之人，对吧？

生11：我对“义”字有不同的理解。“怀王与诸将约曰：‘先破秦入咸阳者王之’”，先破秦入咸阳的是刘邦，如果项羽真的那么守义，那么他现在该做的就是对刘邦投诚，而不是逼迫刘邦把战功送给自己。

生12：我不赞同。我们读《项羽本纪》知道，当项羽在前方迎战秦军主力时，刘邦在后方偷偷潜入咸阳，你们认为崇尚武力得天下的项羽会认可刘邦以这样的手段得到咸阳城吗？显然，刘邦这个行为本身就是不义的！

师：两位同学的讨论似乎再次强调了刘邦有不义之嫌，他的“大功”有虚假的成分，而项羽却对此深信不疑，不惜改变了原来的军事计划！

［意图说明］

立足史传本身，站在读者与作者角度，通过文字的前后关联、比对，阐释历史人物言行举止的意义，形成对历史人物形象特征的客观判断。

三、思辨：项羽对“义”的坚守值不值得

师：项羽在关键时刻出于对“义”的坚守而放过刘邦，最终被逼乌江自刎。（出示幻灯片）请结合《项羽本纪》中的内容，小组讨论：在这样一个群雄并起争夺天下的背景下，面对工于心计的刘邦，项羽对“义”的坚守到底值不值得？

幻灯片：

> 1. 汉王复使侯公往说项王，项王乃与汉约，中分天下，割鸿沟以西者为汉，鸿沟而东者为楚。项王许之，即归汉王父母妻子。……项王已约，乃引兵解而东归。汉欲西归。张良、陈平说曰：“汉有天下大半，而诸侯皆附之。楚兵罢，食尽，此天亡楚之时也，不如因其机而遂取之。今释弗击，此所谓‘养虎自遗患’也。”汉王听之……
>
> 2. 项王身亦被十余创，顾见汉骑司马吕马童，曰：“若非吾故人乎？”马童面之，指王翳曰：“此项王也。”项王乃曰：“吾闻汉购我头千金，邑万户，吾为若德。”乃自刎而死。王翳取其头，余骑相蹂践争项王，相杀者数十人……

生1：我认为不值得，项羽的“义”是针对刘邦而言的。刚才我们已经发现，刘邦并非有大功之人，相反，他身上有种无赖感。项羽对这种人坚守“义”，是一种非常不正确的行为，而这种坚守最后导致了项羽的失败。

生2：我觉得非常值得。如果说刘邦不义，项羽也不坚守“义”，那项羽不就变成与刘邦一样的人了？贵族出身的项羽有作为贵族的一种道义坚守，也可以说有自己身为贵族的骄傲。因此，他就是要光明正大地打倒对手。不过，我觉得不能简单地用成败来评价项羽的行为有无意义，项羽从头到尾坚守着自己的信念，哪怕失败了，他也是英雄。

师：你的观点基于“不以成败论英雄”的历史观。谁还有不同意见？

生3：我有不同意见。首先，我认同对刘邦这种不义之人守“义”是没有意义的。其次，我觉得项羽坚守的“义”并不是君子之“义”。我们知道项羽攻破城池常屠城、坑杀士兵，这难道是一种“义”的行为吗？我们在讨论项羽的坚守值不值得之前，应该先辨析一下：项羽所谓的“义”究竟指什么？

师：好，正如之前我们学《廉颇蔺相如列传》时说到的那样，外交场合有外交之“义”，战场也有战场之“义”。项羽囿于自己的贵族身份，认为必须通过正面手段打败对手，这才是他认为的合乎战争法则的“义”。你明白了吗？

生3：明白了，但我仍然认为项羽的坚守没有意义。

生4：我认为项羽的坚守是有价值的，他的出身使其非常关注个人形象；而刘邦出身草莽，极其关注利益得失。所以，项羽答应了项伯不杀刘邦，同意了刘邦楚河汉界的停战协议，他就会坚持履行。这种坚守无关利益得失，是人的自我约束。

生5：项羽对自己的行为真有道德约束吗？《项羽本纪》中，项羽是怎么起义的？他通过偷袭把会稽守给杀了！这时他坚守“义”了吗？我很奇怪，既然项羽能在起义时用非常手段偷袭斩杀会稽守，那应该也能在鸿门宴上刺杀沛公呀！

师：我们又回到这堂课的起点，即这样一个杀伐果断的项羽在鸿门宴上为何没有“击沛公于坐，杀之”。通读《项羽本纪》后再读课文，我们发现太史公笔下的项羽是非常复杂的，集暴虐与仁慈、智慧与武力于一体。于是，我们不得不追问：太史公为何会这样描述项羽的一生？请大家阅读下面这些文字：

幻灯片：

> 1. 秦失其道，豪桀并扰；项梁业之，子羽接之；杀庆救赵，诸侯立之；诛婴背怀，天下非之。作《项羽本纪》第七。
>
> 2. 子羽暴虐，汉行功德；愤发蜀汉，还定三秦；诛籍业帝，天下惟宁，改制易俗。作《高祖本纪》第八。

师：太史公也看到了，项羽的确不是始终守“义”之人，但也恰恰因为他不是个固守“义”的人，所以他在鸿门宴上放走刘邦的行为才让人不解。守“义”的项羽最终丢了天下和性命，而刘邦用了诸多诡计却最终称王，这的确引人探究与思考。综合本节课同学们讨论和梳理的内容，我们或许可以这样认为，太史公呈现给我们的这场鸿门宴，不仅仅是两大阵营的战绩较量、谋略较量，更是在追名逐利的背景下个体生命灵与肉的较量，是一场对人性的拷问。

［意图说明］

思辨的目的是让学生发现人性之复杂、世事变化之无端，深入感受太史公在字里行间留给世人的哲学命题，从而结合他人的人生轨迹获取自己生命前行的启示与正能量。

四、梳理总结：今天我们为什么要讨论这个话题

师：“项羽对‘义’的坚守值不值得”这个话题没有标准答案，对于项羽不杀刘邦的原因，千百年来有多种揣测。今天的讨论，不是为了给以上两个话题找到标准答案，而是为了让同学们明白，《史记》之所以堪称经典，是因为我们能在与历史人物对话过程中，看到历史进程中他人生命的复杂与抉择，进而获得一些新的启示。因此，此刻我们要学会这样追问：项羽收下玉璧置于座时，是不是也帮今天的我们守住了些什么？如果他将玉璧摔于地，玉碎之时又将是一种怎样的情景？由此，联想以下问题：在追求成功的路上，我们应该为了目的不择手段，还是像项羽一样，在某个时刻能守住自己生命中的一份高贵？留给大家两项作业，希望同学们认真思考。

必做题：根据今天课堂所思所悟，说说“项王即日因留沛公与饮”一句中，“因”字该解释为“趁机”还是“于是”？请结合课文中的事件场面、情节内容、人物品性进行推断，并分条陈述理由，写一则不少于 300 字的阅读笔记。

选做题：贾谊《过秦论》认为，秦之灭亡，是因为“仁义不施而攻守之势异也”；太史公在《史记·太史公自序》中批评项羽“诛婴背怀”“暴虐”，因此在《史记·陈涉世家》言“仁义不施而攻守之势异也”；但在《史记·秦楚之际月表》序中，太史公却未把沛公得天下归因于仁义，而是归因于天意！请深入阅读《史记》中《高祖本纪》《樊郦滕灌列传》《萧相国世家》《留侯世家》的相关文字，试以“刘邦得天下论”为题，写一篇不少于800字的评论文章。

【专家点评】

李老师的这堂课，引发了我三点感想：

1. 李老师课堂上强调项羽坚守着一种“义”，那么我们语文的“义”又在哪里？我想，语文的“义”首先表现为对人类精神高贵性的认同。语文教师既要把经典诗文中的“善心”“美心”“慧心”彰显出来，更要在教学过程中激发学生自身的“善心”“美心”“慧心”。今天，李老师的课是一种引领的课，她不断带领着学生在历史文化视域中发现项羽生命的高贵性，并不断激发、彰显学生内在的高贵性。课上，我们看到学生之间存在非常强烈的思维碰撞，其中一个学生甚至提出了对李老师的质疑，这就说明学生对“鸿门宴”这一历史事件有自己的思考。语文教师在课堂上的这种激发，把学生自我思想独特的高贵性呈现出来。这种思考、反省、探究的过程，正是我们今天的语文课堂上特别需要的。

2. 文言文教学始终要坚持“文言合一”。我们姑且把“文”理解为“道”，把“言”理解为“技”。“道”与“技”如何在课堂教学中统一呢？李老师抓住了作品中两处细节来细读：一处是“许诺”；一处是“项王则受璧，置之坐上”。她没有停留于告诉学生“置之于坐”是介词结构后置，而是带领学生假设如果项羽和范增一样将玉璧摔碎于地，后人会怎样评价项羽，由此带着学生从这种写法出发，深入探究司马迁倾注在这种表达中的情感。可见，“道”与“技”的统一点，需要教师用智慧去发现，并引领学生反复品读。

3. 具体到每一篇文言文的教学，教师要思考清楚我们想通过课堂教给学生什么，要在反复推敲后找到一个教学最佳点。个人认为，每一堂课均要思考“五个一”，即“这一所学校”“这一个学段”“这一个班级”“这一篇课文”“这一位教师”。怎样才能由此构成一个真正不可替代的课堂？想明白了，这一堂课的教学必然性就呈现出来了。因此，每一篇文言文的教学实践中，教师都要反复斟酌才能筛选出适用于这个班级的教学精华。李老师的这堂课就是在反复推敲后找到了适合学生的学习点，由此激发了学生极其活跃的思维碰撞。如果没有日常每一堂课中用“最佳点”去点燃学生，学生的思维绝不可能在瞬间变得如此活跃。这一点难能可贵，值得大家关注。

（上海市复旦附中　黄荣华）

品古诗意蕴，悟人生情理

——《饮酒》（其五）课堂教学实录

上海市嘉定区第二中学　许正芳

（本课为上海市高中语文市级公开课）

教师简介：许正芳，上海市嘉定区第二中学语文教研组组长，第五期上海市语文学科德育实训基地学员。曾被评为“嘉定区优秀班主任”“嘉定区学科带头人”。曾获上海市中小学中青年教师教学评选活动一等奖、第三届上海基础教育青年教师爱岗敬业教学竞赛（中学语文类）优秀奖。主持并参与区级课题多项，参编著作数部。执教的课荣获2016年“一师一优课、一课一名师”活动部级“优课”。

【德育理念】

明理、共情、育德、立身。

【设计说明】

古诗教学中，往往存在着学生与诗歌、教师与学生疏离的情况。诗歌与别的文学作品有根本的不同，不能用教“文”的方法来教“诗”。

这首古诗的教学，既要在阅读方法上进行指导，又要体现古诗作品思想内涵、审美意蕴对当代学生的教化作用。本节课采用了“知人论世”“以意逆志”的阅读策略，让学生通过品味诗句、分析作品的清远意境，理解诗人的超然情怀，进而深入体会作品内涵。学生要在关键字词上着力敲打，从字词的分析、前后句的关联中把握诗歌所抒之情、所言之志。教师要引导学生从词句、节奏中感受诗人的姿态与表情，从看似浅近的文字中感受诗人的内心波澜，从而走近诗人，真正读懂他的诗和人。

【教学实录】

一、导入新课

师：今天，我们一起学习陶渊明的一首诗——《饮酒》（其五）。首先，我想请大家回顾一下《归园田居》（其三）和《桃花源记》，简单交流阅读感受。

生1：《桃花源记》描绘了一个乌托邦式的理想世界。

生2：《归园田居》（其三）表现了诗人对自由自在、美好的田园生活的热爱与追求。

师：诗人有对自己理想的追求，热爱田园，厌恶当时的官场。你们知道诗人的理想是什么吗？他为什么要归隐田园呢？当时的东晋是怎样的？诗人的归隐与他人的归隐有何异同？带着这些问题，我们一起学习古诗，了解诗人的内心。

［意图说明］

从学生的学习经验出发，为后面的深入品读鉴赏做铺垫。

二、品味诗句

（一）学生朗读本诗，初步体会诗中抒发的思想感情

（学生齐读）

师：诗歌短小精悍，一字一句中都蕴含着作者的思想情感。刚刚大家好像没有读出味道，因为我们还没有读懂这首诗，接下来我们一起深入学习。

（二）分析本诗的意境，理解诗人的超然情怀

师："结庐在人境，而无车马喧"，写了什么？

生1："庐"的意思是"草庐"。"车"和"马"应该是象征有地位、有权力的一类人。

师：老师注意到了一个奇怪的现象。"结庐在人境"，谁不是在人间建造房子呢？

生2：诗人想强调自己并没有远离人世，他跟那种归隐山林的隐士是有区别的。

师：（板书：在人境，无车马喧）诗人强调"在人境"就是要告诉我们，他要在人间活出真实的自我。东晋时的很多名士看不惯世俗社会的一些现象，或者避世绝俗，或者崇尚虚无。但陶渊明不同，他没有避世，而是在人境中居住着，按照自己的方式，过着自己想要的生活。"结庐在人境"，肯定会听到世俗的车马喧嚣，为什么诗人听不到呢？

生3：因为"人境"是一个客观的环境，陶渊明通过主观行为排除了客观环境的干扰。刘禹锡在《陋室铭》中说"斯是陋室，惟吾德馨"，我觉得，陶渊明与他心境相同。

师：这里强调了诗人的心境。"问君何能尔"中的"君"是谁？

生4：问的人和"君"都是作者自己，他自问自答。

师：他为什么要自问自答呢？

生4：他在自我反省。

生 5：我认为“心远地自偏”实际上就是作者的答复。这句的重点是“心远”二字。“远”按字面意思理解是“高远”的意思，注释里说的是“只要心志高远，自然觉得住的地方僻静了”。我认为这里的注释说得有些含糊，“心远”应该指“心灵隔得很遥远”，联系上一句诗，应该是“心灵与尘世隔得很遥远”，即使住在人世间，住在那种车水马龙、喧闹的世界里，他的心也是远离的。这种近和远的对比，体现了他的心志。就像前面同学说的一样，他主观上对这些入仕之人是不理会的，所以能“心远地自偏”。如果他的心不在凡尘俗世，就应该在一个远的地方。联系下一句诗，他的心在自然中。

师：（板书：心远，心与尘世远离）陶渊明在写这首诗时正处于他人生的哪个阶段？

生 6：大约是在晚年。他对自己的前半生有了一些反思。

师：陶渊明所处的是怎样的一个时代呢？当时，王朝动荡、倾覆、崩溃，官场尔虞我诈、黑暗腐朽。陶渊明曾五次入仕，担任江州祭酒、彭泽县令等职。他为什么出仕？因为他想一展抱负，大济苍生。但他又忍受不了现实的艰险，由仕而隐。在归田若干年后，他写下了这一首诗，似乎是对自己人生的一种回顾和总结，也坚定了自己的选择。请大家来看下面一段话。

幻灯片：

> 陶渊明虽然是一个本性恬静的人，但毕竟也像封建时代许多士大夫一样，怀有建功立业大济苍生的壮志。在晋末政治最动荡的时期，他自愿投身于政治斗争的漩涡之中，作了几番尝试，知道已不可为，才毅然归隐。——袁行霈《陶渊明研究》

（学生思考）

师：陶渊明的归隐，不只是一种生活方式的选择，更是一种人生价值观的选择。他多次出仕，又多次归隐，在“仕”和“隐”的矛盾中徘徊。对他的归隐，不能只是简单地认为他厌恶官场、与世俗格格不入；对他的“心远”，不能仅仅说是心志高远。这是他在经历了现实中的矛盾挣扎后做出的艰难选择，他要通过内心的这种平静来实现心灵的自由。“采菊东篱下，悠然见南山”，诗人为我们描绘了怎样的一幅景象？

生 7：陶渊明在东篱下采摘菊花，抬头悠然地看到了南山的景象。

师：他在劳作中怎么能如此悠闲呢？

生 7：与自然归于一体。

师：自然景象让他觉得安闲惬意，仅仅是这样吗？

生 8：我有不一样的理解。“采菊”有一语双关的意思，它不仅仅指自然地采摘菊花的动作，更像是陶渊明的一种人生选择。“悠然”直接写出了诗人内心的平静，表现了诗人陶醉于南山的景色中。山的形象是很沉稳的，南山从侧面反映出诗人此时内心的平静。

师：山的静体现了人心的静。那谁在看陶渊明的样子呢？他自己看自己，仿佛在诗中画了一幅自画像。因为他沉醉其中，与自然相融。他为什么要写到山气和飞鸟呢？

生 9：因为他悠然见了南山，自然而然看到了山上的景色。我们旁人认为这不是什么美景，诗人却沉醉其中。我觉得他真正把自己的内心放归自然了。

师：欧阳修在《醉翁亭记》中说“日出而林霏开，云归而岩穴暝”，其实，不仅有云归，还有鸟归和人归。鸟飞累了，总要回到自己的鸟窝。那陶渊明归到哪里？归到自然、田园。陶渊明归隐，看到的是平和自然的景象，他的内心是一种安闲愉悦的状态。但陶渊明的归田生活没有这么愉悦和悠闲。很多时候大家会误解陶渊明就是这样采摘、观赏菊花，闲时种种田，种完田后回去安然地喝喝酒，享受人生，没有看到其中的艰辛和苦涩。因为他把这些抛去了。当一个人的人生理想和生活方式能够达到契合状态时，他才最为自由和愉悦。在这里，陶渊明有一种独特的超然情怀。（板书：人生理想，生活方式，超然）接下来，请思考一个问题：诗前面的四句和后面的四句是什么关系？

生 10：从田园风光中就可以看出诗人归隐时那种恬淡闲适的心情，这正好与上文的“心远”相照应，前面是对他前半生的一个总结，后面是对他前半生总结的一种映射。

师：他借景抒情不仅仅是为了抒情，这种情感印证着他在过自己理想的生活。也就是说，他有理又有情，借景抒情后，情中又有理。这种哲理是对生活的总结，他的理是和情交织在一起的。（板书：理，情）“此中有真意”，到底是什么“意”呢？似乎无法言说。不是陶渊明不能说，可能是他觉得没有必要向别人道明。

（三）深入理解本诗的思想内涵

师：学到这里，来看一看之前你们提出的一个问题：题目是《饮酒》（其五），为什么诗的内容却与饮酒无关？这里有一篇诗前小序，可供参考。

幻灯片：

> 余闲居寡欢，兼比夜已长，偶有名酒，无夕不饮。顾影独尽，忽焉复醉。既醉之后，辄题数句自娱。纸墨遂多，辞无诠次。聊命故人书之，以为欢笑尔。

生 11：小序中，“顾影独尽”是他在人世间有些孤独的体现；“既醉之后，辄题数句自娱”体现了陶渊明有一种悠然、超然的真意。

师：他借酒后真言来表达人生真意。这印证了他是在借酒抒怀。陶渊明饮酒，不仅仅是为了消遣，还是为了排遣自己“闲居寡欢”的愁苦内心。这也是他对自己的一种反省。（板书：饮酒，自顾自省）

［意图说明］

细品语言，让学生透过语言形式来赏析诗歌，理解诗歌背后的思想内涵。以初读时的疑难问题来引导学生深入理解，挖掘诗歌背后作者的思想境界，从而把握作品中所蕴含的深意。

三、梳理总结

师：我们是怎么学习这首诗的？

生1：在这节课中，我们逐字逐句学习了陶渊明的这首诗，了解了陶渊明的人生境界，也了解了他对官场的态度。他不是一开始就厌恶官场，而是几经出仕入仕后，才发现自己与官场格格不入，最终选择了归隐田园这种生活方式。

师：陶渊明生活在人间，但是做到了“心远”。他回自然田园后，更丰富地表达了自己的人生箴言。他回归田园不仅是外在地回归自然风光，更是内在地回归他追求的那种自由、达观的人生态度，活出了自己的诗意人生。在这节课中，同学们从品味诗句入手，了解了陶渊明的生平经历、性格特点，同时深入地了解了陶渊明所处时代的特征。今天我们读了这首诗后，才真正明白陶渊明“欲仕则仕，欲隐则隐”的真性情。

［意图说明］

学生回顾课堂所学，交流古诗阅读方法；教师总结，引导学生体会诗歌的思想内涵，启发学生进一步思考，从而丰富学生的古诗阅读经验。

四、作业布置

必做题：（1）梳理课堂所学，整理笔记；（2）阅读王维的《青溪》，自选角度，分析它与《饮酒》（其五）两首诗的不同之处，写一篇不少于300字的文章。

选做题（任选其一）：（1）你如何看待陶渊明对于生活的选择和志趣？（2）陶渊明对后世的文人影响深远，他为什么会有这么大的影响力？

［意图说明］

梳理巩固类的作业能帮助学生巩固课堂所学，但梳理的方向和尺度需要教师把握。

【专家点评】

鲁迅先生评价魏晋文学时，用了“异彩”这个词。“异彩”异在哪里？有学者认为，“异彩”就是“明净的单纯”。那么，这样的一种理念如何转化为中学语文课堂的艺术？怎样把“异彩”引入语文课堂，融化到学生的心灵里面？

许老师希望引导学生读懂直逼陶渊明内心的核心问题，但她没有讲道理，而是带着学生一句一句往下读，让学生通过自问自答的方式把陶渊明内心的波澜起伏呈现出来。“结庐在人境”，是什么样的“人境”？“而无车马喧”，这个“人境”为什么没有车马喧闹呢？“心远地自偏”，“偏”是偏僻、孤单的意思吗？不是，是悠然之境。境由心造，是内心的一种倾听。“采菊东篱下，悠然见南山”，“山”是怎样的？“山气日夕佳，飞鸟相与还”，这是什么样的情景呢？是一种有真意的情景。“此中有真意”，“真意”在哪里呢？“欲辨已忘言”，这个“言”指什么呢？这就是陶渊明自问自答的内心波澜。许老师的板书充分体现了学生心理活动的过程。许老师通过这种有程序的教学，让学生用自问自答的形式去呈现诗人的心理过程，我觉得教得好、教得准。这就把一个“人”体现出来了。“异彩”异在人，人表现在“我”，“我”表现在这个波澜。这个波澜是在超脱与非超脱之间的，其中有一个哲学理念，就是自然之“真”。许老师能够把这样的理念、思想和文学的“异彩”教给学生，是非常好的。

许老师在陈述的过程中引用了很多文史资料，适时对学生加以点拨。将文史资料转换为教学材料是值得我们学习的地方。教学材料是如何呈现出来的？她适时选取，根据学生的思考路线走，学生走到这一步需要一个东西垫一下脚，这个东西就来了，这就叫作“启发”“诱导”。这是我认为教学中很巧妙的地方。这节课中，学生在高中阶段第一次接触了陶渊明的这一首诗，许老师就把一个时代的特征带到学生的脑海里去了，把这个历史阶段的“异彩”和陶渊明的人格形象刻到学生的心里面去了。这样思考和研究，我觉得越深入越有滋味，越深入越有道理。

（上海市市北中学　陈军）

命运的局限尽可永在，不屈的挑战不可或缺
——《我与地坛》（节选）课堂教学实录

上海市新中高级中学　杨颖

（本课入选2019年上海市中小学学科德育精品课程）

教师简介：杨颖，上海市新中高级中学语文教师。曾获第三届“上海市语文教学之星”、全国校园文学社团“优秀指导师”等称号，三次获得区级语文学科教学评比一等奖。课例“回忆鲁迅先生”被评为部级学科德育精品课程。

【德育理念】

十年树木，百年树人，立德树人有一个漫长的德润和智润的过程。高中语文课堂要引导学生学会理性思考，在此过程中促进学生文学素养和道德修养的提升。

【设计说明】

《我与地坛》是当代作家史铁生的代表作，全文共七个部分，课文节选的是前两个部分。史铁生因残疾而承受着身体和精神的巨大苦难，但他努力超越自我，对人的生存状态和意义都有深刻的思考。

初谈史铁生，学生大多会给他贴上“身残志坚”的标签。但这样的认知和表达往往遮蔽了文本字里行间隐藏的深沉与复杂。本节课紧扣文本，通过创设具体情境，绘制和修改史铁生的心路历程图等教学环节，旨在打破“标签化”的思维定式，使学生的思考更加全面具体、丰富深刻。

教师在教学设计中有意识地落实学科育人目标，让学生在阅读史铁生的人生过程中感受“树人”的艰辛和不易，从而进一步思考人的价值和力量。

【教学实录】

一、导入新课，了解学情

师：同学们好！今天我们来学习史铁生的《我与地坛》（节选）。地坛，是明清时期皇帝祭祀的重要场所，如今是一个公园。这样的地方会和“我”发生怎样的关系呢？首先，我们来看预习作业中的一幅图。结合阅读课文后的感受，谈谈你对这幅图的看法。

生 1：我看到很多柏树，感受到勃勃生机。路上，史铁生一个人在低头沉思。

生 2：我感受到史铁生失去双腿后极度失意孤寂，但他是个身残志坚的人。

［意图说明］

用图片引导学生谈阅读感悟，激发学生阅读思考的兴趣。同时，教师也能通过学生的回答，掌握学生对文本的理解情况。

二、初读文本，感知情境

师：之前也有不少同学在预习作业中指出，史铁生是一个身残志坚的人。我们一会儿再继续讨论。回到这幅图片，上面展示了史铁生坐在轮椅上，在地坛中思索。史铁生到底遭遇了什么？

生 1：史铁生二十一岁时患病住院，双腿残疾。二十一岁正是意气风发的年龄，而且我了解到史铁生非常有运动天赋，突然连路都走不了了，对他打击非常大。

师：很好。我们来看一下课文，“我活到最狂妄的年龄上忽地残废了双腿”。史铁生十三岁考进清华附中，他特别喜欢体育，尤其擅长田径、足球。这么一个德、智、体兼优的风华少年，突然被命运判了极刑，终身只能枯坐在轮椅上。他是怎么面对的？

生 2：刚开始消极面对，一个人在病房里砸东西宣泄，经常会发了疯一样地离开家，脑子里一直还萦绕着死的念头。

师：这位同学提到了我们在初中学过的《秋天的怀念》里的相关描述：“我狠命地捶打这两条可恨的腿，喊着：‘我可活什么劲儿！’。”尝试自杀失败后，他是怎么做的？

生 3：他希望有一个出口可以逃避。课文中写道："……仅为着那儿是可以逃避一个世界的另一个世界。"

师：其实，在逃避之前，史铁生是想过出路的。

生 4：他想过去找工作，可是找不到工作，也找不到出路。劳动局一次次回绝了他。于是，他找到了地坛。

师：在一个下午，史铁生摇着轮椅，无意中进入这个园子。十五年了，他年年月月都到这园子里来，地坛的每个地方差不多都有过他的车轮印。我们一起来看看史铁生在地坛经历了怎样的心路历程。

［意图说明］

"身残志坚"似乎已经成为史铁生的人格标签，如何打破这种思维定式呢？教师尝试结合初中课文，引导学生感知史铁生的遭遇和面对方式，先把情境具体化。

三、初画心路历程图，使认知全面具体

师：请同学们梳理一下史铁生在地坛的心路历程图。

生 1：心路历程图是：刚开始颓废迷茫—心绪平静—看透生死，不再消沉—对生命重燃希望。一开始他找不到工作，找不到出路，只能逃避，非常颓废迷茫。后面写到他观察昆虫，观察得非常细致。一个人只有在心绪平静的时候，才能观察得那么细致。人看到的景色与心境是相关的，整体画面呈现动态、有生机，所以他渐渐不再消沉了。然后，他想明白了："一个人，出生了，这就不再是一个可以辩论的问题……死是一件不必急于求成的事……"到这里，他对生和死有了通透的认知，对生命重新燃起了希望。

师：谢谢你。这位同学的讲述让我们看到了史铁生战胜自我，逐渐积极向上的心路历程，最后他对生命充满了希望。还有其他同学想补充吗？

生 2：我绘制了下面这幅心路历程图。和前面同学的看法有一些不同，我是按时间顺序来思考的。地坛把一切都准备好了，这是史铁生第一次与地坛相识。然后，他在地

认识地坛——失魂落魄，想找一个地方逃避
（十五年间）在地坛中每一个地方来往多次
长久驻留（过了好几年）
↓
成为常客——想清了一些有关生死的问题
（几年后） 畅快、轻松、感激……
↓
（十五年间）——沉思、自省、尝试去看清自己
这个过程永无止境

坛反复驻留，仔细观察，时时刻刻都在思考生死问题。同时，我不认为他的心情在某一时刻以后就完全平静，意志不再消沉。史铁生自己也说，这是活多久就要想多久的事。

师：很好，请坐。我在这位同学的图示中看到了时间，也看到了史铁生自己的身影。十五年前初识地坛时，他失魂落魄。十五年间，他成为地坛的常客，驻足思考。第一位同学说史铁生终于不再消沉，获得了解脱；第二位同学认为“这个过程永无止境”，但作者最终获得了平和。大家更赞同哪种观点？

生齐答：第二种。

师：“心路”就是思想、情感，“历程”是经历变化的过程。刚才两位同学的心路历程图都概括出作者的主要思想感情，第二位同学更是感受到了史铁生情感发展过程的持续性、恒久性。那么，这幅图完善了吗？仅仅把情感内容概括出来够不够？这好像是一份史铁生的思想简历。学这篇文章，我们更应该感悟的是什么？

生3：作者思想感情的复杂性。

师：非常好！了解作者深刻的内心需要、体会作者思想感情的复杂性才是解读这一文本的核心。你们还能从哪里读出史铁生复杂的情感呢？史铁生的情感有怎样的一种发展过程呢？依据是什么？请同学们继续思考。

［意图说明］

在打破原本肤浅的概念化认知后，带领学生真正走近史铁生的人生。引导学生绘制心路历程图，提示学生解决问题的路径，使学生的认知更加全面具体。在学生读懂作者写了什么并全面概括的基础上，引导学生深度思考作者这么写的原因，探究文本的核心要义。

四、修改心路历程图，深化丰富认知

师：请大家一方面关注课文中直接抒情说理的句子；另一方面透过很多对地坛自然景色的描写，探究作者隐藏其中的情感心路。带着刚才的提示，请继续分组讨论，修改心路历程图。

生1：文中提到园子无人看管，除了上下班的人，很少有人会经过园子。这说明史铁生一直处于一种非常孤独的状态。

师：史铁生希望园子里的人多吗？恐怕不希望。他当初来到这里，就是因为这个园子荒芜冷落，没有人，适合他逃避。

生2：文中写地坛见证了历史，也见证了史铁生的生命过程，写出了史铁生和地坛之间有着宿命味道的联系，二者之间是有缘分的。地坛过去辉煌，现在废弃了，而史铁生也是由风华正茂跌入人生低谷，二者是同病相怜的。

师：很好，请继续说。

生2：地坛张开怀抱接纳了史铁生，让他感到温暖和安慰；同时，从地坛衰败的景色描写中也能看出史铁生当时灰暗的心境，失魂落魄的人才会看到满眼的荒芜，这种感情是复杂交织的。

师：非常好。同学们读出了史铁生复杂的情感。这种情感不是单一、线性的。

生3：史铁生说，地坛的每个角落他都走过。“有时候待一会儿就回家”，说明他心情不错，想通了一些问题，那天不怎么迷茫了。“有时候就待到满地上都亮起月光”，说明他经历了挫折，迷茫之心又起。

师：你读得很透，找得非常细致。所以，他的心路历程是反反复复、起起伏伏的。

生4：作者为什么要写小昆虫呢？蜂儿、蚂蚁、瓢虫……除了因为他不能行走，被困在那里，更容易仔细观察，还有没有其他原因呢？

师：这个问题提得很有价值。哪位同学来回答一下？

生5：小昆虫和作者一样，“不明白为什么要来这世上”，生命同样渺小短暂，似乎没有什么生之价值。但它们却有着各自的活法和生命力，甚至连没有生命力的露水都可以“摔开万道金光”。它们提示作者，生是不可改变的事实，死是一个必然会降临的节日，关键是怎么活，给作者注入“生”之动力。

生6：小昆虫们可以“停”“疾行”“升空”，可以自由地按自己的意志行动，而作者却被困在轮椅上，所以他的内心还是有失落、遗憾、艳羡、向往的。

师：非常好，大家越来越能发掘作者内心复杂的情感了。还有其他地方吗？

生7：在文中，作者写到落日的灿烂、雨燕的高歌、泥土的芬芳、熨帖而微苦的味道……里面有很多种情感交织在一起。比如，落日给人一种快要消散、时日无多之感，但却可以照亮坎坷。雨燕的高歌给落寞的时间增添了生气，但它的叫声却是苍凉的。冬天雪地上孩子们的脚印具有生命力和活力，当史铁生看到时，一定有对这个生命群体的艳羡。苍黑的古柏历经沧桑仍屹立不倒，使人看到了永恒性。泥土的芬芳、熨帖而微苦的味道，又让史铁生打开了所有的感觉器官，去体验、拥抱生命，当然也有苦有甜。

师：这位同学说得太好了！“一切景语皆情语”，在景物描写背后，她读到了这么多隐藏在史铁生内心的情感。

师：下面我们再一起画一下史铁生的心路历程图。

幻灯片：

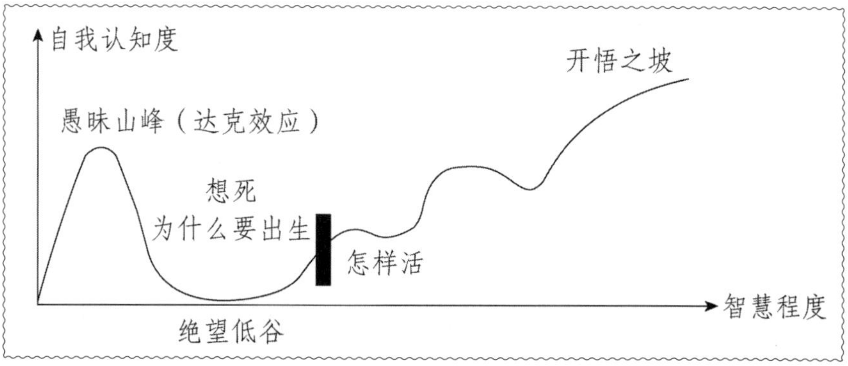

横轴是智慧程度，纵轴是自我认知度。一开始，先画一个愚昧山峰，处于“最狂妄的年龄”的史铁生自我认知度很高，然而存在偏差，我们称之为“达克效应”。然后，身体残疾带来的巨大痛苦使他陷入绝望。这种绝望不仅仅是一种肉身的残缺，更是一种被人群排斥、不被需要、在人类价值体系中无所依归的孤独感。这种身体和精神的双重打击使他陷入绝望低谷。在史铁生的生命中，有一个重大的心路历程的转折，就是他终于想明白了一个问题：一个人的出生是无可辩驳的事实，而死亡是一个必然会降临的节日。想通了这点，史铁生终于超越了他残缺的、沉重的肉身，开始寻找独属于他自己的生命价值，开始思考怎样活。后面我们也看到了，在与地坛、母亲的对话中，他的心路也有一个反反复复、起起落落的过程。希望和绝望交织，有力和无助缠绕，甚至到了最后，我们也不能说史铁生战胜了苦难，他只是有了一种强大的与苦难相处的能力。我一直在想：如此一个被困轮椅之中，终身不得站立的史铁生，到底能不能站起来？其实，在巨大的苦难面前，人的站立有一个艰难的过程。那么，史铁生之所以没有被这些悲观情绪所吞噬，你们认为最重要的原因是什么？

生 8：思考。文本中多次提到了“我”在想。我喜欢预习单中的那张图片，我喜欢地坛里历经沧桑仍屹立不倒的古柏，我更钦佩永远站不起来却永远在思索如何站立的史铁生。

师：说得好！课文中出现次数较多的一个字就是“想”。人之脆弱、死之必然，更体现生之思想的高贵。“文学是人学”，人不是被动地顺承自然，如果没有思考，如果史铁生不是一个英勇的思考者，他又怎能发现自然内在的尊严和价值？因此，正是思考的力量，让史铁生成了一个内心丰盈的人，让他从轮椅上“站”了起来；也正是思考的力量，使读到他作品的人能更理解也更接近人生的意义。

［意图说明］

引导学生修改心路历程图，在之前认知的基础上，感受作者思想感情的复杂性，从而体会作者深刻的内心需要。从指导学生了解作者写了什么，到启发学生思考作者为什么这么写，提升学生的思维能力。

引导学生思考如何才能真正“树人”。如果学生不能真切感受史铁生曾经多么悲观和绝望，就不能真正理解史铁生战胜自我是多么坚强。“树人”的过程是一个漫长的心力和智力发展的过程。理解了这一点，学生就能更好地认识“人”的价值和力量。

【专家点评】

“我”是一个心理世界，地坛是一个“我”感受着的心理世界，二者既相通又有区别。“我”因地坛而改变，地坛因“我”而具有特殊的意义。“我”与地坛的心理世界的叠合，构成了作者笔下关于生命的深邃而又广阔的空间。这正是本文的内容价值和形式特点。为了引导学生深入思考，杨老师设计了三个层次的递进思考与论辩过程：

一是感知全文内容，通过理解词句，认识作者心理、思想、情感的基本特点。于是，有些学生很快就回答"身残志坚"。这个判断虽然简单，有些概念化，但又是十分必要的。这是一个总体感觉，虽模糊，但有指向作用，教师可引导学生由此进入新的思考阶段。

二是认识心理、思想、情感的变化过程。在身残志坚这一总体感觉的指引下，学生能够与教师一起完成一个概括图示，了解作者"颓废—平静—看透—希望"这样一个心理变化过程。这是十分不易的，由于进行了全文梳理，归纳了情感变化总趋势，学生才有进一步思考的重要条件。值得称赞的是，教师没有满足于一个过程的描述，因为这不过是对所写内容的静态定位，而人是极其复杂的。尤其是具有生命临界点高峰体验的史铁生，其心理、思想、情感更是极度复杂与多变。因此，为了充分认识史铁生这样一个独特的"人"，教师和学生就会渴望进入第三个层次。

三是认识作者心灵世界的复杂性，如写小昆虫、写生与死、写落日与古柏。这些内容串起来，表现了人物心理、思想、情感的反复、起伏、强弱及迎送的种种变化。根据这些变化，师生绘制了内容更为丰富的曲线图。需要指出的是，这个讨论结果不是所有学生的共识。但是，这个少数人的共识可能启发所有学生。这个共识是有着长远的教学意义的。

（上海市市北中学　陈军）

心怀浩然正气，肩担时代使命

——《与妻书》课堂教学实录

上海市市北中学　陶雨婷

（本课荣获静安区青年教师教学评比一等奖）

教师简介：陶雨婷，北京师范大学教育学硕士，上海市市北中学语文教师，静安区骨干教师，“于漪语文课程德智融合实践与研讨”项目组成员。

【德育理念】

语文学科天然具有德育因子。语文教师的根本任务就是通过教文来育人，即通过一篇篇文质兼美的文章，在发展学生语文核心素养的同时，引导学生树“中国魂”，做“中国人”。语文教师要深入研究教材，以寻宝藏的眼光发现其中的育人资源，激活语文学科的德育内涵。

【设计说明】

《与妻书》是革命志士林觉民在广州起义前夕写给妻子的一封家信，也是他留给妻子的最后遗言。这封信将国事、家事融为一体，在反复倾诉对妻子的思念之情中不断表述自己的抱负与使命，既缠绵悱恻，又充满浩然正气，读起来荡气回肠，感人至深，为德润课堂提供了广阔的空间。因此，在教学时，教师一方面要引导学生在品读中感受林觉民对国家、对妻子真挚而深厚的爱；另一方面也要引导学生思考林觉民为什么会做出献身革命的生死抉择。教师要引导学生把林觉民的人生选择与他所处的时代背景结合起来，从而激发学生对现实生活的关注，使学生准确把握时代赋予自己的责任与使命，树立顺应时代发展潮流的理想与抱负。

【教学实录】

一、知人论世

师：今天我们继续学习《与妻书》这篇课文。前面通过“空中课堂”的学习，同学们整体把握和理解了这封家信的主要内容。大家了解林觉民参加的广州起义吗？

（学生摇头）

师：老师简单介绍一下。广州起义是中国同盟会于1911年4月27日在广州发起的武装起义，又称“黄花岗起义”。包括林觉民在内的百余名敢死队队员浴血奋战，但最终因寡不敌众而失败。大家知道中国同盟会是一个怎样的组织吗？

生1：中国同盟会是孙中山建立的革命组织，希望推翻清政府的统治。

师：对。大家可以读一下幻灯片中关于中国同盟会的介绍性文字。（略）林觉民作为革命志士，全程参与了广州起义的组织、联络和战斗。起义前，忙碌了一天的林觉民想到自己未能将实情告知家人，心中愧疚沉痛，便连夜给父亲和妻子写下两封诀别书。这封《与妻书》既诉说了对妻子的深爱与不舍，又表达了对革命的忠诚与热忱。这节课，我们从“情”字入手，一起读一读、品一品这封感人至深的家信。

［意图说明］

这封家信创作的时代背景与学生今天的生活环境差异较大，教师进行了必要的背景知识介绍，为学生后面更好地体会林觉民的责任与担当做铺垫。

二、读文体情

师：昨天的预习作业是请大家在熟读全文的基础上，找一找哪些句子表达的是儿女情（即对妻子的爱），哪些句子表达的是家国情（即对国家的爱）。这节课，我们先交流一下大家找到的句子，请大家有感情地读一读，并简单说说自己的理解。我们先交流表达儿女情的句子。

生1：我找的是“吾真真不能忘汝也”（读的时候强调“真真”二字）。

师：你为什么选这句？

生1：我觉得这句的感情特别强烈，作者用“真真”两个字强调对妻子的爱特别深。

师：这句很有感染力。有没有同学找的是类似的句子？

生2：我找的是“吾诚愿与汝相守以死”，这句也直接表达了对妻子的爱。

生3：“吾至爱汝”这句直抒胸臆，感情也很强烈。

师：同学们找得很好。大家再看看，这几句在位置上有什么特点？

生齐答：段首句。

师：段首句直抒胸臆，使情感表达非常强烈。作者为什么在几段的段首句反复表达呢？

生齐答：这样，情感表达更强烈。

师：对，林觉民在信中反复强调对妻子的爱，就把这种爱写得特别深厚。

师：还有没有其他句子？

生 4：我找的是第 3 自然段整段。

师：请说说理由。

生 4：这一段是回忆往事，讨论谁先死的问题。作者本来想让妻子先死，自己“担悲”。从这一点看，林觉民是非常疼爱妻子的，不忍心让她受一点点悲伤，但现在的情况却是自己要先死，只能让妻子承受悲伤。我觉得林觉民此时心情特别沉重。

师：你说得真好！林觉民写往事，从表面上看是“叙事”，实际上蕴含着对妻子的担忧，也是深爱的表现。还有类似的句子吗？

生 5：第 3 自然段是回忆往事，第 6 自然段是希望自己死后能变成鬼陪伴妻子。他说自己平时是不信鬼的，现在却希望自己变成鬼，可见，他特别担心自己死后妻子太过悲伤。这种担心就是爱的表现。

师：对！希望自己变成鬼，给妻子以安慰。这种安慰就是爱的表现。大家找得很好，分析得也很有道理。作者对妻子的爱是非常真挚深厚的，他在信中反复诉说这一点，很感人。哪些句子表达的是家国情？

生 6：“第以今日事势观之……”这句用了排比，特别有气势，写出了当时社会的黑暗。

师：你说得很好。这个句子体现了作者的什么情感？

生 6：很生气，很愤怒。

师：对！面对如此黑暗的社会，作者有强烈的痛恨之情。你能不能把这种愤怒读出来？

（生 6 尝试朗读）

师：你读得不错，很有男子汉的味道。还有没有这样的句子？

生 7：“然遍地腥云……”这句也是在写现实的黑暗。

师：对。这里用了哪种修辞手法？

生 7：比喻，还有反问。

师：很好。作者也是在强调对黑暗现实的愤怒之情。

师：还有没有要补充的？

生 8：我找的是“吾至爱汝，即此爱汝一念，使吾勇于就死也”。

师：你为什么找这句？

生 8：我觉得这句写出了作者的义无反顾。

师：这句是写儿女情还是写家国情？

生 8：我觉得两者皆有，家国情更多一点，因为这句写自己为什么会选择义无反顾地参加起义，即使他知道这次起义很有可能失败。

师：非常好。这句其实写的是儿女情与家国情之间的关系，对吗？

生 8：对。

师：还有没有这样的句子？

生 9："吾充吾爱汝之心……汝其勿悲"也表达了这层意思。他在劝妻子不要悲伤，这是爱妻子的表现。但他劝的方式是让妻子从为天下人谋永福的角度去想，这是一种大爱，是一件特别有意义的事。让妻子这么想，悲痛会稍微减弱一些。

师：很好！你已经说到了这封信最核心也是最感人的地方。还有没有要补充的？

生 10："吾牺牲百死而不辞……卒不忍独善其身"，这句表达了作者视死如归的坚定。对他来说，为国牺牲并不可怕，只是放心不下妻子，割舍不了对妻子的爱。但他没有办法，生在如此黑暗的社会，只能舍弃妻子，为国奉献。

师：你说得特别好。林觉民的心情特别矛盾，对吧？

生 10：对，他很无奈。

师：面对这种情况，他为什么一定要选择为国牺牲？

（学生思考）

师：如果他改变了黑暗的社会现实，妻子是不是可以生活得更好？

生齐答：对。

师：这个意思，原文是怎么说的？请找一找。

生 11："为汝谋者惟恐未尽"，为国牺牲，改变社会，才能保证妻子生活太平，这是对妻子真正的爱。

幻灯片：

与妻书

儿女情	家国情
至爱	（对现实的）痛恨
不舍	
安慰	义无反顾

［意图说明］

引导学生深入文本，通过品读、赏析关键词句，感受和理解林觉民缱绻儿女情和纵横英雄气交织映现的复杂而深厚的情感。

三、赏文析情

师：同学们的发言都很精彩。有一位同学整理了课上讨论的内容，形成了这样一份笔记。（出示幻灯片）大家看看，有没有启发？大家有没有需要补充的？

幻灯片：

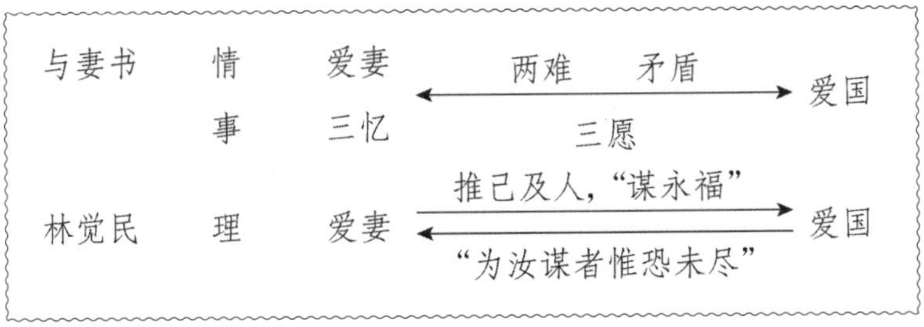

生1：这份笔记非常好，把我对这篇文章的理解都表达出来了，我是整理不出来的。

师：你很谦虚。当然，你也很诚实。我刚看到这份笔记时也是很惊喜的。整理笔记看上去很简单，简单到有的同学到了高中就不屑于整理了。看了这份笔记，大家对笔记是不是有了新的认识？（学生点头）到了高中，大家不仅要把老师讲的重要内容记下来，更要整理笔记，把老师讲的内容真正变成自己的理解，这才是学习。

生2：这位同学把我们上课讨论的内容以思维导图的形式整理出来，说明他的逻辑思维能力很强，我很佩服他。

师：你说得对！由这张图确实可以看出这位同学的思维品质。不过，逻辑思维能力不是天生的，而是靠日常学习锻炼出来的。如果每节课都进行这样的笔记整理，相信每位同学的逻辑思维能力都会得到提升。同学们能看到他人的长处，这种谦虚的品质非常好。不过，大家也要大胆质疑或者把自己独特的想法说出来，让这份笔记更完善。有没有同学愿意说说？

生3：我觉得那个"理"字不太合适。刚才讨论的时候，我们并没有说到这封家信中有"理"。林觉民并没有给妻子讲道理，而是用自己的爱去感染妻子，并让她推而广之，从而理解自己必须要牺牲这样一种选择。所以，我感觉这个"理"字有点生硬。

师：我明白你的意思了，"理"似乎有种说教的意味，对吗？

生3：对。

师：林觉民并没有生硬地给妻子讲道理，而是用儿女情去解释家国情，以情释情，让人感觉更具体、更易于接受，是不是？（生3点头）老师觉得你补充得非常好，为你点赞！其他同学有需要补充的吗？

生4：我觉得家国情可以拆成"对现实的痛恨"和"为国牺牲"两部分。因为刚才分析句子的时候，表达"家国情"的句子分成了两类：一类在描写现实的黑暗，林觉民对此非常痛恨，还用了排比句加强情感；另一类表达的是视死如归的坚定感情。他为什么那么坚定地选择牺牲自己呢？这源于他对妻子深深的爱和对黑暗现实深深的恨。

师：你说得太好了！你把家国情分为两部分，就将林觉民选择牺牲的内在原因解释得更清楚了。老师期待你把这个想法用结构图的形式呈现出来。

［意图说明］

提供笔记整理的范例，引导学生学习归纳、提炼、整合的方法，由情感体验上升到理性思考，从而使学生深入理解文章。

四、古今共情

师：我们经常说"文如其人"，读了《与妻书》，你们认为林觉民是一个怎样的人？

生1：我觉得林觉民是一个热爱生活、特别有感情的人。正是因为这份爱，他才能在关键时刻义无反顾地冲出去，保护他爱的人。

师：你说得真好！爱是他舍生取义的最强大的动力，对吗？

生1：对。

师：谁来补充？

生2：我觉得他是一个能够将学到的东西落实于行动的人。信中提及许多儒家思想，如"老吾老，以及人之老；幼吾幼，以及人之幼"。我觉得爱妻子确实是他行动的动力，但从"爱妻"转化为"爱天下"，是多年的教育教给他的。如果不是读了这么多书，他可能仅仅停留于爱妻子。

师：你真棒。你不仅看到了儿女情与家国情的关系，还看到了两者是如何相互影响的，对我很有启发！我们读文章，不仅要把文章读懂，更要明白写文章的是一个怎样的人。所以，我想在上面的笔记中增加一条：由"文"到"人"，这样就更完善了。今天，我们身边还有没有林觉民这样的人？

生3：有，如"感动中国年度人物"。

师：很好。2020年感动我们的人物是谁呢？

生齐答：医生。

师：对，就是战斗在抗疫一线的医务工作者们！医生虽也是普通人，但当疫情来袭，在生死面前，这些普通人自觉地、义无反顾地承担起时代的责任和医生的使命，成为守护我们的英雄！从林觉民到这些医务工作者，时代在变化，责任的内涵在变化，但奉献与牺牲从未改变，这其实都源自他们心底最深沉的爱——对亲人、对身边的人、对国家的爱！如果有一天，国家需要你们的奉献甚至牺牲，我相信同学们一定能承担起时代赋予你们的使命，做一个顶天立地的大写的人！

［意图说明］

引导学生理解林觉民这样的仁人志士身上的精神品质和人生价值，明白奉献与牺牲永不过时；引导学生思考作为新时代的青年应具有的抱负和将承担的使命，培养学生观察社会现象、思考社会问题、把握时代特征的能力。

五、布置作业

1. 整理课堂笔记，形成新的理解。

2. 阅读补充材料，结合材料内容谈谈你对林觉民选择的认识。

【专家点评】

《与妻书》是一篇传统经典作品，然而当前的教学却遇到了问题：一是学生的历史知识有限，对民主革命的历史意义认识不够；二是当前部分教师认为语文只教“语言”，至于文中的革命思想与烈士精神，则不必深究。陶老师在课堂上注重引导学生理解作者的爱国情感，深化学生的情感认知，令人敬佩。

1. 陶老师的教学注重读文体情。读文是抓手，体情是目的，不体情就无以识其文。找句子，读一读，说说自己的理解，既贴着语言的地面思考，又鼓励学生轻松自主地表达，这才是真正意义上的语言教学。“真真”和“吾至爱汝”的“至”等副词的推敲非常关键，足见作者对于妻子的深爱。儿女私爱与家国公爱互为表里，如此深厚的烈士情怀体现在字里行间，让人动容。

2. 陶老师的教学注重价值探讨。任何一篇语文经典都是有其思想价值的，思想价值是语言的灵魂。课堂中，陶老师引导学生理解林觉民内心的矛盾与冲突，进而认识其“统一”的本质。学生只有从生与死的抉择上认识烈士的内心世界，才能真正明白烈士的伟岸与崇高。陶老师把“生死之辩”用图表形式推到学生面前，要求学生讨论，这就是极为重要的价值导向。教《与妻书》教到这个境界，就教出了《与妻书》的魂。

3. 陶老师的教学注重“古今共情”。这个“共”是指价值观的共同珍惜、共同传承。陶老师引用现实案例，是极有智慧的教学设计。经者，常也。“常”在哪里？生根于现实生活也。换句话说，现实生活辉映着经典的语言与思想的光芒。陶老师注重这方面的共情，是把学生当作活生生的人来教，是把课当作活生生的现实生活来教。这样教，是悄然的德智融合，是激越的人生登攀。

（上海市市北中学　陈军）

后记

2020年5月12日，松江区语文学科德育工作研讨会在松江区第三实验小学举行。上海市学生德育发展中心孙红、华东师范大学语文教育研究中心王意如、上海市教育委员会教学研究室张新宇、上海市市北中学韩立春等领导和专家齐聚一堂，共同研讨语文学科德育工作。会上，松江区教育学院研训部和第四期“上海市普教系统名校长名师培养工程”高峰计划基地骨干教师团队进行了工作交流，汇报了前期工作成果和后期研究思路。与会专家充分肯定了松江区语文学科德育工作，对“松江区在承担上海市语文学科德育协同研究中心建设工作中开发了丰富的德育教学资源包（对应部编教材），为全市乃至全国语文学科德育教学提供参考”的做法表示赞赏。

针对语文学科德育教学春风化雨、润物无声的特点，大家一致认为，课堂教学实录兼具真实性、形象性、典型性，有较大的研究价值和推广价值。因此，松江区教育局在前期学科德育案例征集的基础上，把课堂教学实录形象化作为重点工作。本书是松江区承担上海市语文学科德育协同研究中心建设工作的成果之一。本书所选课堂教学实录的作者来自上海各区，均是深耕语文课堂教学、在学科德育领域颇有建树的语文骨干教师。所选课堂教学实录均是作者在市级、区级比赛中获奖或展示的教学成果，是他们的实践之作、智慧之作、情怀之作。

在体例上，每篇课堂教学实录对作者身份、德育理念、设计意图等都进行了介绍，力求体现作者对学科德育和教材文本的理解。课堂教学实录部分力求呈现课堂中的精彩片段，反映教师引导学生道德成长的过程与方法；点评专家则站在更高的层面审视语文课堂教学，指导课程育人路径，促进德育与学科教学的深度融合。

本书由上海市三新学校郑巍（借调松江区教育局）设计体例，负责审读和校对工作；上海市松江二中副校长陈赣、松江区教育学院研训部曹怿岚具体指导；松江区教育局基础教育科朋玲艳、松江区教育学院研训部各位研训员协调汇总各区的优秀课堂教学实录；上海对外经贸大学附属松江实验学校李妍霏负责统稿工作。

本书的出版得到了上海市教育委员会德育处和教研室的大力指导，得到了各兄弟区德育干部和语文教师的大力支持。在此，一并向所有提供过帮助的专家、同仁、朋友表示衷心的感谢！由于时间和能力所限，书中难免存在不足之处，敬请各位专家和广大读者批评指正。

上海市松江区教育局
2021 年 6 月

图书在版编目（CIP）数据

德润课堂 / 郑巍，曹怿岚主编. — 上海：上海教育出版社，2021.10
（学科德育系列丛书）
ISBN 978-7-5720-1128-3

Ⅰ. ①德… Ⅱ. ①郑… ②曹… Ⅲ. ①语文课－课堂教学－教学研究－中小学 ②德育－课堂教学－教学研究－中小学 Ⅳ. ①G633.302②G631

中国版本图书馆CIP数据核字(2021)第168610号

责任编辑　杜金丹
封面设计　王　捷

学科德育系列丛书
德润课堂
郑　巍　曹怿岚　主编

出版发行　上海教育出版社有限公司
官　　网　www.seph.com.cn
地　　址　上海市永福路123号
邮　　编　200031
印　　刷　上海景条印刷有限公司
开　　本　787×1092　1/16　印张 17.25
字　　数　348 千字
版　　次　2021年10月第1版
印　　次　2021年10月第1次印刷
书　　号　ISBN 978-7-5720-1128-3/G·0886
定　　价　58.00 元

如发现质量问题，读者可向本社调换　电话：021-64377165